불교용어
기초지식

水野弘元 저 / 석원연 옮김

들꽃누리

불교용어 기초지식

추천사

　과학의 발달과 문명의 이기 속에서 인류는 제자리를 찾지 못한 채 부유하고 있다. 과연 인류는 생존할 것인가? 나아가 더 나은 이상향을 건설할 수 있을 것인가?
　태초, 인간은 자연이었다. 자연에서 열매를 채취하고 동물을 사냥하면서 자연과 더불어 공존해 왔다. 이후 목축과 농경의 발달로 일정한 장소에 정착하면서 인간은 비로소 생활의 풍요로움을 누리게 되었다. 그러한 풍족함과 편리함에 물든 우리는 내재된 이기적 욕망을 분출시켰고, 이후 우리 인류는 약탈과 점령, 지배로 점철된 역사를 반복해 왔다.
　서양은 일찍이 신 중심의 세계였으나 인간 중심으로 변화하면서 그 오만함은 심각한 자연의 훼손으로 이어지고, 안타깝게도 과학과 물질 문명이 지배하는 오류를 가져 왔다. 그와는 달리 동양에서는 인간을 특별하고 우월한 존재로 내세우는 이성주의에 매몰되지 않고, 우주 전체가 평등체이며 불성을 지닌 만류가 공존함을 근원적 중심사상으로 삼아, 인간의 참모습을 찾아 완전히 밝히는 참인간의 진리를 임제선사가 부르짖어 왔다.
　바야흐로, 욕망으로 눈과 마음이 가리워져 파멸의 길로 들어서는 인류를 '참사람'으로 구제하려는 노력이 그 어느 때보다 절실해지고 있는 시대가 도래했다. 따라서 일반 대중 역시 불교의 교리를 좀더 정확히 알고, 그 불교가 주창하는 참사람을 형성하기 위해 노력하지 않으면 안 될 것이다.

이 책의 원저자인 세계적인 불교학자인 미즈노 고겐〔水野弘元〕은 일반 대중도 불교를 쉽게 알 수 있는 저술 활동을 해 오신 분으로 널리 알려져 있다. 그런 그의 책을 석원연 승려가 번역했다는 것은 의미 있는 일이 아닐 수 없다. 지금까지 대부분의 불교서적이, 불교의 깊은 안목이나 선의 깊이가 얕은 일반 사회인들의 손을 빌려 번역되어 불교의 참뜻이 제대로 전달되지 못한 점에 비추어 볼 때 반가운 일이 아닐 수 없다.

이런 이유로 불교용어에 대한 기초를 본격적으로 다루고 있는 이 책은, 읽는 이들에게 불교를 알기 쉽고 친근하게 만들어 주리라 믿는다. 나아가 국내에서는 보기 드물게 불교용어를 제대로 다룬 소중한 필독서로 평가받으리라 확신한다.

불기 2546년 5월
서 옹 합장

차 례

추천사(서옹스님) • 4

제1장 불교란 무엇인가 11
  1. 불교의 정의 • 13
  2. 불교의 분류 • 14
    1) 2승・3승에 의한 분류 • 16
      (1) 2승(二乘) • 16
        ①소승불교 • 16
        ②대승불교 • 17
        ③대승과 소승의 다른 점 • 18
      (2) 3승(三乘) • 31
    2) 원시불교・부파불교・대승불교의 분류 • 32
      (1) 원시불교 • 33
      (2) 부파불교 • 34
      (3) 대승불교 • 40
    3) 남방불교와 북방불교 • 47
      (1) 남방불교 • 48
      (2) 북방불교 • 52

제2장 3보(三寶)란 무엇인가 57
  1. 3보 총설 • 59
  2. 3보 각설 • 64
    1) 불, 불타, 각자 • 64
      (1) 과거 제불 • 65

        (2) 3세시방의 제불·70
        (3) 불타, 불신(佛身)에 대해서·73
        (4) 불타가 갖추고 있는 덕·79
        (5) 여래10호·82
     2) 법(法), 달마·88
        (1) 언교(言敎)로서의 경전·88
        (2) 소전(所詮)의 교리(교리의 뜻)·113
     3) 승, 승가·119
        (1) 승가(僧伽)의 기원·119
        (2) 4중(四衆)과 7중(七衆)·120
        (3) 승가의 범위·122
        (4) 승가의 정의·124
        (5) 승가의 의의와 기능·126

제3장 3과(三科 ; 5온, 12처, 18계)란 ·············· 133
  1. 3과 총설·135
  2. 3과(三科) 각설(各說)·137
     1) 5온(五陰, 五衆)·137
     2) 12처〔12입(十二入), 12입처(十二入處)〕·148
     3) 18계(十八界)·159
     4) 3과(三科)의 마무리·163

제4장 3법인(三法印)·4법인(四法印)이란 ·············· 167
  1. 법인 총설·169
  2. 법인 각설·173
     1) 제행무상·173
     2) 제법무아·175

3) 일체행고 · 182
  4) 열반적정 · 186

제5장 연기설(緣起說)이란 ······················· 191
  1. 연기 총설 · 193
    1) 연기(緣起)의 뜻 · 193
    2) 불교는 연기를 말하는 것이다 · 195
    3) 연기설의 두 종(일반적 연기와 가치적 연기) · 196
  2. 12연기설 · 202
    1) 제지(諸支)의 연기설 · 202
    2) 12지(十二支)의 관계 · 204
    3) 12지(十二支)의 해석 · 209
    4) 12연기설과 4제설 · 213

제6장 4제설(四諦說)이란 ······················· 215
  1. 4제 총설 · 217
    1) 연기설과 4제설의 설상(說相) · 217
    2) 4제의 경설(經說) · 218
    3) 4제와 치병원리(治病原理) · 221
  2. 4제 각설 · 222
    1) 고제(苦諦) · 222
    2) 집제(集諦) · 224
    3) 멸제(滅諦) · 226
    4) 도제(道諦) · 226
      (1) 8정도(八正道) · 227
      (2) 8정도의 여론(餘論) · 230

제7장 수도론(修道論) ··· 233
  1. 수도론(修道論) 개설 · 235
    1) 37보리분법(三十七菩提分法) · 235
    2) 3학(三學) · 237
  2. 수도론 각설 · 237
    1) 37보리분법(三十七菩提分法) · 237
  3. 3학(三學)에 대해서 · 242
    1) 계학(戒學) · 242
    2) 정학(定學) · 249
    3) 혜학(慧學) · 259
  4. 수도계위(修道階位) · 265
    1) 수도계위와 성자 · 265
    2) 설일체유부의 수도계위(修道階位) · 267
    3) 대승보살의 수도 · 269
    4) 여러 가지의 10지설(十地說) · 273
    5) 초보의 깨침에 대해서 · 275

제8장 번뇌론(煩惱論) ··· 277
  1. 번뇌의 의미, 다른 이름, 종류 · 279
    1) 번뇌(煩惱)의 뜻 · 279
    2) 번뇌(煩惱)의 다른 이름 · 282
    3) 번뇌(煩惱)의 종류 · 283
  2. 번뇌의 각론 · 286
  3. 번뇌와 지혜·해탈·보리·열반의 관계 · 292

찾아보기 · 293
역자후기 · 315

제 1 장

불교란 무엇인가?

1. 불교의 정의

불교는 문자 그대로 풀어 보면 '부처님의 가르침'이란 뜻이다. 따라서 인간의 번뇌로부터 벗어나게 해줄 깨달음의 도를 성취할 수 있도록 불타의 가르침을 전해 주고 실천을 도와 주는 종교라 할 수 있다.

불(佛)은 불타(佛陀)를 말하는 것으로 인도어인 'buddha'의 음역이다. 각자(覺者 ; 깨친 자)란 의미가 담겨 있으며, 우주와 인생의 진리를 깨쳐 통달한 존재를 가리킨다.

석존은 석가모니 세존의 약자로, 석가모니란 석가족(釋迦族) 출신의 성자라는 뜻이다. 세존은 부처님을 가리키므로 석가모니불(Sākyamuni-buddha)이라고도 한다. 또는 석가족의 성이 고다마(Gotama 瞿曇)인 관계로 석존을 고다마불(Gotama-buddha)이라고도 부르는데, 2,500년 전 인도의 석가국에서 태어나 불교를 창시한 인물이다.

불교의 가르침에 의하면 모든 사람은 불타가 될 수 있지만 '성불(成佛 ; 부처님을 이룬다는 뜻)'이라는 단어 또는 '성불하다'는 표현을 사용하기 시작한 것은 대승불교가 형성되면서부터다. 불타를 완전한 인격자로 해석한다면, 불교는 인격의 완성을 목표로 하는 것이 되므로 불교는 '불타가 되는 것을 목적으로 수행하는 종교'라 정의할 수 있다.

2. 불교의 분류

불교는 보통 다음의 세 가지로 분류된다.
 첫째 2승(二乘) 또는 3승(三乘), 둘째 원시불교(原始佛敎)·부파불교(部派佛敎)·대승불교(大乘佛敎), 셋째 남방불교(南方佛敎)·북방불교(北方佛敎)로 나눈다. 그 밖에 현교(顯敎)·밀교(密敎)와 자력교(自力敎)·타력교(他力敎) 등이 있다. 이것은 주로 일본 불교에서 분류하는 기준이다.

현교·밀교의 분류
 공해〔空海 ; 홍법대사〕의 진언밀교에서 분류한 것으로, 불교의 참뜻은 언어로 표현할 수 없는 것이므로 밀교라 하며, 밀교 이외의 언어로 나타내는 모든 불교를 현교라 한다.

자력교·타력교의 분류
 친란(親鸞) 등이 주장하는 정토교로, 아미타불에게 절대적으로 귀의 신봉하여 왕생 정토하는 가르침을 타력교라 한다면, 자기 스스로 정진하여 완성을 목표로 하는 성도문(聖道門)을 자력교라 할 수 있다.

제1장 불교란 무엇인가 15

산사의 풍경

이른봄의 산사

1) 2승·3승에 의한 분류

불교는 이를 두 종류로 나누어서 2승이라 하고, 또는 세 종류로 나누어서 3승이라고도 한다.

(1) 2승(二乘)

2승이란 소승과 대승, 또는 성문승과 보살승을 말한다. 소승은 성문승을 가리키고, 대승은 보살승을 가리킨다. '소승과 대승' '성문승과 보살승'은 같은 의미다.

여기서 승[乘(yāna)]은 타는 것이란 의미이며, 불교가 차안의 현실세계에서 어리석게 고통받고 있는 중생들을 피안의 이상세계로 태워다 건네 주는 역할을 한다고 해서 승에 비유한 것이다.

또한 대승·소승과, 성문승·보살승 이외에도 소승을 가지고 2승(二乘)이라 부를 때도 있다. 이 경우에는 성문승과 연각승을 가리킨다. (이것은 3승 가운데 처음의 둘을 가리키는 말이다. 다음 「3승」의 설명 참조)

①소승불교

소승(小乘 hīna-yāna)은 열승(劣乘)이라고도 하는데, 혼자만이 탈 수 있는 작고 힘없는 수레라는 뜻이다. 그것은 자기 자신만의 구제나 완성을 목적으로 하기 때문에 소승이라 부르는 것이다. 또한 성문승(聲聞乘 śrāvakayāna)이라고 하는 이유도 소승불교에서는 부처님의 가르침을 듣는 것만으로 깨침을 얻기 때문이다. 성문은 제자를 가리키는 말로, 10대제자를 시작으로 부처님의 제자들은 모두 성문에 속한다.

소승이나 성문이라는 명칭은, 대승불교 쪽에서 부파불교를 가볍게 보아 부르는 말로, 부파불교는 스스로를 소승이니 성문이니 하고 부르지 않는다. 천태(天台)의 교학 등에서는 소승불교를 삼장교(三藏敎) 또는 줄여서 장교(藏敎)라고 부른다. 소승의 가르침이 경(經)·율(律)·론(論) 3장으로부터 성립되었기 때문이다.

또한 100년 전 중국이나 한국, 일본 불교에서는 소승불교 가운데 부파불교 뿐만 아니라, 부파 이전의 원시불교까지 합쳐서 소승이라고 불렀지만, 형식적인 부파불교는 소승이라 지칭할 수 있으나 원시불교나 근본불교인 초기불교를 소승이라 할 수 없다 해서 구분해서 부르게 되었던 것이다.

②대승불교

대승(大乘 mahā-yāna)을 음역하면 마하연(摩訶衍)이 된다. 크고 훌륭한 수레라는 뜻이니 자신만의 성취로 완성을 이루는 데서 나아가 다른 사람들도 깨치게 해서 완성이 되도록 널리 책임을 지고 가르치는 것을 뜻한다. 말하자면 소승불교와 달리 자기도 이롭고 다른 사람도 이롭도록 하는 것이 대승불교이다. 따라서 그러한 이상을 가지고 완성된 인간인 불타가 되는 것이 보살승(菩薩乘 bodhisattva-yāna) 또는 불승(佛乘 buddha-yāna)으로 대승불교의 뜻이 여기에 있는 것이다.

③대승과 소승의 다른 점

원시불교 다음으로 불멸 후 100년경부터 성립된 부파불교는 차츰 형식적으로 변하면서 불교 본래의 목적을 상실하게 되었다. 따라서 부처님의 바른 정신에 복귀하려는 운동이 불멸 후 400년경부터 일기 시작하였는데, 이것이 바로 대승불교인 것이다. 부파불교를 소승이나 성문승이라고 이름하여 경시하는 반면 이러한 움직임이야말로 바른 불교의 정신으로 받아들여져 대승이라 일컬어졌던 것이다. 여기서 부파불교(소승)와 초기의 대승불교와의 다르게 나타나는 특징을 비교하면 다음과 같다.

부파불교	초기 대승불교
아라한이 되는 것을 목적으로 하는 성문사상(성문승)	불타가 되는 것을 목적으로 하는 보살사상(보살승)
업보윤회의 고통으로부터 벗어나는 타율주위〔업보사상(業報思想)〕	성불의 원행(願行)을 행해서 자기 스스로 원하여 가는 자율주의〔원행사상(願行思想)〕
자기만의 완성과 해탈을 위해서 수행 노력하는 자리주의(自利主義)(소승)	일체중생을 구제하고 사회 전체를 정화 향상시키는 이타주의(利他主義)(대승)
성전의 언구에 집착해서 사물에 구애되어 있는 것같이 보이는 태도(有)	반야의 지혜에 의해서 무아(無我)·무집착(無執着)인 공(空)의 태도〔공(空)〕
이론적이고 학문적으로만 치우치는 경향이 많고, 이론의 실천은 별로 보이지 않음(이론적)	이론이나 학문보다는 신앙의 실천을 중요시하고, 그 실천이 헛되지 않도록 기초가 되는 초심을 중요시(실천적)
출가 수행 전문이면서도, 그 경지는 세속적으로 아집이 세고 저속함(저속의 출가불교)	재가의 대중적이면서도 경지가 높아 제1의적〔승의(勝義)의 재가불교〕

대승불교도 중기 이후부터는 철학적 이론이 중시되면서 이론적으로 치우치게 되었다. 이 시점으로부터 말하면, 종교면에서 불교의 신앙적 실천을 대승불교에서는 첫째 보리심을 강조했고, 둘째 발보리심의 원천으로써 불성 또는 여래장 사상에 대해서 철학적 고찰을 중시했고, 셋째 무아설을 인무아〔人無我 ; 아공(我空)〕・법무아〔法空〕의 2무아〔二無我 ; 2공(二空)〕를 설했고, 넷째 심식작용(心識作用)을 6식(六識)의 표면심(表面心) 뿐만 아니라 말나식, 아뢰야식의 잠재심(潛在心) 등을 설했고, 다섯째 보살론・불신론・불토론・열반론 등에 대해서 상세히 철학적 고찰이 되어 있다. 이는 소승불교나 초기 대승불교에서는 보이지 않던 점이다. 그래서 소승과 대승과의 특수하게 다른 점을, 부파불교와 초기 대승불교에서 서로 다르게 나타나는 점을 보충해서 간단히 설명하면 다음과 같다.

i 성문승과 보살승

불멸 100여 년 후 부파불교 시대가 열리면서 불교의 개조가 되는 불타는 신격화되어 특별한 존재로 인식되기 시작했다. 불타는 불제자들과는 달리 처음부터 특별한 성격을 가지고 태어났으며, 불제자들한테서는 보지 못하는 18불공법이나 32상 80종호 등의 특별한 상호〔相好 ; 위인의 상(相)〕를 갖추었다는 것이다. 불타가 보살 시대에 삼아승지백대겁이라는 긴 세월 동안 바라밀 등의 갖가지 선행을 닦아 온 특별한 존재이기 때문이라는 것이다. 이에 반해 불제자들은 오직 불타의 가르침만 듣고, 그것을 좇아 수행하는 것뿐이므로, 불타가 될 수는 없고 겨우 성문의 최고 깨침인 아라한과를 얻는 데 멈춘다는 것이다. (18불공법은 제2장 「불타론」의

설명 참조)

32상 80종호

부처님은 보살 시대에 백대겁(百大劫)을 거치면서 선행을 닦은 결과 보통사람에게는 없는 32가지의 좋은 상호와, 그 밖에 80종의 특징을 가지고 태어나셨다고 전해진다. 이것을 특별히 훌륭한 상호라고 일컫는다. 이 상호를 구비한 자는 3계의 대도사가 되어 불타가 되든지, 4천하(四天下)를 덕으로 통치하는 전륜성왕이 된다는 요지인데, 부처님 시대에는 상호에 관한 학문이 성했던 모양이다. 말하자면 부처님 당시는 사회를 구제하는 이상적 인물로서 정신계에는 불타, 세속계에는 전륜왕을 꼽았던 터라 보통사람에게는 없는 32상 80종호를 가지고 있다고 전해졌던 듯싶다.

삼아승지백대겁(三阿僧祇百大劫)

간략히 삼지백겁이라고도 하는데, 삼아승지겁과 백대겁을 의미한다. 겁(劫 kalpa)에는 소겁·중겁·대겁 등이 있고, 80의 중겁이 1대겁이 되고, 그 80중겁의 사이에 우리들의 세계가 형성되어 발생하는 때를 생겁(生劫), 존속하는 때를 주겁(住劫), 파괴되는 때를 괴겁(壞劫), 부서져서 아무 것도 없어지는 때를 공겁(空劫)이라 한다. 요컨대 겁이란 수백천억 년의 긴 세월을 가리키는 말이다. 그 백 배가 백대겁이 되므로, 아승지의 배가 곧 아승지겁이 된다. asaṅkhyeya의 음역인 아승지는 '셀 수 없는 숫자'라는 의미인데, 10의 140승에 상당하는 것으로, 인간으로서는 더 이상 셀 수 없는 궁극을 의미한다. 아승지겁의 셋이 삼아승지겁이 된다. 결국 부처님의 후보자로서의 보살은 삼아승지겁인 한량없는 긴 세월 동안 바라밀(pāramitā) 등의 선근공덕을 쌓아야만이 부처님이 된다는 것이다. 보살이나 바라밀에 대해서는 다음에 설명한다.

성문의 깨침에 있어서, 성위는 4향4과(四向四果)의 여덟 단계가 있다. 수다원향〔須陀洹向 ; 예류향(預流向)〕·수다원과〔須陀洹果 ; 예류과(預流果)〕·사다함향〔斯陀含向 ; 일래향(一來向)〕·사다함과〔斯陀含果 ; 일래과(一來果)〕·아나함향〔阿那含向 ; 불환향(不還向)〕·아나함과〔阿那含果 ; 불환과(不還果)〕·아라한향(阿羅漢向)·아라한과(阿羅漢果)가 그것인데, 맨 마지막의 아라한과가 최고의 깨침이 된다. 아라한과를 얻은 자는 모든 것을 다 배워 마쳐서 더 이상 배울 게 없다는 뜻으로 무학(無學)이라고도 이르고, 또는 일곱 단계의 배움을 거치는 성자라 해서 유학(有學)이라고도 일컫는다. 유학의 가운데 최초의 수다원향은 견도(見道)의 단계로 치고, 다른 여섯 개는 수도의 단계로 친다. 견도는 이론적 번뇌〔견혹(見惑)〕를 끊는 단계이고, 수도(修道)는 습관적 번뇌〔사혹(思惑) 또는 수혹(修惑)〕를 다 끊은 단계이므로, 양쪽의 일체 번뇌를 다 끊어 버린 단계가 아라한과〔무학과〕를 성취한 깨침이 된다. 결국 성문으로서 최고의 깨침은 아라한과가 되는 것이다.

이에 비해 대승불교 쪽에서는 모든 사람은 불성을 갖추고 있기 때문에 보리심을 발함으로써 보살이 된다고 주장한다. 원을 세워 스스로 깨달아 6바라밀 등의 수행을 쌓으면 누구든지 부처님이 될 수 있다는 것이다. '금생에 부처를 이루지 못하면 미래에는 꼭 성불한다'는 자각의 결의를 가지고 정진하면 언젠가는 꼭 성취한다는 것이니, 이것이 바로 성문승과 보살승과의 가장 큰 차이점이다.

대승에서는 '일체중생 실유불성(一切衆生悉有佛性)'이라고 해서, 모든 인간(다른 동물도 포함)은 부처가 될 수 있는 바탕인 불성

(佛性)을 갖추고 있다고 본다.

보리심은 바로 도심(道心)이며 깨침을 구하는 마음이다. 보리심을 일으키는 자를 보살이라 부르는데, 보살은 동시에 사홍서원 등의 원을 갖는 존재이다. 사홍서원이란 모든 보살이 공통으로 갖는 네 개의 서원으로서, 중생무변 서원도(衆生無邊誓願度 ; 한도 끝도 없는 중생을 제도하고 구제해서 맹세코 해탈을 이루도록 서원함), 번뇌무진 서원단(煩惱無盡誓願斷 ; 깨침을 방해하는 한량없는 번뇌를 맹세코 끊어서 멸하기를 서원함), 법문무량 서원학(法門無量誓願學 ; 한량없는 부처님의 가르침을 모두 배우기를 서원함), 불도무상 서원성(佛道無上誓願成 ; 위없는 부처님의 도를 반드시 성취하기를 원함)이 그것이니, 다른 사람도 구제하고 자기 자신도 완성을 이루기 위한 원을 이르는 것이다.

보살이란 보리살타(bodhi-sattva)를 줄인 말로, 각유정(覺有情), 또는 개사(開士)라고도 번역한다. 보리(bodhi)는 각(覺 ; 깨침), 살타(sattva)는 유정〔有情, 중생 또는 함식(含識)〕을 의미한다. 결국 깨침을 목적으로 구하는 자를 가리키는 말이니, 다른 사람도 깨침을 얻도록 노력하는 의미도 들어 있다. 보살은 긴 수행 기간 동안 바라밀 등의 선행을 닦는다. (이것은 다음의 「소승과 대승」 참조)

ii 업보사상(業報思想)과 원행사상(願行思想)

성문의 가르침에 의하면, 최고의 깨침을 얻은 아라한은 윤회의 고통에서 벗어나 열반의 세계에 도달하는 것을 최고의 이상으로 삼는다. 그러나 이는 남음이 없는 열반이라고 해서, 육체가 죽은 후 윤회에서 벗어난 상태라고 한다. 이것은 어디까지나 업보윤회의 인과만을 문제시하여 윤회의 고통에서 벗어나 열반의 즐거움만을 얻고자 하는 것이므로 일신상의 문제만을 목적으로 한다고 볼 수 있다.

 이에 비해 대승보살의 수행이란 보리심을 일으켜 다른 사람이 먼저 성취하도록 원을 세우는 게 우선이므로, 소승과 같이 생사윤회를 벗어나 죽음이 없는 열반에 자신만이 다다르려고 하는 것과는 다르다. 따라서 괴로움과 즐거움에 집착함이 없고, 업보윤회에도 끌림이 없이, 오직 고통받는 사람들을 구제하기 위해서 스스로 험하고 고통스러운 세계에 뛰어들어 고난을 감수하는 것이다. 말하자면 오직 중생을 구제하겠다고 하는 서원이 있을 따름이다. 이것은 자주적이고 자율적인 자세로, 업보 고락에 좌우되는 타율적 행위와는 구별된다.

 윤회(saṁsāra)는 생사라고도 하는데, 번뇌에 둘러싸인 범부의 상태를 가리키는 말이다. 즉 선악의 업보에 지배를 받는 결과 선업을 쌓은 사람은 천상이나 인간의 선취〔善趣 ; 선도(善道)〕에 태어나 복락을 받고, 악업을 범한 사람은 그 보를 받아서 지옥·아귀·축생 등의 악취〔惡趣 ; 악도(惡道)〕에 떨어져서 고통을 받는다는 뜻이다. 여기에 오도(五道), 또는 수라〔아수라〕를 더해서 '6도(六道)의 생사에 윤회한다'는 표현을 쓴다. 이러한 생각들은 불교 이전부터 오늘날에 이르기까지 인도 전반에 널리 퍼져 있던 일반적인 사상이다.

 열반은 nirvāṇa(nibbāna)의 음역으로서 고요하다〔寂〕, 적멸(寂滅)이라고도 번역한다. 불교 이전에는 불사〔不死 ; 감로〕라고 했다. 생사윤회를 벗어난 이상의 상태를 가리키는 말로서, 욕심(탐욕)·분노〔진에(瞋恚 ; 날라서 사라진다는 뜻)〕·우치(어리석음), 즉 일체의 번뇌가 불을 불어 끄는 것과 같이 순간 사라지고, 또는 모든 번뇌의 불을 불어 끈 것과 같은 상태를 말한다. 말하자면 최고의 깨친 경지인 것이다.

부파불교 시대에는 열반을 남음이 있는 유여열반과 남음이 없는 무여열반의 두 종류로 구분했다. 유여열반이란 업보에 의해서 태어난 육체가 남아 존재하는 동안의 마음의 열반을 의미하고, 무여열반이란 육체가 남아 있지 않은, 마음과 몸이 함께 열반에 든 상태를 이르는데, 말하자면 완전열반을 가리키는 말이다. 이러한 생각은 외교들의 영향을 받은 것으로 불교 본래의 가르침과는 다르다. 그러나 부처님의 죽음을 무여열반이라고 하여, 이것을 반열반〔般涅槃 parinirvāṇa, parinibbāna 원적(圓寂), 완전열반〕이라고 일컬었다. 그러던 것이 나중에는 열반 그 자체가 부처님이나 성자들의 죽음을 의미하게 되었고, 열반경·열반상·열반회 등으로 두루 쓰이면서 열반은 부처님의 죽음, 사멸을 의미하게 되었던 것이다.

소승 부파불교에서는 열반의 개념이 전술한 두 가지였지만 대승불교에서는 이 두 가지 외에 자성청정열반과 무주처열반이 더해져서 네 가지로 언급했다. 이 중 자성청정열반이란 모든 존재의 근본이 되는 진여(眞如 ; 연기의 진리)를 열반이라고 한 것으로써, 즉 일체제법의 진리가 되는 법성연기를 자성청정열반이라고 한다. 무주처열반이란 생사에 머물지 않고 열반에도 머물지 않는 열반으로서, 생사를 싫어하지도 않고, 열반을 바라지도 않아서, 생사나 열반에 집착함이 없이 중생구제의 자비활동에 전념하는 상태다. 따라서 참으로 이상적인 열반은 무주처열반이라 할 수 있겠다. 이것을 생사즉열반(生死卽涅槃)이라고도 한다. (열반은 제4장 「열반적정」 참조)

iii 소승과 대승
성문의 가르침은 자신을 완성하기 위한 4제, 8정도를 근본 학설로 한다. 4제, 8정도만 이루면 자신의 인격이 완성됨과 동시에 다른 이를 구제하기 위해서 활동하게 된다. 성문으로써 최고의 깨침을 얻은 아라한이라고 해도 독선적으로 자기 완벽만을 취하는 것이 아니라, 세상 사람들을 교화 구제하는 데 힘을 쓰게 된다. 오늘날 아라한(arhan, arahan)을 응공(應供)이라 번역하듯이, 다른 사람으로부터 공양이나 존경을 받을 만한 자격이 있는 사람이라는 의미로서 세인을 교화하며 그들에게 복덕과 이익을 전하고 그에 상응하는 세인의 존경과 공양을 받는 것이다.

이런 점에서 본다면 아라한이 결코 세간과 교섭 없이 독선만을 행하는 것은 아니다. 성문이 자기의 이익만을 취한다고 하는 것은 대승으로부터의 부당한 비난이다. 대승불교 운동이 일어날 때의 부파(소승)불교는 세상 사람들을 교화, 지도할 만한 종교성이 상실되어 있는 상황이어서 이러한 비난이 대두됐을 것이다. (아라한은 제2장 「여래10호」 응공의 설명 참조)

자기의 인격을 완성하기 위해서는 4제, 8정도만 가지고도 충분하지만, 대승불교에서는 이것만으로 만족하지 않는다. 이에 대승불교에서는 보살의 수행 방법으로서 8정도를 채용하는 대신 6바라밀을 독자의 수행 방법으로 들었다. 8정도는 자신을 완성하기 위한 항목밖에 없으므로 보시나 인욕과 같은 사회를 위한 항목이 들어 있는 6바라밀이 보살의 수행 방법으로 적당하다고 본 것이다.

그리고 6바라밀의 수행법에는 보시를 최우선에 놓은 다음 사회의 모든 사람들이 보시나 자선을 행하며 상부상조하며 살아가는 것을 최고 이상으로 삼았다. 요컨대 대승이란 많은 사람들을 구제하는 데 목적을 둔 큰 수레이고, 부파불교는 개인의 수양이나 완성만을 목표로 하기 때문에 조그만 수레라고 규정지은 것이다.

4제, 8정도에 대해서는 제6장에서 설명을 하겠지만, 8정도와 6바라밀의 공통점과 차이점을 표시하면 아래 도표와 같다. 이 도표를 보면 6바라밀에는 8정도의 모든 행이 들어가 있는데, 8정도에는 보시나 인욕이 없다. 이 두 가지는 사회적인 것으로, 대승의 특질이라고 할 수 있는 이타행이 된다.

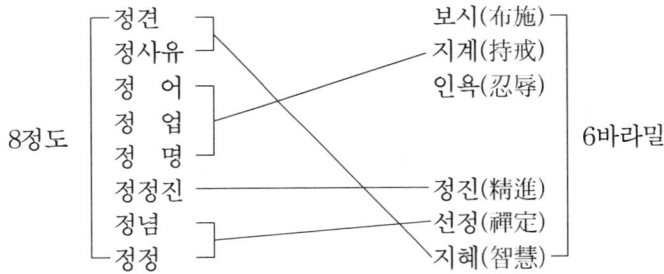

6바라밀과 10바라밀

먼저 보살의 수행법인 6바라밀에 관해 간단히 설명하자면, 바라밀(pāramitā)은 바라밀다라고도 음역한다. 의역을 하자면 도(度), 도무극(度無極), 도피안이라고도 하는데, 이 말은 pāram(피안에) ita(到;이르다)라 해석해서 도피안이 되고, 바라밀의 수행에 의해서 생사윤회의 차안으로부터 보리열반의 피안인 이상의 세계에 도달할 수 있다는 것을 뜻한다. 옛날 중국이나 한국, 일본에서는 바라밀을 이와 같이 해석했다. 그러나 본래 의미는 pāramin＜parama+tā(최상)로서 옛날 한역의 도무극(度無極)에 가깝다. 여기에 바라밀이라는 말이 더 첨가된 결과 보시는 최고, 최상의 뜻이 되고, 지혜는 최고, 최선의 지혜가 되었던 것이다. 결국 완전한 보시와 지혜를 6바라밀이라고 일컫는 것이다. 반야바라밀을 perfection of wisdom(지혜의 완성)이라고 영역하는 것도 그러한 의미다. 6바라밀의 순서는 다음과 같다.

　　①보시(布施) dāna　　　단나(檀那), 단(檀), 시(施)
　　②지계(持戒) śīla　　　시라(尸羅), 시(尸), 계(戒)
　　③인욕(忍辱) kṣānti　　산제(羼提), 인(忍)
　　④정진(精進) vīrya　　　비리야(毘梨耶), 진(進)
　　⑤선정(禪定) dhyāna　　선나(禪那), 선(禪), 정려(靜慮)
　　⑥지혜(智慧) prajñā　　반야(般若), 지(智), 혜(慧)

보살과 삼지백겁(三祇百劫)의 사이, 6바라밀을 닦는다고 되어 있지만, 『화엄경』에서는 보살 10지수행에 10바라밀을 닦는다고 해서 6바라밀 다음에 4바라밀을 더한다. 그것은 다음의 네 가지다.

　　⑦방편(方便) upāya　　구바야(漚波耶)
　　⑧원(願) praṇidhāna　　서원(誓願)
　　⑨력(力) bala　　　　　마라(麼羅)
　　⑩지(智) jñāna　　　　　야나(惹那), 사도

남방불교의 10바라밀

또한 남방 상좌부 팔리 불교에서는 보살의 수행법으로 위와는 다른 10바라밀(dasa-pāramī)을 설하고 있다. 그것은 ①시(施 dāna), ②계(戒 sīla), ③출리(出離 nekkhamma), ④혜(慧 paññā), ⑤정진(精進 viriya), ⑥인욕(忍辱 khanti), ⑦체(諦 sacca), ⑧결의(決意 adhiṭṭhāna), ⑨자(慈 mettā), ⑩사(捨 upekkhā)이다. 팔리 불교에서는 보살의 수행 기간 또한 북방불교와는 달리 4아승지백천겁[四阿僧祇百千(시방)劫]을 정해 놓은 바 있다.

4섭법

또한 보살의 수행법으로는 보시(布施)·애어(愛語)·이행(利行)·동사(同事)의 4섭법〔4섭사(四攝事)〕 등이 있다. 이것은 보시를 중심으로 보살의 자비행을 모은 것이다.

iv 유(有)와 공(空)

부파불교는 '아비달마'로 통하는 교학을 면밀히 연구했지만, 그 내용은 부처님이 언급을 금한 유(존재)에 대한 것이 많았다. 부처님은 당시 외교(불교 이외의 다른 종교인)들이 문제화했던 실체의 유무(존재론, 실재론)에 의존해서는 절대로 인생의 제문제를 해결할 수 없다고 보고, 이러한 문제를 취급하는 것을 금했다. 불교에서 문제시하는 것은 본체가 아니라, 우리들의 주위에서 생멸 변화하는 현상이다. 그 현상이 '어떻게 있는가?'(상태), 그것을 우리는 '어떻게 할 것인가?' '어떻게 대처하면 좋은가?'(태도)만을 취급했을 뿐이다. 이를 연기설이라고 한다. 4제·8정도·12인연 등 불교의 기본학설 전부가 이러한 입장을 기준으로 한다.

그런데 부파불교가 유(존재)에 대해서 논의한 결과 불교 본래의 입장을 일탈함으로써 대승의 사람들은 부처님의 바른 가르침에 복귀해서 '어떻게 하여 있는가' '어떻게 있을 것인가'라는 반야의 공을 강조하게 되었고, 바른 연기설을 부활시켰던 것이다.

아비달마(abhidharma, abhidhamma)는 아비달마(阿毘達磨), 아비담(阿毘曇)으로 음역하는데, 논리나 대법(對法)을 의역한 것이다. 이것은 '법에 대하는 것'이라는 뜻으로, 법(法)이란 주지하다시피 부처님이 말씀하신 경전을 가리키며, 경전에 대한 설명·주석·연구 등 법에 대하여 설명하는 것으로 아비달마라고 한다. 경전을 주석하기도 하고, 그 용어를 정의, 설명하기도 하고, 그것에서 말하고 있는 교리와 학설을 조직, 정리하는 아비달마의 연구방법이 부파불교에서 크게 유행하여, 아비달마 연구문헌이 경전 이외에 독자적으로 성립되어 발달되었다.

이것을 아비달마 피다카(Abhidharma-piṭaka), 즉 논장(論藏)이라 칭하고, 원시불교 시대부터 존재한 부처님의 말씀인 설법집이나 경전을 모은 경장(Sūtra-piṭaka), 불교교단의 일상 생활 규칙을 모은 율장(Vinaya-piṭaka)에 새로 성립된 논장을 더해 구성된 3장(三藏)이 부파불교 시대에 이미 구비되었다. 각 부파는 자기 나름대로 3장을 전수받아 가지고 있었지만, 이 중 논장이 부파불교의 특색을 갖췄는데, 그것에서 형식적인 번쇄철학을 논하여, 부처님이 금지한 유무(有無) 등의 존재론이 취급되었다. 이것은 소위 불교의 출가전문화, 이론화에 해당되지만 형식적으로 불교에서 제일로 주장하는 신앙이나 실천은 결여된 것이다.

v 이론과 실천

부파불교는 존재론 등에 대해서 상세하게 이론적 연구를 해온 결과 부파 상호간에 이론적 논쟁을 펼치게 되었지만, 정작 실천에는 관계없는 무의미한 논쟁만 일삼아서 실천 수행이나 종교 활동을 등한시하게 되었다. 대승에서는 이러한 병폐를 교정하기 위해 불필요한 이론보다는 신앙이나 실천을 강조했던 것이다. 또한 이론이라고 해도 원시불교와는 달리 실천행이 될 수 있는 기초의 범위 내에서였다.

vi 저속의 출가 불교와 승의(勝義)의 재가 불교

부파불교에서는 아비달마에 의한 학문적 이론 연구를 상세하고 면밀하게 행했지만, 일반 민중에게는 전문적이고 난해해서 신앙의 실천이라는 면에서는 필요 없는 것이 많았다. 이와 함께 지도적 입장에 있는 사람들은 사원 안에만 기거하여 전문적 교리 연구에만 몰두하게 되어, 불교를 종파로 하여금 전파 활동하는 데 큰 장애가 되어 쇠퇴하는 원인이 되었다. 이에 대승의 사람들이 모든 사람들이 받아들이기 쉬운 신앙적 실천불교를 제창하게 되었던 것이다. 보살의 수행법인 6바라밀이 바로 그것인데, 그 중 처음 설한 보시는 재가 일반의 사람들도 쉽게 받아들이고 실행할 수 있는 조목이다.

이러한 보시는 3륜공적(三輪空寂)의 입장에서 베풀어야 한다고 하여 베푸는 자와 받는 자는 주고받는 물건의 3자(三者)를 의식하지 않을 뿐 아니라 베푼 것에 대한 보은도 기대하지 않으며, 공무아(空無我)의 진실한 자비심에 의해서 베푸는 것이므로, 보시라는 것은 최상의 진리가 된다. 이것은 보시만이 아니고, 계와 인욕, 지혜에도 모두가 철저(空)한 본질의 입장에서 최상의 승의(勝義)여야 한다. 그래서 바라밀이라고 부르는 것이다. 결국 대승의 가르침은, 재가에 있어서 일상 생활의 모든 행위가 불교의 제1의적인 가르침이 되므로 생활의 터전이 그대로 불교 수행의 도량이 되는 것이다.

(2) 3승(三乘)

3승은 성문승·연각승·불승의 세 가지를 일컫는데, 이 중 앞에서 언급한 소승은 성문승과 연각승의 둘로 나뉘고, 대승은 불승의 다른 말이다. 또한 성문승(소승)과 불승(대승)은 앞에서 설명한 바와 같다.

연각승(pratyekabuddha-yāna)은 벽지불승이라고도 한다. 연각(pratyekabuddha, paccekabuddha)을 음역하면 벽지불이 되며, 또는 독각(獨覺)이라고도 의역한다. 연각은 다른 이의 가르침을 들어서 깨치는 성문과는 달리, 다른 이의 가르침에 의존하지 않고 자기 스스로 인연을 일으켜 도리(道理)를 관찰함으로써 깨침을 얻는 것이다. 이는 중생을 구제하는 불타와는 달리 자기만의 깨침을 목적으로 하기 때문에 산 속에 은둔하여 세상을 등지고, 세상의 사람들을 지도, 구제하는 것을 회피하기 때문에 독선적이라 할 수 있다.

연각사상

부처님은 보리수 밑에서 연기의 도리를 관찰하고 정각을 성취하여 불타가 되고 난 후, 몇 주일을 선정사유(禪定思惟)를 계속하며 성도(成道)의 즐거운 향락을 느끼던 차였다. 부처님은 스스로 깨친 연기의 도리는 극히 난해한 것으로 세상에 내놓아도 이해하지 못할 것을 알았다. 따라서 힘들게 말해서 이해하지 못할 바에야 차라리 말함을 단념하고 은둔하느니만 못하다는 생각을 했다고 한다. 이때의 부처님은 말하자면 연각의 상태라고 할 수 있었다.

그러나 범천이라는 신이 부처님 앞에 나타나 '만약 부처님이 법을 설하지 않으면 세상 사람들은 더욱더 타락의 고뇌에 빠지게 될 것이므로 설사 부처님의 설법이 난해한 것이라고 하여도, 설법하는 방법을 찾으면 이해하는 자가 나타날 것이므로 필히 설법하여 주십시오' 하고 간청하므로 부처님은 범천의 청에 따라 결의하고, 그때부터 전도 교화활동을 시작했다는 것이다. (이는 제6장의 '4제 설법의 경과' 참조) 이때의 부처님은 이미 연각이 아니라 정등각자(正等覺者)로서의 불타이다.

한편 연각[독각(獨覺)]사상은 이미 불교 이전부터 존재한 것으로 보인다. 원시경전에도 연각에 대해 말하는 부분이 나온다. 이를테면 『중부(中部)』116의 「선탄경(仙吞經)」에는, 부처님의 말씀에 '선탄산(仙吞山)에는 옛날에 500명의 독각(연각)이 살고 있었다'는 구절이 나온다. 뒤에 부파불교에서는 독각을 두 종류로 분류했다. 집단으로 수행하는 부행독각(部行獨覺)과, 단독으로 수행하는 인각유(麟角喩 ; 뿔이 하나밖에 없는 무소의 뿔처럼)독각이 그것이다.

옛날 성문의 가르침은 4제, 8정도였고, 연각의 가르침은 12인연이었고, 불보살의 가르침은 6바라밀이라고 했지만, 이것은 대승의 주장을 나열한 것에 지나지 않는다. 불교 역사상 연각은 실제로 존재하지 않고, 연각, 독각의 가르침도 없다. 따라서 3승의 가르침을 앞과 같이 구분하는 것은 온당치 못하다. 4제·8정도·12인연·6바라밀은 모두가 불교의 기본적 교리 학설이다.

2) 원시불교·부파불교·대승불교의 분류

불교 교리는 시대순으로 나누면 원시불교·부파불교·대승불교로도 구분되는데, 이는 주로 인도 본토의 불교를 기준한 것이다.

(1) 원시불교

일반적으로 부처님 당시부터 불멸 후 100년경까지를 초기불교라 이른다. 물론 그 불교교단은 분열이나 분파가 없이 모두가 한 덩어리가 되어 원초의 모습 그대로였다.

일각에서는 이 초기불교의 전반을 근본불교로, 후반을 협의(狹義)의 원시불교로 구분하기도 하는데, 근본불교란 좀더 순수하고 근본적인 부처님의 가르침을 의미하는 것이다. 이를 테면 부처님과 함께 한 직계 제자들이 불멸 후 30년까지 생존해 있을 때까지의 불교를 가리킨다.

원시불교의 자료

넓은 의미로서 원시불교를 '근본불교'와 협의의 '원시불교'로 나누는 것은 이론적으로 타당하다. 엄밀히 말하면 부처님의 불교는 직계 제자들이 이해하고 체득한 불교와는 달랐던 듯싶다. 그러나 현존의 자료로부터, 이와 같은 차이점을 끌어내기는 힘들다. 현존하는 불교 경전에서 가장 오래된 『아함경』이나 율장 등은, 부파불교에 의해서 전수된 것이므로, 그 틀이 갖춰지기 시작한 것은 부파불교가 성립되고 나서부터이다. 따라서 부파의 교리 학설과 영향을 주고받은 탓에 현존의 자료에서는 넓은 의미의 원시불교의 학설마저 확실하게 찾아낼 수는 없다. 그러나 현존하는 모든 부파가 전해 온 『아함경』이나 율장을 비교하여, 모든 부파가 공통으로 전하는 사항이나 학설을 끌어냄으로써 대체적으로 부파분열 이전의 원시불교의 대강을 추측할 수 있다.

(2) 부파불교

불멸 후 100여 년경부터 불교교단 속에는 계율이나 교리의 해석 등에 대해 서로 다른 설이 나타나, 보수파와 혁신파 사이에 의견 대립이 일어나기 시작했다. 그 결과 혁신파는 대중부(大衆部 Mahāsaṅghika)라 칭하고, 보수파는 상좌부(上座部 Theravāda)라 칭해서 전통을 형식적으로 지키기 시작했다. 이와 같이 최초의 대립과 분열은 불멸 후 100년경에 일어났다고 알려져 있다. 한 번 분열이 일어나기 시작하자 그 후부터는 교단 내에서 더욱 세부적인 면에까지 의견 대립이 빈번해지면서 순차적으로 인도 모든 지방에까지 발전·보급되었고, 근본의 두 파벌 내에서도 그 나름대로 분파가 계속되어 더욱더 세분화되었던 것이다. 이것이 300년 후에는 18부, 또는 20부라고 칭하는 부파들로 분열하게 되었던 것이다. 이와 같이 분열한 모든 부파의 불교를 부파불교라 한다.

부파불교의 성전, 3장

이렇듯 많아진 부파에서는 제각각 성전이라고 칭하는, 원시불교 시대부터 전해 온 『아함경』(경장)과 율장을 다소 변화시키면서 유통시킨 아비달마라는 논장을 갖게 되었다. 아비달마란 『아함경』(달마)에서 말하는 어구를 정의·설명하기도 하고, 교리 학설을 조직하며 분류·정리하기도 하는 동시에, 철학적(신학적) 연구를 병행하여 부파 시대에 와서 발달 성립시킨 것이다. 그 뒤 각 부파는 아비달마 문헌이라고 하는 논장을 제작하여 전하고 소지하게 되었다. (전항 「유(有)와 공(空)」 참조)

이에 각 부파는 근본 성전으로 부처님의 설법을 모은 『아함경』이라는 경장(經藏 Sutta-piṭaka, Sūtra-p.)과, 교단의 생활 규정을 모아 기록한 율장(律藏 Vinaya-piṭaka)과, 철학서로서의 논장(論藏 Abhidhamma-piṭaka, Abhidharma-p.)의 3장(三藏 ti-piṭaka, tri-piṭaka)을 소지하게 되었다. 경장과 율장은 각 파마다 특징이 있지만, 원시불교 시대부터 전해오는 것이므로, 모든 부파 간에 공통으로 일치하는 점이 많다. 이에 비해서 논장은 각 부파가 독자적으로 제작한 것이므로 공통점이 없는 것도 아니지만, 부파 간의 개성이 강해서 다른 점이 많다. 경장과 율장에는 부처님의 말씀이 들어 있지만, 논장은 그 다음 시대에 성립된 탓에 형식적이고 번쇄한 철학적 이론을 많이 취급하여 일반 불자에게는 무용지물이 되고 말았다.

부파분열의 원인

전통적으로 크게 두 가지로 구분하는데, 그 하나는 다음과 같다. 계율의 해석과 적용에 대하여 의견이 다른 형식적인 보수파에 대해서 혁신파는 실제적으로 그 시대나 지방의 풍습과 습관, 기후, 풍토에 적응할 수 있도록 계율 및 규정을 고쳐야 한다며 10개조의 규정에 대한 독자적 의견을 주장했던 것이다. 이때가 불멸 후 100년경으로 베사리의 비구들 사이에서의 일이다. 이에 대해 보수파인 장로들은 앞의 10개조의 의견을 비법〔十事非法〕이라고 하여 배제하였다. 이때의 충돌을 계기로 하여 보수파인 상좌부와 혁신파인 대중부가 분열하기에 이른 것이다.

또 하나의 설은 다음과 같다. 불멸 후 100여 년경 불교교단에서 교설 학설에 대해서 5개조의 다른 설〔五事妄言〕을 주장하는 자가 나타났다는 것이다. 형식을 중시하는 장로들인 보수파에서는 이를 반대했지만, 젊은 사람들 사이에서는 혁신설에 찬성하는 자가 많았던 탓에 결국 의견의 대립이 생겨 상좌, 대중의 근본2파의 분열이 나타나게 되었다는 것이다.

어쨌든 당시의 교단에서는 율장 가운데 계율 규정이나 경장 속의 교리 학설에 대해서 그 해석이나 분류·정리 등의 학문적 연구가 있어, 거기에서 다른 학설이 나타나게 되었다. 따라서 아쇼카왕이 불교를 신봉하여 인도 내외의 전지역에 선포, 확대되면서부터 모든 지방의 불교교단 사이에 서로 교섭 연락이 끊어진 것과, 교리 학설이 서로 다른 것이 원인이 되어 부파는 더욱 세분화하게 되었던 것이다. 때문에 각 부파는 아비달마 문헌을 각자 제작하게 되었고, 경·율·론 3장을 원칙적인 성전으로 제각기 소지하면서 전하게 된 것이다.

부파분열의 전통설

18부 또는 20부라고 하는 부파불교가 제각기 어떠한 특징을 지니고 있느냐는 것은, 각 부파에 따라서 다소 다른 점이 있다. 오늘날 전하고 있는 부파설에는 10여 종이 있지만, 그 대표적인 것으로는 팔리 불교(남방상좌부)의 설일체유부(說一切有部)가 전하고 있는 두 계통의 분파설을 표시하도록 했다.

제1장 불교란 무엇인가 37

팔리 불교 소전(所傳)

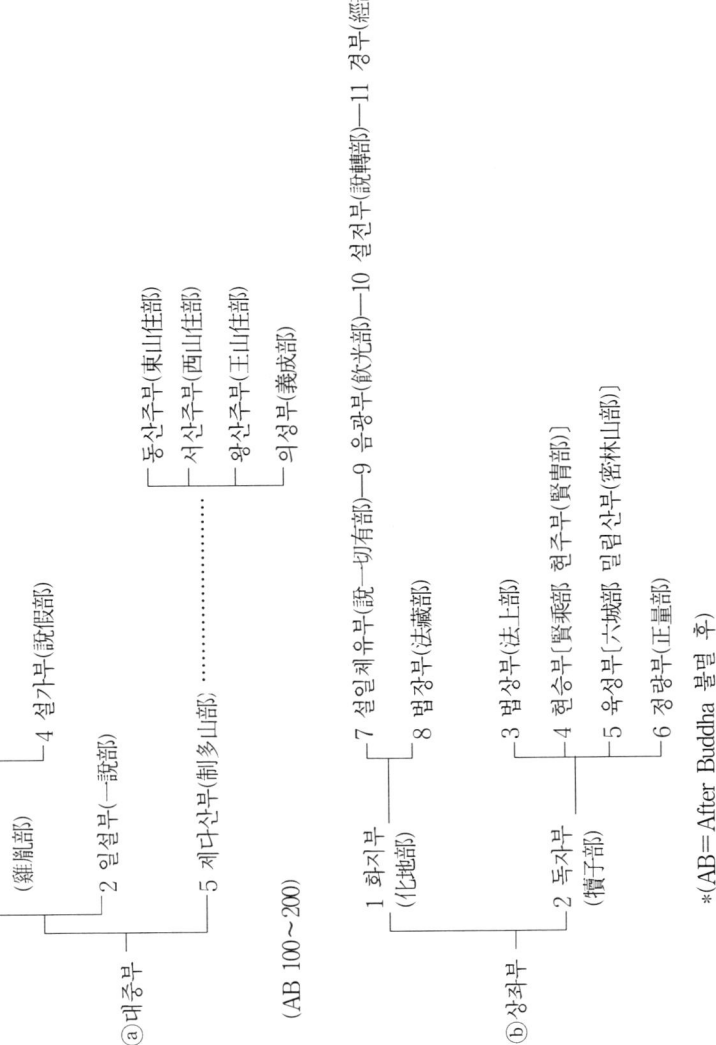

ⓐ 대중부
 ├─ 1 우가부 ┬─ 3 다문부(多聞部)
 │ (牛家部) │
 │ (雞胤部) └─ 4 설가부(說假部)
 │
 ├─ 2 일설부(一說部)
 │
 └─ 5 제다산부(制多山部) ┬─ 동산주부(東山住部)
                          ├─ 서산주부(西山住部)
                          ├─ 왕산주부(王山住部)
                          └─ 의성부(義成部)

(AB 100~200)

ⓑ 상좌부
 ├─ 1 화지부 ┬─ 7 설일체유부(說一切有部) ─ 9 음광부(飮光部) ─ 10 설전부(說轉部) ─ 11 경부(經部)
 │ (化地部) └─ 8 법장부(法藏部)
 │
 └─ 2 독자부 ┬─ 3 법상부(法上部)
    (犢子部) ├─ 4 현승부(賢乘部) 현주부(賢胄部)
             ├─ 5 육성부(六城部) 밀림산부(密林山部)
             └─ 6 정량부(正量部)

*(AB = After Buddha 불멸 후)

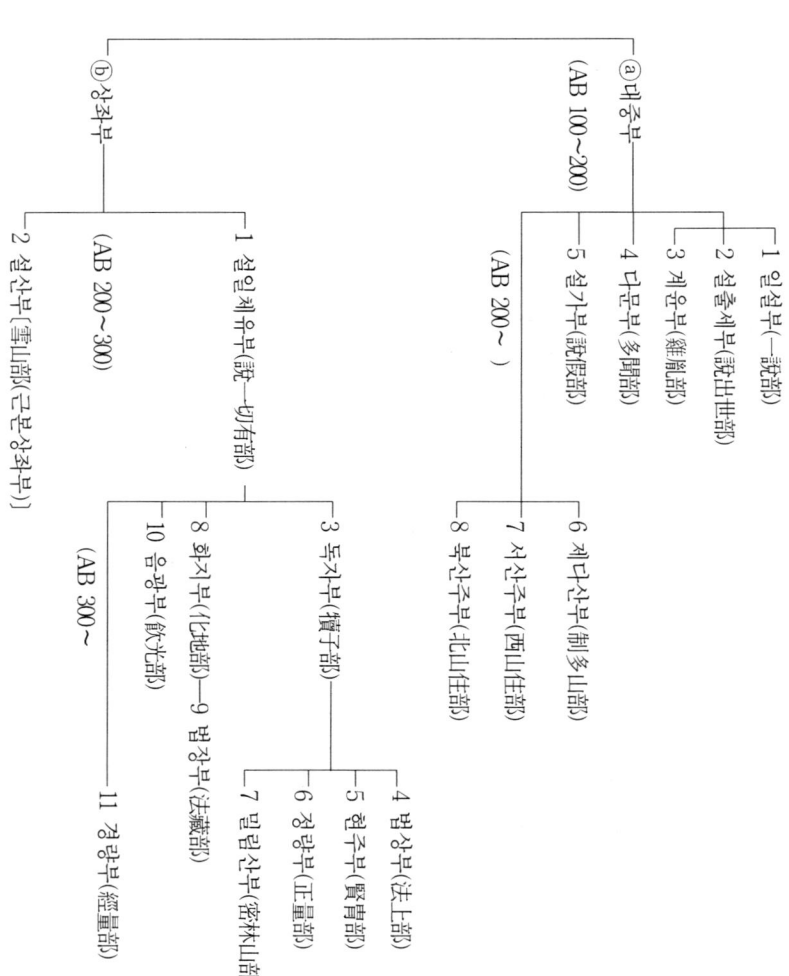

또한 후세 근본설일체유부에서는 ㉠설일체유부 ㉡대중부 ㉢정량부 ㉣상좌부의 네 파가 모든 부파를 대표하는 것으로 되어 있으며, 다른 부파는 이 네 파 어느 곳에든 소속이 되어 있다. 7세기 인도를 여행한 현장이나 의정은 이 네 파에 의거해서 당시 인도 불교의 제파를 소개하고 있다. 오직 서북인도지방(지금의 파키스탄)의 불교만은 이 분류에 따르지 않고 그 지방 5부파의 이름을 드러내고 있다. 설일체유부·화지부·법장부·음광부·대중부(說出世部)가 그것이다.

 현장이 가지고 온 제 부파의 3장
 따라서 현장 삼장이 인도로부터 제부파의 성전 사본(이것을 패엽이라고 한다)을 중국으로 가지고 돌아온 것 중에 다음과 같은 것이 있다. (『대당서역기』 권12)
상좌부경·율·론 14부(上座部經律論14部)
대중부경·율·론 15부(大衆部經律論15部)
삼미저부(정량부)경·율·론 15부〔三彌底部(正量部) 經律論15部〕
미사새부(화지부)경·율·론 22부〔彌沙塞部(化地部) 經律論22部〕
가섭비야부(음광부)경·율·론 17부〔迦葉臂耶部(飮光部)經律論17部〕
법밀부(법장부)경·율·론 42부〔法密部(法藏部) 經律論42部〕
설일체유부경·율·론 67부〔說一切有部經律論67部〕

 이 중에서 현장이 한역한 것은 설일체유부의 논서 10여 부에 지나지 않는데 그 외에는 모두 번역하지 못했으며, 원본마저 없어지고 말았다.

이상 부파불교에 대해서 간단히 설명한 것처럼 부파불교 시대란 원시불교 시대 이후 모든 부파가 성립되고 완성되어 대승불교가 흥왕하기까지, 즉 기원전 3세기부터 서기 원년의 200~300년간을 말한다. 그러나 서기 이후에도 부파불교(소승)는 대승불교와 함께 인도 각지에 전파되어 그 세를 유지해 왔다. 현장에 의하면 7세기경 인도 각 지방의 사원이나 승려들의 수에서는 대승보다는 소승 쪽이 더 많았다고 한다. (현존하는 모든 부파의 삼장성전에 대해서는 제2장의 3보 가운데 '제 1결집' 이하 참조)

(3) 대승불교

대승불교는 부파불교가 형식화되며 학문에만 치중하여 불교 본래의 종교활동을 등한시하자 불교를 본래 모습으로 복귀하자는 취지로 일어난 운동의 일환으로서 대개 서기 1세기경에 비롯된 새로운 불교 운동이다. 이 새 불교는 종래의 부파불교를 소승, 혹은 성문승이라고 낮춰 부르면서 경시 배척하며 부파의 삼장성전과는 다른 독자의 성전을 부처님의 말씀으로 삼아 제작했다. 이것이 대승경전이며 그 작자는 물론 알 수 없다. 그들의 신념에 의하면, 부처님이 이 시대에 법을 설했다고 한다면 이와 같이 설했을 것이 틀림없다는 것이다. 이것이 진실한 불법으로, 이곳에 전해진 말씀이 부파불교가 가지고 있는 성전보다는 부처님의 참 정신을 더욱 잘 나타내고 있다는 신념을 갖고, 객관적으로 보아도 타당하다고 주장했던 것이다.

불설과 비불설

새로운 대승경전에 대해서, 부파불교에서는 이것은 악마의 말이며 부처님 말씀은 아니라고 비난했다고 한다. 대승비불설(大乘非佛說)의 주장이 그것이다. 일본의 메이지 유신 이후 서양의 역사 연구법이 일본에 채용되면서 일본의 역사학자들 사이에서도 '대승은 역사상 불타의 말씀이 아니므로 부처님 말씀이 될 수 없다'고 간주하는 이들이 늘어났다.

그러나 부처님의 말씀이란 무엇인가, 이것이 문제가 아닌가. 석존의 설법 그 자체가 부처님 말씀이라고 한다면 원시경전으로 분류되는 『아함경』 속에도 부처님 제자들의 말씀이 상당수 차지하고 있으니 그것도 일종의 비불설이 되는 것이다. 또한 부처님 말씀이라고 하는 『아함경』도 현재와 같은 경전이 되기까지는 불멸 후 수백 년이 지난 뒤였다. 그 동안 제자들이 기억을 더듬으며 의식적, 무의식적으로 더듬어 가며 변화시킨 것이라, 반드시 부처님의 설법이라고만 할 수는 없다.

이와 같이 엄밀히 말하면 원시경전이라고 하여도 부처님 말씀 그대로라고는 할 수 없는 것이다. 따라서 오늘날에 와서는, 불타의 참뜻을 전하고, 불교의 법을 바르게 말한 것은 부처님 말씀으로 보는 것이 학계의 통설로 되어 있다. 이런 의미에서 대승경전도 부처님 말씀이라 할 수 있을 것이다.

불교의 융성과 쇠퇴

새로운 대승불교 운동에 대해서 부파불교측에서도 공감하는 이들이 많이 나와 이 운동은 급속도로 인도 각지에 확산, 보급되었다. 부파불교도 대승불교에 상응하는 반성과 개선이 행해졌던 것이다. 양자 사이에는 대립과 항쟁이 없었던 것은 아니지만, 점점 양자는 협력을 해서 오히려 불교의 전성기를 연출하게 되었다.

원래 인도에서는 불교가 기원전 3세기부터 기원후 5세기경까지 수백 년간 다른 종교나 철학 등 제파를 누르고 더욱더 융성했기 때문에 서양의 학자 가운데는 이 시대의 인도를 '불교의 인도'라고 말하는 사람까지 있지만 이는 과대한 평이 아닐 수 없다. 왜냐하면 어느 정도 불교가 번성하기는 했지만 실제로는 민중의 정신적 상부 구조에만 영향을 미쳤을 뿐 하부 구조인 풍습이나 습관, 계급 제도까지는 미치지 못하여서 사회를 전반적으로 변화시킬 수는 없었으며, 또한 그것을 목적으로 하지도 않았기 때문이다. 따라서 불교가 번성했던 시대의 인도에서도 힌두교적 하부 구조인 사회 조직은 그대로 정체돼 있었던 것이다. 그것이 바로 불교가 인도 땅에서 뿌리를 내리지 못한 이유인 것이다.

인도에서는 4, 5세기경부터 정통 민족 종교인 힌두교가 다시 일어나 점점 세력을 넓히며 민간신앙을 흡수함과 동시에 한편으로는 불교의 훌륭한 학설이나 계율 등을 받아들이게 되었다. 결국 기본적인 불교의 정신은 힌두교로 흡수되고, 이에 반해 불교는 정반대로 전문적 교리나 학문의 연구에만 전진하면서 신앙의 실천 면에서는 뒤떨어지기 시작했다.

게다가 7, 8세기 이후에는 이러한 현상이 더욱 두드러졌다. 이때는 이미 이슬람교가 침입하여 자연히 그 세력을 확대하고 있었던 참이었다. 이슬람교도들은 무력으로 다른 종교를 공격했던 탓에 불교도 그 때문에 치명적인 피해를 입었다. 경전은 불태워졌고, 불상이나 사원은 파괴되었으며, 승려들은 살육되는 등 인도 본토의 불교는 1,200년경 거의 멸망하여 흔적조차 없게 되었다.

대승불교의 3기

인도의 대승불교는 초기·중기·후기로 대별된다. 여기에는 성격·사상·문헌 등에 있어서 각자 다른 특징이 있다.

①초기 대승불교

서기 전후로부터 서기 300년경까지의 불교로, 대승불교가 근원적이고 순수한 형태로 존재한 시대이다. 불교 신앙을 중심으로 부처님의 참 정신을 더욱더 발휘하고 실천한 시기이기도 하다. 이런 점은 초기 대승경전이나 논서(철학)에서 잘 나타나 있다.

초기 대승의 경론(經論)

초기 대승경전에는 『반야제경』(「대반야경」·「대품반야」·「소품반야」·「금강반야」·「이취반야」·「반야심경」·「인왕반야」 등)·『유마경』·『화엄경』(60권본, 80권본, 40권본 등)·『법화경』·『무량수경』 등이 있는데, 이 경전을 연구한 학자로는 용수·제파(提婆) 등이 있다. 용수는 『중론』·『십이문론』·『대지도론』·『십주비파사론』·『회쟁론』 이외에도 많은 저술을 남겼고, 제파(迦那提婆)는 『백론』·『사백론』 등을 썼다.

②중기 대승불교

서기 300년부터 650년까지의 사이의 불교를 가리킨다. 이 시대에 이르러서는 대승불교도 점점 철학적, 학문적으로 기울었던 탓에 철학적인 연구와 고찰에 힘썼다. 당시에는 외부의 사상들이 유입되어 크게 흥왕한 나머지, 이를 테면 6파철학 등이 대성황을 이

룰 때이므로, 이에 대응하기 위해서 불교에서도 철학적 이론을 전개할 필요가 있었다. 대승뿐만이 아니고, 부파(소승)불교에서도 상세하고 치밀한 철학사상을 발전시킨 것도 그러한 시대적 흐름과 무관하지 않다.

그러나 반면 민중신앙의 실제라고 할 수 있는 종교적 실천 면으로는 소홀해진 나머지 종교로서의 불교는 쇠퇴해 가지 않을 수 없었다. 이런 이유로 중기 대승불교의 문헌은 경전이나 논서조차 철학서의 양상을 많이 드러내고 있다. 또한 중기 대승불교는 인도불교의 전 역사를 통틀어서도 그렇지만 인도 철학 전체에서 가장 우수한 철학사상을 가지게 되었다.

중기 대승의 경론

중기 대승경전은 사상적 면에서 세 계통으로 대별된다.

첫째, 『여래장경(如來藏經)』·『승만경(勝鬘經)』·『대승열반경(大乘涅槃經)』 등과 같은 여래장 불성을 설한 경전

둘째, 『해심밀경(解深密經)』·『대승아비달마경(大乘阿毘達磨經)』 등과 같은 유가행파 계통(瑜伽行派系統)의 경전

셋째 『능가경(楞伽經)』과 같이 앞의 두 가지를 총합한 경전이 그것이다.

이외에도 『금광명경(金光明經)』·『보적경(寶積經)』·『대집경(大集經)』 등이 있다.

중기 대승경전을 연구하는 한편 교리를 조직하고 해석한 학자는 참으로 많다. 미륵(彌勒)·무착(無着)·세친〔世親, 천친(天親)〕·안혜(安慧)·견혜(堅慧)·진나(陳那)·호법(護法) 등인데, 그들이 저술한 철학서로는 유가행파계에 『유가사지론(瑜伽師地論)』·『섭대승론

(攝大乘論)』·『대승장엄경론(大乘莊嚴經論)』·『유식이십론(唯識二十論)』·『유식삼십송(唯識三十頌)』·『성유식론(成唯識論)』 등이 있고, 여래장 계통으로는 『불성론(佛性論)』·『보성론(寶性論)』 등이 있으며, 이 양자를 종합한 『대승기신론(大乘起信論)』이 더 있다.

중기 시대의 불교 제파

이 시기에는 많은 중기 대승경전이나 논서가 중국으로 전해져 한역되면서 남북조 시대로부터 수·당 시대에 걸쳐 중국 불교에 크게 꽃을 피웠다. 그 밖에 인도 불교의 중기에는 초기 대승의 『중론(中論)』이 연구·해석되면서 중관학파가 발생하여 크게 성행하였다. 그러나 이 학파에도 다른 설이 생겨 두 파로 갈라지는 한편 유가행파에도 분파가 생겨 중관과 유가행의 종합이 행해지기도 해서 더없이 복잡해지기도 했지만, 이러한 것이 중국으로 전해지는 과정에서 적잖이 티벳어로도 번역되어 현존하는 것이 많다.

어쨌든 이 시기에 있어서 불교철학의 대표적인 것으로 대승에 있어서는 외교(外敎)에도 채용된 것으로 중관학파(Mādhyamika)와 유가행파(Yogācāra)가 있고, 소승에 있어서는 비파사파(毘婆沙派 Vaibhāṣika 설일체유부)와 경부파(經部派 Sautrāntika)의 두 파가 있다. 중국에서 소승불교의 대표격으로 일컬어지는 설일체유부의 문헌으로는 『비파사론』·『잡아비담심론』·『구사론』·『순정이론』 등 수많은 글들이 있는데 대부분 한역되었다. 경부에 관계가 깊은 논서로는 『성실론』이 한역되어 있다.

③후기 대승불교

7세기경부터 13세기까지는 불교가 인도 본토에서 멸망하기까지의 시기이다. 중기 대승불교가 철학적 이론과 주석학의 전문화에만 치중하여 민중신앙으로서의 실천을 등한시했기 때문에 이를 다시 종교활동으로 복귀하려고 일어난 것이 후기 대승불교이다. 그들은 중기의 학문적인 바탕을 계승하는 한편 민중의 이해를 돕기 위하여 상징적인 표현을 사용함으로써 불교의 이상을 실현하고자 했다. 당시의 인도에서는 상징주의적 탄트라 문학이 성행했기 때문에 이 풍조를 좇아서 상징주의적인 후기 불교가 탄생했는데, 이를 진언밀교라 한다. 진언밀교에 따르면 손으로 인계(손가락을 맞추어서 상징적 형상을 짓는 것)를 맺는 신밀(身密), 입으로 진언을 외우는 어밀(語密), 마음에 부처님이나 그 상징으로 종자(略符號 ; 범자를 관함)를 염하는 의밀(意密), 이 3밀(三密)을 통해 불교 사상을 실현하려고 한 것이다.

이와 같은 상징적 불교는 고원한 철학사상을 쉽고 평범한 모양으로 이끌어 냄으로써 당시 불교의 본거지였던 동부인도지방에서 신흥불교로서 크게 유행하였다. 그러나 이 밀교도 민간신앙과 융합하면서 타락하기 시작하여 불교의 바른 이상을 상실하였고, 그 결과 다른 지방에서 힌두교나 이슬람교의 압박과 공격을 받아 인도 본토로부터 그 모습을 감추게 되었다.

후기 대승불교의 문헌

후기 대승불교로는 『대일경』·『금강정경』·『소실지경』을 시작으로 여러 가지 진언다라니나 의궤(儀軌 ; 밀교의식)의 종류가 있다. 이밖에 많은 문헌이 한역되었으며, 티벳어로는 한역에 없는 많은 밀교 문헌들이 번역되어 있다. 티벳 불교인 라마교는 밀교계의 불교이므로, 인도 후기의 대승불교 연구를 위해서는 티벳에서 엮은 문헌이 더욱더 중요하게 취급되는 실정이다. 이는 중기 대승불교 시대의 주석서 연구에도 마찬가지다.

불교의 인도 이외의 전파

부파불교를 시작으로 초기, 중기, 후기로 이어진 대승불교는 점차 중앙아시아 또는 남방 해로를 통해서 1세기경부터 중국에 전해져 그 후 1,000년에 걸쳐서 경전 등이 한역되었다. 또한 7세기경부터 인도 불교가 멸망할 때까지 수백 년간에 걸쳐서 인도의 불교 경전이 티벳에 수입, 번역되었다. 자바·수마트라·보르네오 등의 남방지방에도 4, 5세기경부터 인도 본토의 불교가 전파되어 크게 번성했던 시대도 있었다. 중국 불교는 한국과 일본에 전파되어 오늘날에 이르렀고, 티벳의 라마교는 몽고, 만주(동북성)에 전파되었다.

한편 부파불교에서는 스리랑카·버마·타이·캄보디아·라오스 등의 남방지역의 상좌부불교가 전파되었으며 오늘날 깊이 신봉되고 있는 것은 다음에서 말하는 도리와 같다.

3) 남방불교와 북방불교

불교를 지역적으로 구분한다면 남방불교와 북방불교로 나눌 수 있다. 그러나 이는 편의상 구분한 것이며, 주로 인도 본토로부터 남방에 전해진 것은 남방불교, 북방으로 나아가 형성된 것은 북방불교, 또는 북전불교라고 일컫는다. 지리적 위치로 보아서 남방불교는 북방불교보다 남방에 위치하므로 그렇게 부르기는 하지만 북방불교에 속하는 것이 옛날에는 남해지방의 자바·수마트라 등에서 행해지고 있었으므로, 단순히 위치에 따라서 남과 북으로 나누는 것은 타당하지 못하다는 견해도 있다.

(1) 남방불교(Southern Buddhism)

오늘날 스리랑카·버마·타이·라오스 등의 남방 지역에서 행해진 불교로서 남전불교라고도 부른다. 이는 소승 부파불교의 일파로서 상좌부불교(Theravāda Buddhism), 혹은 팔리 불교(Pāli Buddhism)라는 명칭으로도 불린다. 팔리 불교라는 명칭은 불교가 옛날 인도말인 팔리어로 쓰여진 불교성전 3장을 전한 데서 기인한 것이다.

팔리어란 원래 성전어(聖典語)란 뜻이다. 팔리(Pāli 성전)란 경·율·론 삼장성전을 가리키며, 그의 주석서에 대하여 근본 성전임을 의미하는 언어이다. 상좌부불교가 스리랑카에서부터 버마·타이 등으로 전해지면서 각국의 비구들이 이야기를 하고 글을 전할 때 모국어를 사용하면 상호간에 불교를 익혀 체득하는 데 불편하므로 공통의 성전어가 교섭, 교제의 실제 용어로 사용되었던 것이다. 그들은 이것을 성전어, 즉 팔리어라고 부른다. 근세에 와서 서양 사람들이 남방불교나 그 성전 등을 연구하게 되면서, 이곳의 비구들이 부르는 호칭에 따라서 '팔리어'라고 부르고, 이를 언어학적 명칭으로 사용하기 시작하게 된 것이다.

그러나 원래는 고대 서인도지방의 일상어로부터 유래한 것으로 피사차어(paiśācī 魔鬼語)의 일종에 속한다. 언어학적으로 피사차어는 중기 인도의 아리아어로 푸라쿠리트(prākrit 속어)의 일종이다. 팔리어는 이 피사차어의 일종이지만, 그 속에는 부처님이 설법에 사용한 고대 마갈다어의 영향이 많이 섞여 있다.

원래 부처님은 모든 계급의 사람들이 설법을 차별 없이 이해할 수 있도록 그 지방에 맞는 속어를 사용하도록 지시했는데, 부처님 역시 고대 마갈다어인 속어를 사용했다. 그래서 바라문교의 성전에 사용하고 있는 것과 같이 고급스러운 범어는 지식계급을 이해시키는 데만 사용되었고, 하층의 서민들은 이해하지 못하므로 불교를 전파하는 데 범어 사용을 금지하여, 반드시 그 지방 민중의 토속어를 가지고 설법하도록 엄명하였던 것이다.

팔리 불교는 원래 서부인도에 전파된 상좌부이므로 부처님의 법어인 고대 마갈다어로부터 서방 인도의 피사차어로 변한 것이 많다. 게다가 그 속에는 부처님을 연모하는 마갈다어의 특징이 적지 않게 남아 있다고 보아야 한다.

팔리어가 현존하는 푸라쿠리트(중기 인도 아리아어) 속에서 불교 범어를 빼면, 더욱 범어(Sanskrit 古典梵語)에 가깝다. 또한 푸라쿠리트 문헌에는 많은 팔리어가 다량으로 전해지고 있다. 그러나 팔리어는 남방 상좌부만의 성전으로서 다른 부파나 인도 문학에서는 사용하지 않았다.

기원전 3세기에 인도를 통치한 당시의 아쇼카왕이 불교를 신봉하면서 인도 전역뿐만이 아니고 스리랑카에까지 전파되었다. 팔리불교가 전하는 바에 의하면, 당시 불교교단은 인도 내외의 각 지방 9개소에 전도사를 파견했는데, 스리랑카 섬의 불교 전도도 그 중 하나였으며, 섬에는 아쇼카왕의 아들로 출가한 마힌다(Mahinda) 장로가 상좌부불교를 전하였다고 한다.

9개소의 전도사 파견

팔리에 전하는 문헌에 의하면, 전도사가 파견된 지방과 전도사는 다음과 같다.

지 방	전도사
카슈미르, 간다라(Kasmīra, Gandhāra ; 서북 인도)	마잔티카(Majjhantika 末田地)
마히사만다라(Mahisa-maṇḍala ; 남방인도 동부)	마하데바(Mahādeva 大天)
바나바사(Vanavāsa ; 남인도 서부)	라키타(Rakkita)
아파란타카(Aparantaka ; 서방인도 해안지방)	그리스인 담마라키타(Yonaka Dhammarakkhita)
마하라타(Mahāraṭṭha ; 서남인도)	마하담마라키타 (Mahādhammarakkhita)
요나(Yona ; 서방 그리스 세계)	마하라키타(Mahārakkita)
설산지방(Himavanta ; 히말라야 산록)	마지마(Majjhima 末示摩)
스반나부미(Suvaṇṇabhūmi ; 버마 해안지방)	소나 유타라(Soṇa-Uttara)
탐바판니(Tambapaṇṇī 赤銅葉 ; 스리랑카)	마힌다(Mahinda)

스리랑카 불교

9개소에 선포된 불교가 후세까지 번창하며 맥을 이은 곳은, 서북인도(오늘날의 서파기스탄)의 카슈밀과, 간다라 지방에 전한 설일체유부와, 스리랑카에 전한 상좌부의 두 곳이다. 스리랑카 불교는 그 후 역대 국왕의 귀의와 보호에 힘입어 크게 발전하였는데, 국교적 가치를 지닌 채 오늘날까지 전해 오고 있다. 그간 긴 세월을 거치면서 오랫동안 소멸된 적도 있었으며, 때로는 다른 부파나 대승불교가 이 섬을 침입하여 우위에 선 적도 있었고, 인도 본토 힌두교도의 타미르인들에 의해 공격과 압박을 받아 점령된 적도 있었다. 근세에 와서는 포르투갈, 네덜란드, 영국의 그리스도교도

들에 의한 침략으로 400년간 압박을 받기도 하면서 불교교단이 단절되기도 하는 등 수많은 우여곡절을 거치면서도 충직한 상좌부에 의해 순수한 전통이 유지되었고, 엄중한 계율로 민중의 귀의 신앙을 연결하면서 오늘에 이르게 된 것이다. 팔리 불교 성전이 조금도 손실 없이 완전히 보존, 전승되고 있어서 오늘날까지 잔존한 불교로는 팔리 불교만큼 순수한 예는 찾아볼 수 없다.

한편 스리랑카의 상좌부불교는 10세기경부터 버마에 전해졌고, 또다시 13세기 이후에는 타이·캄보디아·라오스 등에도 자연히 전해지면서 번창하였는데 버마나 타이에서는 국교적 지위까지 차지하며 오늘날에 이르고 있다.

일본에 있어서 남방불교 연구

1920년대 이전에는 남방불교의 존재에 대해서는 전혀 인식이 되어 있지 않았다. 한편 서양에서는 일본과는 달리 150년 전부터 이미 연구하고 있었는데 서양인들을 통해서 한역이나 티벳역의 불교보다도 팔리 불교가 더욱 잘 전해지게 된 것이다. 1920년대 이후부터 서양의 문물이 일본에 수입됨과 동시에 남방불교도 일본의 불교학자들에 의해서 연구가 시작되었기 때문이다. 따라서 오늘날에 와서는 팔리 불교성전과 한역 불교경전과의 비교 연구도 이루어진 결과 팔리 성전은 원시불교 연구에 없어서는 안 되는 자료로 일본의 학자들도 널리 연구를 하고 있다. 팔리어 성전이나 중요한 문헌들은 영어·독어·불어 등 서양의 모든 언어로도 번역되어 있지만, 일본에서는 『남전대장경』 65권 70책이 전쟁 전에 출판되었다.

『남전대장경』은 고남(高楠) 박사의 공적 기념으로 1935년부터 1941년까지 일본의 모든 학자들을 총동원해서 팔리 3장(三藏) 전부와 3장 이외의 중요 불서를 일본어로 출판하였다. 덕분에 일반 독자들도 손쉽게 팔리 불교에 접근할 수 있었다.

(2) 북방불교(Northern Buddhism)

남방에 전해진 불교에 대해서, 서북인도로부터 중앙아시아를 거쳐 중국에 전해진 불교, 또는 남방 해로를 통해서 중국에 전해진 불교, 중국으로부터 한반도와 일본으로 전해진 불교, 베트남의 불교, 또한 인도 본토로부터 직접 티벳에 전해진 불교 등, 이러한 경로를 거친 불교를 북방불교, 또는 북전불교(北傳佛敎)라고 부른다.

이 중에 번역된 불전으로는 소승 제 부파의 성전도 있지만, 대승에 속하는 것이 더 많다. 여기서 실제로 활발하게 신봉되고 있는 불교로는 모두가 대승불교뿐으로, 소승은 백해무익한 것으로서 배척하였기 때문에 북방불교를 대승불교라 하게 된 것이다. 또한 이들의 불교성전은 원어가 범어로 되어 있는 것이 많으므로, 이를 범어계불교(梵語系佛敎)라고도 이르게 되었다.

중국 불교

불교가 중국에 전해진 것은 서기 1세기경인데 경전의 번역은 2세기 이후 1,000여 년에 걸쳐서 진행되어 한역 성전의 분량이 막대하게 불어났다. 실지로 한역 불전에 현존하는 모든 불교성전 중에서 그 분량이나 질적인 면에서도 아주 우수하다. 팔리 성전이 오래되고 순수한 것에 비해 한역 불전은 그 범위가 넓고 더없이 깊어 심원한 가르침을 포함하고 있다.

한역 불전(漢譯佛典)

제1세기 후한시대에 불교가 국가로부터 공인됨과 동시에 번역되었다고 전해지지만, 현존하는 한역 불전으로 가장 오래된 것은 2세기 후반 안세고 지루가참(安世高支婁迦讖)의 번역이다. 그 후 삼국(三國)·양진(兩晋)·남북조·수·당·송 등의 시대를 거치면서 인도나 서역(중앙아시아) 등으로부터 건너온 승려나 중국인 구법승들에 의해 번역이 계속되었다. 바로 일체경(一切經) 1,000여 부 5,000여 권이 그것이다. 이것은 당의 중기에 존재한 숫자로 오늘날 현존하고 있는 한역 불전의 수는 1,700부 이상으로, 당(唐) 시대보다 배가 넘는다. 그 때문에 불교 연구의 자료로는 한역 불전이 더할 나위 없이 중요하다.

티벳 불교

7세기경부터 인도로부터 수입되기 시작한 경전 번역은 이 후 13세기까지 계속되었다. 티벳역의 불전은 점차 웅대하게 팽창되었는데, 이 중에는 한역에서는 볼 수 없는 중기, 후기의 대승경전이나 논서 등이 많다. 따라서 이 시대의 인도 불교 연구에는 없어서는 안 될 중요한 자료들이다.

티벳 대장경

데루게 판(版) 4,569부, 북경판 6,453부가 수록되어 있어서 부수만을 따진다면 한역 불전의 세 배가 넘지만, 단편적인 것을 포함하면 실지의 양은 한역에 미치질 못한다. 또한 티벳역 중에는 한역과 중복해서 번역한 것들도 있다.

네팔 불교

히말라야산 기슭의 네팔에도 인도로부터 대승불교가 직접 전해졌다. 12, 13세기경 인도에서 이슬람교의 박해를 받은 승려들은 난을 피하기 위해 히말라야 산중으로 들어가 다수의 범어 불전을 네팔에 남겼는데, 19세기경부터 서양인들에게 발견되어, 서양인과 일본인 등에 의해서 수집, 연구되어 오늘에 이른 것이다.

범문(梵文) 불전의 사본

1826년 네팔에 외교관으로 부임한 젊은 영국인 호지슨(B. H. Hodgson)은 잡지 『아시아연구』에 네팔에서 범어 사본의 불전을 발견했다고 발표한 바 있었는데, 그 수는 중복본을 포함해서 381부에 달한다. 그는 이것을 캘커타·런던·파리의 도서관 등에 나누어 전달했고, 그 중에서도 프랑스 신진학자 유젠느 뷔르누프(E. Burnouf)에게 사본의 연구를 의뢰했다. 뷔르누프는 사본을 10여 년간 연구해서 그 내용을 정리한 결과 「인도 불교사 서설」이라는 전인 미답의 훌륭한 연구 결과를 발표했다. 그는 또한 범문 『법화경』을 프랑스어로 번역하기도 했는데, 이는 불교경전의 구주어(歐州語) 역의 최초가 된다.

다음으로 네팔에 주재한 영국 공사관의 의관(醫官) 다니엘 라이트(Daniel Wright)가 캠브리지 대학의 의뢰를 받아서 네팔에 있는 범문 불전을 수집하기 시작하여 1873~6년 사이에 불교 문헌의 사본 325부를 발견했다. 그 후에도 영국·프랑스·일본 등지의 학자들에 의해 발굴이 계속되어 여러 종류의 진귀한 사본이 발견되었고, 그 중에는 오늘날까지 정리 출판한 것이 적지 않다. 일본 내에는 동경 대학·경도 대학 등에 꽤 많은 사본들이 소장되어 있다.

그 밖의 중앙아시아 범본 단편(斷片)

19세기 말부터 20세기 초에 걸쳐서 영국·독일·프랑스·러시아·일본 등의 원정대가 각지를 탐험해서 단편적이기는 하지만 상당한 양의 범문 불전 등의 사본을 발견했다. 또한 근래에도 인도 본토나 티벳으로부터 범문 사본을 찾아내고 있다.

일본에는 패엽(貝葉)이라고 칭하는 범문 사본이 전해지고 있다. 바로 『반야심경광략이종』·『금강반야경』·『대무량수경』·『아미타경』 등인데, 막스 뮬러(MaxMuller)에 의해 1925년 옥스퍼드 대학에서 출판된 바 있다.

남해(南海)의 불교

북방계의 불교는 이밖에 남해라고 하는 인도네시아 지방에서도 전해졌다. 라오스·수마트라·자바·보르네오·세레베스 등지에서 현재의 이슬람교가 침입하기 이전 3세기경부터 14세기경까지 1,000여 년간은 직접 인도 본토로부터 대·소승의 불교가 전해졌는데, 서기 700년경 전후에는 수마트라의 바렌바〔삼불서(三佛逝)〕가 불교 연구의 중심지였다고 한다. 지금도 남해 모든 지방에서 불상이나 불교 유적이 많이 발견되고 있어 옛날의 전성시대를 그려 볼 수 있는 자료 구실을 하고 있다.

제 2 장

3보(三寶)란 무엇인가?

1. 3보 총설

3보(tri-ratna, ti-ratana 또는 ratna-traya, ratanattaya)란 문자 그대로 풀어 보면 세 가지 귀중한 보배란 뜻으로 불보와 법보와 승보를 말한다. 이에 '불교란 무엇인가?' 하고 묻는다면 불·법·승 3보에 귀의하는 것이라고 말할 것이다. 요컨대 불교가 있는 곳에 3보가 있고 3보에 귀의하는 것이 불자가 되는 맨 처음이자 맨 마지막 조건이 되는 탓에 불자의 신앙은 3보에 있는 것이다. 따라서 시대를 초월하고, 국경도 없으며, 대승·소승에 관계없이 귀의삼보하는 것이 불교도가 되는 첫번째 조건이라 할 수 있다.

3보란 무엇인가?
옛날부터 3보는 현전3보(現前三寶)·주지3보(住持三寶)·일체3보(一體三寶) 세 가지로 구분했다.

①현전3보〔별상3보(別相三寶), 별체3보(別體三寶)〕
부처님 재세시의 3보관으로 부처님 자신이 불보가 되고, 부처님이 말씀한 가르침이 법보가 되며, 부처님의 제자로서 비구, 비구니의 출가교단이 승보가 된다.

② 주지3보

불멸 후 각 시대를 통해 그 시대의 불교에 의해서 파생된 3보관이다.

다시 말해 불타가 멸한 후 불보의 대상이 된 것은 금속과 목석 등으로 만든 불상 또는 천이나 종이 등에 그린 불상으로 신자의 귀의와 예배 대상이 되어 온 것들이다. 법보란 나뭇잎·나무 껍질·섬유·종이 등에 쓰거나 베낀 경전, 또는 인쇄한 경권서책(經卷書冊) 등의 불교 성전으로 황권적축(黃卷赤軸)이 그것이다. 승보란 비구, 비구니의 출가교단으로 승려의 모습을 나타내는 방포원정(方袍圓頂 ; 빡빡 깎은 머리에 장삼)이 그것이다.

특수 불보

불멸 후 불상이 나오기 이전에 숭배한 대상으로 부처님을 기리기 위한 네 곳의 기념처, 곧 불타의 탄생지인 룸비니, 성도의 땅 붓다가야, 최초의 설법지인 녹야원, 입멸지인 쿠시나가라를 가리킨다. 요컨대 부처님을 상징하는 상징물로 여겨 예배했던 4대성지와 불족적(佛足跡)·보리수·법륜·불탑 등을 이르는 말이다. 불멸 후에는 부처님의 사리(舍利 śarīra, sarīra)가 불보로 예배의 대상이 되어 모든 지방에 사리탑이 세워졌고, 불탑 숭배가 만연했다.

또 불타의 유신(遺身)으로서 불치(佛齒)와 유발(遺髮), 불타가 지니고 있던 물건으로 바루대〔佛鉢〕등도 예배의 대상이었다. 사리를 포함한 불타의 유신을 dhātu 태도(馱都)라고 일컫는다.

버마의 파고다는 스리랑카의 파고다(dhātu-gabbha ; 유품을 보관하는 곳)에서 유래했다. 사리·유신·유물·상징들도 불보의 일종으로 취급한다.

파고다(유품을 보관하는 곳)

③일체3보

동체3보(同體三寶)라고도 표현한다. 불·법·승 3보를 철학적 이론에 입각하여 별개로 보지 않고 동체·일체로 본 해석이다. 이를 테면 부처님의 깨달음에 의해 설해진 법은 불타가 맨 처음으로 가르친 교법이 되는 것이다. 그러므로 법은 부처님으로 말미암은 것이다. 한편 부처님은 법을 찾아내어 깨치고 체득하여 불타가 된 것이므로 법을 벗어나서 존재하지 않는다고 볼 수도 있다. 따라서 불(佛)은 법을 본질로 하는 것이라 할 수 있다. 또한 승도 불타의 대리자로서 민중에게 법을 설하는 자이기 때문에 불이나 법을 벗어나서는 존재할 수가 없다.

거꾸로 생각하면 불이나 법은 승에 의해 그 가치가 드러나며, 승을 빌려야만 기능이 발휘되기 때문에 승(僧)은 불(佛)이나 법(法)과 밀접한 관계에 놓여 있음을 알 수 있다. 주지하다시피 불·법·승 3보는 불가분의 관계이므로 일체3보라 하는 것이다.

보통 3보라고 칭할 때에는 현전3보를 가리키므로 이를 기준으로 3보를 정의하자면 다음과 같다.

불(佛 buddha)이란 일반적으로 불교의 개조이며 교주인 부처님을 이르는 말이다. 하지만 더 정확히 말하자면, 불(佛)이라 일컬을 때에는 역사상의 부처님만이 아니라 『법화경』의 「여래수량」품에 표현된 것과 같이 영취산에 상주하고 있다는 법신으로서의 석가모니불을 가리키는 경우가 많다. 또한 정토교와 같이 아미타(Amitāyus 無量壽, Amitābha 無量光)불을 본존의 불보로 모시고 예배하기도 하고, 밀교계의 불교와 같이 대일(Mahāvairocana 大毘盧遮那)여래를 불보로 모시기도 한다. 요컨대 어떠한 형태이든 불(佛)이란 교법을 설하는 주체가 되므로, 불자의 귀의와 숭배의 대상이 되는 것은 불보로 일컫는 것이다.

법(法 dharma, dhamma)이란 불타에 의해서 설해진 교법을 일컫는 말이다. 사람들에게 현실의 불안이나 고뇌에서 벗어남으로써 고통 없이 편안한 이상경(理想境)에 이르라는 가르침으로, 사회 전체를 평화롭고 행복한 세계로 인도하기 위한 것이다. 요컨대 진실한 법으로서 불교의 세계관이나 인생관을 포함해서 사회·인생 전반의 문제 해결을 제시하고, 불교의 실천인 신앙을 전개하는 것이다. 이와 같은 교법을 총칭해 법보라 하는 것이다.

승(僧 saṅgha)이란 불타를 대신하여 민중에게 불교의 이론이나 실천을 전하고 민중을 지도 교화하는 출가자, 혹은 그런 단체를 지칭한다. 불·법·승 3보에 대해서 간략하나마 잘 표현한 도원선사(道元禪師)의 말에 귀 기울여 보자.

'불은 큰 스승이 되므로 귀의하고 법은 좋은 약이 되므로 귀의

하고 승은 좋은 벗이 되므로 귀의한다〔正法眼藏歸依三寶〕'
 삼귀의 글 중에 아래와 같은 표현도 있다.

> 자귀의불 당원중생 체해대도 발무상의
> 자귀의법 당원중생 심입경장 지혜여해
> 자귀의승 당원중생 통리대중 일체무애
> 自歸依佛 當願衆生 體解大道 發無上意
> 自歸依法 當願衆生 深入經藏 智慧如海
> 自歸依僧 當願衆生 統理大衆 一切無㝵

나 스스로 부처님께 귀의하여 받듭니다. 참으로 바라는 것은 모든 중생과 함께 큰 도를 깨달아서 위없는 진리를 실천하는 것입니다.

나 스스로 진리에 귀의하여 받듭니다. 참으로 바라는 것은 모든 중생과 함께 깊은 진리의 법(경장)에 들어가서 지혜의 바다와 같이 되는 것입니다.

나 스스로 스님께 귀의하여 받듭니다. 참으로 바라는 것은 모든 중생과 함께 이치와 순리로 대중을 통솔하여 일체가 걸림이 없도록 하는 것입니다.

『화엄경』

귀의불무상존 귀의법리진존 귀의승화합존(歸依佛無上尊歸依法離塵尊歸依僧和合尊)에는 귀의 대상으로서 3보의 의미가 깃들어 있다.

또한 삼귀의 문으로 '나무귀의불 나무귀의법 나무귀의승'도 있는데, 이것을 팔리 삼귀의 글에서는 아래와 같이 표현하고 있다.

 Buddhaṁ saraṇaṁ gacchāmi.   (불에 귀의한다)

Dhammaṁ saraṇaṁ gacchāmi.　(법에 귀의한다)
Saṅghaṁ saraṇaṁ gacchāmi.　(승에 귀의한다)

불자는 대체로 법회 같은 자리에서 3보에 귀의함을 세 번 반복하는데, 이는 상례로 되어 있다.

3보에 대한 개설은 전술한 바와 같지만 그 각각에 대해서 좀더 살펴보고자 한다.

2. 3보 각설

1) 불, 불타, 각자

불(佛)은 불타(佛陀 buddha)의 줄임말로 깨친 사람, 즉 '각자'란 뜻이다. 옛날에는 부도(浮屠)·부도(浮圖) 등의 표현으로 두루 쓰였다. 불(佛)을 달리 부처님이라고 일컫는데, 이는 '부도가(浮屠家)'에서 전해온 것이라 보기 때문이다.

불(佛)을 성문이나 연각(벽지불)과 구분할 때에는 아뇩다라삼먁삼불타(阿耨多羅三藐三佛陀 anuttara samyak-sambuddha 무상정등각자)라 표현하는데, '이 위에 더할 것이 없는 수승한 자'라는 뜻으로 자각각타각행원만(自覺覺他覺行圓滿 ; 자기도 깨치고 다른 사람도 깨치게 해서 깨침의 행을 원만하게 완성시키는 자)이라고 해석할 수도 있다. 달리 말하자면, 불(佛)은 성문의 아라한이나 벽지불과 달리 다른 사람도 구제해서 깨달음에 이르도록 하여 모두가 완전하고 원만하게 깨달을 수 있도록 하는 것이다.

서양인이 불타(Buddha)라고 말할 때에는 역사상의 부처님을 지칭할 때가 많은데, 이는 남방불교의 풍습을 따른 것이다. 즉 남방불교에서는 부처님만을 불보로 여겨 숭배하는 것이 일반적이다.

(1) 과거 제불

원시불교 시대에도 석존 뿐만이 아니라 석존 이전의 세상에도 불타가 법으로 사람들을 교화, 구제했던 걸로 전해진다. 말하자면 석존 이전에 여섯 명의 불타가 있었는데, 이들과 석존을 합하여 과거7불로 부르는 것이다. 또한 석존 이후에는 주지하다시피 미래불인 미륵불이 언젠가는 출현할 것이라는 믿음을 대다수가 갖고 있었던 것이다.

과거7불

비바시불(毘婆尸佛 Vipaśyin, Vipassin), 시기불(尸棄佛 Śikhin, Sikhin), 비사부불(毘舍浮佛 Viśvabhū, Vessabhū), 구루손불(拘留孫佛 Krakucchanda, Kakusandha), 구야함모니불(拘耶舍牟尼佛 Kanakamuni, Konāgamana), 가섭불(迦葉佛 Kāśyapa, Kassapa), 석가모니불(釋迦牟尼佛 Śākyamuni, Sākyamuni)을 과거7불이라 일컫는다. 7불 사상에 대한 기록은 이미 『장아함대본경(長阿含大本經)』〔팔리『장부』 14, 대본경(大本經) Mahāpadāna-suttanta)〕에 부처님의 설법 속에 잘 나타나 있다.

미륵불(Maitreya, Metteyya)에 대한 기록은 『장아함』의 「전륜성왕수행경」〔팔리『장부』 26, 전륜성왕사자후경(轉輪聖王師子吼經), Cakkavattisīhanāda-suttanta)〕, 『중아함』의 「전륜성왕경」 등에서 찾아볼 수 있다. 완전한 인격자로서의 불타는 부처님 뿐만 아니라, 과거에도 그랬듯 미래에도 많이 존재할 것으로 미루어 법의 진리성과 영원성을 증명하기 위해서 이와 같은 불타관을 설했다고 여겨진다.

부처님 이전의 과거불이 실제로 존재했던 인물인지 아닌지는 확실하지 않아 알 길이 없다. 부파불교 시대에 접어들면서부터 과거 7불 이외에도 많은 불타가 존재했다고 믿게 되었으며, 과거불의 숫자나 명칭도 부파에 따라서 차이가 있었다.

팔리 불교의 과거25불과 28불

이를 테면 팔리 불교는 과거7불 앞의 18불을 더해서 25불로 묶었던 것을 알 수 있다. 또 그 위에 앞의 3불을 더해 28불이라 했다는 것을 팔리 『소부』의 「불종성경(佛種姓經 Buddhavaṁsa)」에서 그 기록을 찾아볼 수 있다.

25불이란 ①연등(燃燈 Dīpaṅkara) ②교진여(憍陳如 Koṇḍañña) ③길상(吉祥 Maṅgala) ④선의(善意 Sumana) ⑤리바다(離婆多 Revata) ⑥소비다(蘇毘多 Sobhita) ⑦최상견(最上見 Anomadassin) ⑧연화(蓮華 Paduma) ⑨나라다(那羅陀 Nārada) ⑩연화상(蓮華上 Padumuttara) ⑪선혜(善慧 Sumedha) ⑫선생(善生 Sujāta) ⑬희견(喜見 Piyadassin) ⑭의견(義見 Atthadassin) ⑮법견(法見 Dhammadassin) ⑯의성(義成 Siddhattha) ⑰저사(低沙 Tissa) ⑱불사(弗沙 Phussa) ⑲비바시(毘婆尸 Vipassin) …… ㉕부처님〔釋尊(Gotama 남방불교에서는 고다마불이라고 일컬음)〕을 말한다.

25불 앞의 3불은 작애(作愛 Taṇhaṅkara), 작혜(作慧 Medhaṅkara), 작의(作依 Saraṇaṅkara)를 이른다.

제2장 3보(三寶)란 무엇인가　67

봄의 화엄사

범문대사(梵文大事)의 과거불

대중부의 설출세부(說出世部)에 속하는 범문대사(Mahāvastu)에서는 과거불에 대해서 두 종류의 설을 들고 있다. 제1설에서는 석존이 보살 시대에 만나 예배를 드리고 가르침을 받은 불로서 30억의 석가불, 8억의 연등불, 5백의 연화상불, 3억의 불사불, 1만 8천의 마라당불(摩羅幢佛), 5백의 연화상불, 9만의 가섭불, 1만 5천의 염열불(炎熱佛), 2천의 교진여불, 1인의 보호불(普護佛), 1천의 자당불(紫幢佛), 8만 4천의 제당불(帝幢佛), 1만 5천의 일불(日佛), 6천2백의 전전불(展轉佛), 64의 정사불(正思佛), 1인의 선조불(善照佛), 1인의 무패당불(無敗幢佛) 등이 있다고 설명하고 있다. 반면 제2설의 다불경(多佛經)에서는 많은 불명을 열거하고 있지만, 여기서는 중복되는 것을 피하기 위하여 제당불 내지 연등불의 114불과 연등불 이후 가섭불까지의 15불에 대해서 더 많은 설명을 할애하고 있다.

불본행집경(佛本行集經)의 과거불

한역 『불본행집경』에도 『범문대사』에 기록된 것과 비슷한 유형의 과거불이 실려 있다. 그에 따르면 앞의 제1설과 유사한 3천억의 석가불, 8억의 연등불, 3억의 불사불, 9만의 가섭불, 6만의 등명불(燈明佛), 1만 8천의 바라왕불(婆羅王佛), 1만의 능도피안불(能度彼岸佛), 1만 5천의 일불(日佛), 2천의 교진여불, 6천의 용불(龍佛), 1천의 자당불, 5백의 연화상불, 64의 나계불, 1인의 정행불(正行佛), 8만 4천억의 벽지불, 1인의 선사불(善思佛), 1인의 시회당불(示悔幢佛) 등이 등장하고, 이어서 제2설과 유사한 제당불(帝幢佛) 내지 능작광명불(能作光明佛 ; 연등불)의 100불, 연등불부터 가섭불에 이르기까지 15불의 불명이 실려 있다. 『범문대사』나 『불본행집경』에 실려 있는 맨 마지막 15

불의 불명 순서에 다소 차이가 있긴 하지만 비슷하다. 『대사(大事)』 (3권 240쪽)에 의하면 ①연등(Dīpaṅkara) ②세무비(世無比 Sarvā-bhibhū) ③연화상(Padumottara) ④최상행(最上行 Atyuccagāmin) ⑤덕상명칭(德上名稱 Yaśottara) ⑥석가모니(Sākyamuni) ⑦견일체리(見一切利 Arthadarśin) ⑧제사(帝沙 Tiṣya) ⑨불사(弗沙 Puṣya) ⑩비바시(毘婆尸) ⑪시기(尸棄) ⑫비사부(毘舍浮) ⑬구류손(拘留係) ⑭구나함모니(拘那含牟尼 Konākamuni) ⑮가섭 등의 순서로 되어 있으며, 마지막의 6불은 과거7불에 속한다는 것을 알 수 있다. 이 15불과 비슷한 14불(見一切利 제외)의 불명은 『대비경』에도 나온다.

설일체유부의 과거불

『근본설일체유부비나야약사』에서는 석존이 보살로서 수행하실 때 최초의 아승지겁(제1장「성문승과 보살승」참조) 때는 석가불 내지 호세불의 7만 5천 불에게 공양을 올리고, 제2아승지겁 때는 연등불 내지 제석당불의 7만 6천 불에게 공양을 올리고, 제3아승지겁 때는 안은불 내지 가섭불의 7만 7천불에게 공양을 올렸던 걸로 전해진다. 이와 같은 기록은 『대비파사론』이나 『구사론』에서도 찾아볼 수 있다. 3아승지를 지나 최후의 백대겁 때에는 비바시불 내지 가섭불 등에게 친근공양(가까이 모시면서 공양하는 것)을 올렸음을 기록을 통해 엿볼 수 있다.

『보요경』·『방광대장엄경』(내지 그의 범문)·『불장경』등에도 여러 종류의 과거불에 대한 설명이 기록돼 있지만 그에 대한 설명을 생략하기로 한다. 『삼천불명경』에서는 과거 성숙겁(星宿劫), 현재 현겁(賢劫), 미래 장엄겁(莊嚴劫)의 3겁에 걸쳐 각각 천불씩 세상에 출현한다는 3천불의 불명을 찾아볼 수 있다.

(2) 3세시방의 제불

원시불교를 시발로 하여 부파불교에 이르러서는 과거·현재·미래의 3세에 걸쳐 많은 불타가 출현하여 법을 설하리라는 믿음이 전해져 왔다. 부파 중의 하나인 대중부에서는 석가불이 출세한 사바세계 이외에도 시방(四方, 四維, 上下)에 많은 세계가 있으며, 그 안에서 각각의 불타가 동시에 출현한다고 주장하게 됐던 것이다.

불교에서는 한 세계에 한 불만이 출현하며 동시에 두 불 이상이 출현할 수 없는 걸로 알려져 왔다. 그러나 세계가 다르면 동시에 많은 불타가 출현할 수도 있기 때문에, 대중부의 현재다불설(現在多佛說)은 시방의 많은 세계가 존재한다는 것을 전제로 말하는 것이므로 논리에 어긋나는 것은 아니다. 말하자면 대승불교에서는 이러한 대중부설을 한층 발전시켜 3세의 시방세계에서는 무수의 불타가 출현한다고 주장하기에 이르른 것이다.

불교의 세계설

한 세계의 한 시기에는 오직 전륜성왕과 불타 한 분밖에 출현하지 않는다는 게 원시불교 때부터 전해 내려오는 정설이니, 이를 '일불세계(一佛世界)'라 일컫는다. 따라서 사바세계는 부처님의 가르침과 법만이 행해지는 일불세계라 할 수 있다. 사바는 Sahā 또는 Sabhā의 음역이다. 원래는 '집회'란 의미로 쓰였으나 Sahā의 어원에서 '인토(忍土)' 또는 '감인토(勘忍土)'라 해석한 것이다. 세상에서의 인간의 삶이란 고뇌에 차 있으므로, 이를 참고 견디어야만 한다는 뜻에서 땅의 개념을 적용한 것이라 볼 수 있다.

세계에 관한 여러 가지 설이 있다. 먼저 일소세계(一小世界)란 세계 최고의 산이라고 일컫는 수미산(Sumeru, Meru)을 중심으로 주변에 있는 철위산(Cakravāḍa, Cakkavāḷa 輪圍)에 둘러싸인 대지를 가리키는데, 수미산 정상에는 33천(도솔천)이 있고, 4주(四周)의 기슭에는 사천왕이 살고 있다. 동쪽에는 승신주〔불바제(弗婆提)〕, 남쪽에는 섬부주〔염부제(閻浮提)〕, 서쪽에는 우화주〔구야니(俱耶尼)〕, 북쪽에는 구로주라고 해서 인간이 살고 있는 4주가 있다. 지옥인 땅 속에는 아귀・축생・수라 등이 살고 있는데, 이 지옥까지를 통틀어 일소세계라 부르는 것이다. 전륜성왕이나 불타가 지배하는 세계는 원래 이 일소세계를 가리킨다고 할 수 있다. 전륜왕이 통치하는 4천하는 인간의 4주를 가리킨다.

그런데 세계설은 순차 확대하고, 전술한 일소세계를 천 개 더한 것을 소천세계라 하고, 소천세계를 천 개 더한 것을 중천세계라 하며, 다시 중천세계를 천 개 더한 것을 삼천대천세계라고 했다. 즉 삼천대천세계 중에는 천의 3승(三乘)에 해당하는 10억의 수미산 및 인사주(人四州)가 포함된다.

부파 시대의 세계설은 삼천대천세계로 되어 있는데, 이는 세계의 생・주・이・멸(生住異滅)하는 범위 내에서 이루어진다. 그곳에는 하나의 제4 선천(禪天)이 있고, 그 밑에 천(千)의 제3 선천, 10억의 초선천(初禪天) 내지 수미・인사주(人四州) 등이 함께 있다. 이 중 불〔火〕에 의해서 파괴되는 것은 초선천 이하, 물에 의해서 파괴되는 것은 제2 선천 이하, 바람에 의해서 파괴되는 것은 제3 선천 이하, 제4 선천은 어떠한 일이 있어도 파괴되지 않는다고 전해진다. 1회의 파괴에는 생・주・괴・공(生住壞空)의 4대겁이 있다. 불에 의해서 7회가 끝난 다음 물에 의해서 1회나 7회가 되풀이되고, 8번째 불에 의해서 7회 파괴된 다음 바람에 의한 파괴가 한 번 더 있다. 말하자면 64회의 생・주・괴・공에 의해서 제3선천까지 파괴가 끝나는데, 이것을 64전겁(六十四轉劫)이라 칭하니, 이는 세계가 한 번 변하는 단위를 가리키는 말이기도 하다. 결국 64전겁은 불에 의한 파괴가 56회, 물에 의한 파괴가 7회, 바람에 의한 파괴가 1회 일어남으로써 이루어지는 것이다. 불타의 위력은 3계에 미치므로 전술한 바와 같이 제4 선천을 합한 삼천대천세계가 하나의 3계(三界)를 나타내는 단위이니, 이는 1불세계에 삼천대천세계가 있음을 뜻하는 것이다.

『범망경(梵網經)』에 '연화태장세계에는 천 개의 연꽃잎이 있는데, 각 꽃잎에는 한 석가불에 백억의 작은 석가가 있다. 또한 천 개의 꽃잎 전체인 태장세계(胎藏世界)에는 한 사람의 노사나불이 있다'는 구절이 나온다. 이를 테면 일본의 나라에 있는 대불은 이것을 상징해서 만들었다고 하는데, 중앙의 노사나불이 법신(청정법신 비로사나불), 각각의 잎에 석가불이 보신(報身 ; 원만보신 노사나불), 천 개의 꽃잎 가운데 각각 백억의 작은 석가가 응화신(應化身 ; 천백억화신 석가모니불)이다. 이 경우 법신은 전세계를 통솔하고, 보신은 그 천 분의 일을, 응화신은 천백억 분의 일에 해당하는 국가 하나를 교화시킨다고 하므로, 불타 세계는 그 위력의 여부에 따라 서로 다르게 나타남을 알 수 있다.

아무튼 부처님이 설법한 세계는 사바세계이지만, 이것이 일소세계를 가리키는 건지 삼천대천세계를 가리키는 건지는 확실하지 않다. 사바세계 이외에 시방세계가 있는데, 이를 테면 동방의 묘희(妙喜)세계에는 아촉불(阿閦佛)이 나타나고, 서방의 극락세계에는 아미타불이 주재한다고 설한 기록이다.

여하간 불타는 삼아승지백대겁(三阿僧祇百大劫)이라고 하는 긴 세월 동안 보살의 몸으로 바라밀의 수행을 쌓아, 그 선근공덕의 결과로 불타의 깨침을 얻었다고 전해진다.

보살 개념의 변화

일반적으로 불타가 되기 위해서 수행하는 수행자를 보살이라 일컫는다. 원시불교 시대에는 보살이라 부르면 부처님 수행 시대의 보살, 곧 석가보살만을 일컬었지만 부파 시대가 열리면서 대중부에서는 삼세시방에 불타가 있는 걸로 믿었으므로 석가보살 뿐만 아니라 누구든 불타가 될 수 있다고 보았던 것이다. 따라서 수행에 들어간 사람을 일반적으로 보살이라 부르게 된 것이다. 그 후 보살의 개념이 대중화된 것으로 보는데, 대승불교에서는 이를 수용하여 보살사상을 전개했던 것이다. (보살의 뜻과 보살로서의 자격, 수행 등에 관해서는 제1장「성문승과 보살승」참조)

(3) 불타, 불신(佛身)에 대해서

대승불교에서 불타에 대한 고찰을 철학적으로 전개하면서 그 성격에 따라 불타의 몸을 2종·3종·4종 등으로 구분하였는데, 2신설(二身說)·3신설(三身說)·4신설(四身說) 등으로 일컫는 용어가 그것이다. 이 중 2신설이란 법신(法身)과 생신(生身)을 이른다. 법신이란 불타의 본질인 법(法)을 가리키며, 그 법이 이상적으로 갖추어진 불신을 말한다. 생신이란 부모로부터 태어난 몸으로, 석가국 카필라성에서 태어날 당시의 석가불을 가리키는 말이다.

3신설은 여러 가지가 있지만 일반적으로 법신과 보신, 응신의 3신설, 또는 자성신과 수용신, 변화신을 일컫는 말이다. 한편 앞의

3신설 가운데 응신을 응신과 화신으로 구분해서 4신이라 말하기도 하고, 또는 수용신을 자수용신(自受用身)과 타수용신(他受用身)으로 구분해서 4신이라 일컫기도 한다.

3신설

현대에 이르러 보편화된 설로 법신·보신·응신의 3신설에 관해 고찰하자면 아래와 같다.

①법신(法身 dharma-kāya)

불타께서 설법하신 진리를 인격화시킨 진리불(眞理佛)을 가리키는 말인데, 원시불교나 부파불교에서 5분법신(五分法身)이라고 칭하는 계(戒)·정(定)·혜(慧)·해탈(解脫)·해탈지견(解脫智見)의 다섯 교법을 법신이라고 일컬으면서부터 쓰인 말이라고 본다. 이 경우 법신이란 '법의 모음'이란 뜻인데 신(身 kāya)에는 모아 쌓음〔集積〕이란 의미가 담겨 있다.

이를 테면 『불유교경』에 불타께서 '지금 이후로부터 나의 모든 제자가 이것을 전하여 서로 퍼뜨리면 여래의 법신은 항상 존재하고 있어서 멸하지 않을 것이다'라고 설하실 때의 법신은 교법의 모음, 즉 8만 4천 법(法)을 모은 것이라 할 수 있다.

그러나 대승불교 시대가 열리면서 우주에 편만하는 법(진리)을 인격화하여 진리의 체현자와 함께 이상의 불신을 법신이라 일컫게 되었던 것이다. 요컨대 수행의 결과 후 나타나는 불타가 아닌 본래 존재하는 법만이 진리의 불이라고 본 것인데, 이 법신에는 이법(理法) 외에도 진리와 지혜가 둘이 아닌〔理智不二〕 것도 있다고 본 것이다. 따라서 법신이란 크게 나누어 세 가지로 나눌 수 있다. 첫째 교법으로서 진리만인 경우, 둘째 그 진리가 이상의 불신이 된 진리불〔理佛〕인 경우, 셋째 진리에 지혜를 합한 채 자연에 맡기어서 조작함이 없이〔任運無作〕 작용하는 경우의 세 가지로 구별된다는 것을 뜻한다.

신앙의 대상으로 하는 법신은 주로 제3의 경우로서, 진언종에서 말하는 대일(大日 Mahāvairocana, 대비로자나)여래라든가, 『법화경』 「여래수량」품의 영취산에서 상주한다는 석가모니불 등도 그 열에 속한다.

선종의 3신설(三身說)

선종에서 노래하는 10불명(十佛名)에는 청정법신 비로사나불, 원만보신 노자나불, 천백억화신 석가모니불이 나온다. 말하자면 비로사나불인 법신, 노자나불인 보신, 석가모니불인 화신을 3신이라 일컫는데, 이는 천태종의 표현인 것이다. 비로사나불은 『보현관경』에서 말하는 법신을 뜻하고, 노자나불은 『범망경』의 연화대장세계에서 천엽백억(千葉百億)의 크고 작은 석가불로 화현시킨 보신을 가리키는데, 석가모니불은 천엽 위의 천백억화신으로서 석가불을 의미한다.

②보신(報身 sambhoga-kāya)

수용신(受用身), 또는 등류신(等流身 Niṣyanda-kāya)이라고도 부른다. 말하자면 법계부터 등류(그대로 흐름)에 이르기까지 현상계를 그대로 받아서 나타난 불신이어서 법계와 동등한 이상적인 불신이다. 보신이란 보살로서의 바라밀 수행이나 서원을 완성시킨 결과, 그 과보로 이루어 낸 완전하고도 원만한 이상적 불타를 일컫는다. 수용신이란 선근공덕의 과보를 수용하는 불신을 의미하는데, 자수용신(自受用身)과 타수용신(他受用身)의 두 종류로 나눌 수 있다. 자수용신이란 자기 자신이 수행한 결과로 증득하여 얻어진 불과(佛果)의 진리를 수용해서 즐기는 불타를 뜻한다. 반면 타수용신이란 깨침의 과보나 훌륭한 법문을 다른 사람들이 받아들이도록 지도 교화하며 베푸는 불타를 의미한다. 그러나 보신의 설법 대상은 초지(初地) 이상의 보살로서, 제1의적으로 매우 깊은 교법은 설해 초지 이전의 보살이나 범부를 대상으로 삼지 않는다고 전해진다. 뿐만 아니라 자수용신만이 참된 보신이며, 타수용신은 응신에 속한다고 보는 견해도 있다.

신앙의 대상으로 실제 존숭하고 있는 보신불로는 아미타(Amitāyus 無量壽, Amitābha 無量光)불이나 약사(Bhaiṣajya-guru)여래 등을 꼽을 수 있다. 일본의 나라에 있는 동대사의 노사나불의 경우 법신불이라기 보다는 보신불로 보는 편이 더 타당하다.

아미타불은 법장(法藏)보살이 48원을 세우고 긴 세월 동안 수행한 결과 서방 극락세계에서 성불했다고 한다. 하지만 그 설법은 시간적으로는 3세에 걸쳐서 끝이 없고(무량수), 공간적으로는 시방에 걸쳐서 제한이 없으며(무량광), 그 서원에 따라서 모든 중생을 구제한다고 전해진다. 이 경우는 타수용신의 의미도 포함되어 있어 초지 이상의 보살 뿐만 아니라 지전(地前)의 보살이나 범부, 이승의 사람들도 구제한다는 것이다.

약사여래를 달리 약사유리광여래라고도 일컫는다. 보살로서 수행할 당시 12대원(약사여래불이 수행시 세운 열두 가지 원)을 일으킨 결과, 그 서원을 달성한 동방 정유리(淨瑠璃)세계의 교주로 불린다. 또한 성불한 보신불로 일체 중생의 병으로 인한 고통이나 고질(痼疾)을 구제하고, 법약(法藥)을 준다는 여래로 전해진다. 따라서 이 경우도 타수용신의 의미가 강하다고 할 수 있다.

③응신(應身 nirmāṇa-kāya)

화신(化身)이라고 번역하며 응화신이라고도 한다. 문자 그대로 풀어 보면 교화 대상에 따라서 몸을 나투는 불신이라는 뜻이다. 좀더 자세히 설명하자면 보신과 같이 삼세시방에 걸쳐서 출현하는 보편적이며 완전하여 원만한 존재인 이상적인 불신이 아니라, 특정 시대와 지역의 조건에 따라서 특정한 중생을 구제하기 위해서 출현하는 불타를 뜻한다. 예컨대 2,500년 전에 인도에 출현한 석가불을 응신이라고 하는 것이 그것이다. 과거의 6불 뿐만 아니라 수많은 불(佛), 나아가 미래의 미륵불도 모두 응신에 속한다. 구체적으로 말하면 개개의 불타는 모두 응신인 것이다.

응신을 대별하면 승응신(勝應身)과 열응신(劣應身) 두 가지가 있다. 승응신이란 초지 이상의 보살을 위해서 법을 설하는 불타이고, 열응신이란 초지에도 이르지 못한 보살이나 범부, 이승들을 위해서 법을 설하는 불(佛)을 일컫는다. 이 경우 승응신은 실제로는 보신과 다름이 없으므로 응신이라고 하면 열응신을 가리킨다고 보면 된다.

응신과 화신

응신은 응신과 화신으로도 구별된다. 응신이란 상대에 따라서 지도 교화하기 위한 목적으로 출현한 불로서, 32상 80종호 등의 상호를 구비한 불신을 가리킨다. 특정 시대나 지역에 출현하는 불타도 이에 해당한다.

화신이란 상호를 갖추지 않고 갖가지 모습으로 중생을 구제하는 불신을 지칭한다. 때로는 범부의 모습을 할 때도 있고, 또 때로는 범천·제석·마왕·축생 등의 모습으로 보일 때도 있다. 간혹 5취(五趣 ; 천·인·아귀·축생·지옥)에도 몸을 나타내어 설법한다고 전해진다. 관세음(Avalokiteśvara 觀自在)보살은 33신을 나타내어 사람들을 구제한다고 전해진다. 그것은 불신·벽지불신·성문신·제석신·자재천신·대자재천신·천대장군신·비사문신·소왕신·장자신·거사신·재관신·바라문신·비구신·비구니신·우바새신·우바이신·장자부녀신·거사부녀신·재관부녀신·바라문부녀신·동남신·동녀신·천신·용신·야차신·건달바신·아수라신·가루라신·긴나라신·마후라가신·집금강신으로, 이 중 맨 처음의 불신 이외는 모두 화신(化身)이라 할 수 있다. 관세음보살에 천수관음·마두관음·십일면관음·성관음·여의륜관음·준제관음·불공견삭관음·백의관음·엽의관음 등이 있는 것은 그 때문이다. 요컨대 관세음보살은 보살이기 때문에 실제로는 응신 또는 화신으로 보아야 한다.

지장(Kṣitigarbha)보살은 승려의 모습으로 나타나는 경우가 많다. 성문의 모습으로 지옥의 중생들을 구제하는 역할을 하므로 여러 모습을 취하는 것이다. 몸을 변화하여 3계6도(三界六道)의 굴레에서 헤매는 중생들을 모두 구제하기로 서원한 결과인 것이다. 또한 부동(不動 Acala)명왕, 성천(聖天 Vināyaka, Gaṇeśa 환희천), 다지니천(茶枳尼天 Ḍākinī)이라고 일컫는 명왕부나 천부의 신들도 모두 화신에 속한다고 할 수 있다. 『본지수적설(本地垂迹說)』을 근거로 일본 수적(垂迹)의 신들은 화신에 포함시킬 수 있다.
　이상으로 불타·불신에 관한 한 가지 고찰을 마쳤다.

(4) 불타가 갖추고 있는 덕

　불(佛)은 10력·4무외·3염주·대비 등의 덕과 18불공불법이라고 일컫는 덕을 갖추고 있는 것으로 전해진다. 이를 테면 외형적으로는 32상 80종호 등의 위인의 상호를 갖추었다는 것이다. 또한 불(佛)의 덕을 나타내는 것으로 여래10호가 있다.

18불공불법(十八不共佛法 aṣṭādaśa āveṇika-buddha-dharmāḥ)

　성문·연각·보살 등과 공통점이 없는 불타에게만 있는 독특한 18종의 공덕을 가리키는데, 18불공불법은 두 종류의 계통이 있다. 하나는 설일체유부 등의 소승에서 설하는 것이고, 다른 하나는 대승불교에서 설하는 것이 그것인데, 남방불교에서는 이 설을 따르고 있다.
　소승의 18불공불법이란 불타(佛陀)의 10력·4무소외·3염주와 대비를 일컫는다.

불(佛)의 10력

　①처비처지력(處非處智力 ; 바른 도리와 바르지 못한 도리를 판별하는 지혜의 힘) ②업이숙지력(業異熟智力 ; 선업과 악업의 과보를 여실히 아는 지혜의 힘) ③정려(靜慮)·해탈·등지(等持)·등지지력(等至智力 ; 四禪, 八解脫, 三三昧, 八等至 '四禪·四無色定' 등의 모든 선정에 체달하고 숙련하는 지혜의 힘) ④근상하지력(根上

下智力 ; 중생 근기의 우열과 높고 낮음을 여실히 아는 지혜의 힘) ⑤종종승해지력(種種勝解智力 ; 여러 중생의 의욕 경향을 여실히 아는 지혜의 힘) ⑥종종계지력(種種界智力 ; 중생 세계의 여러 성품의 차이를 여실히 아는 지혜의 힘) ⑦편취행지력(遍趣行智力 ; 어떠한 수행에 의해서 어느 정도 도에 이르렀나 여실히 아는 지혜의 힘) ⑧숙주수념지력(宿住隨念智力 ; 중생의 과거세 운명에 대해서 바르게 아는 지혜의 힘, 불의 숙명통) ⑨사생지력(死生智力 ; 중생의 미래세 운명에 대해서 바르게 아는 지혜의 힘, 불의 천안통) ⑩누진지력(漏盡智力 ; 일체의 번뇌나 장애가 다하고 불로서 깨침을 얻는 지혜의 힘, 불의 누진통)이 그것이다.

4무외(四無畏 catvāri vaiśāradyāni)

4무소외(四無所畏)라고도 일컫는다. 요컨대 불(佛)이 다른 사람들로부터 어떠한 질문이나 논란(論難)을 받아도 두려워하거나 피함 없이 자신 있게 대하는 네 가지 태도를 말한다. ①일체지무외(一切智無畏 ; 일체를 아는 자로서 부처님 자신) ②누진무외(漏盡無畏 ; 일체의 번뇌나 장애를 다하여 끊은 부처님 자신) ③설장도무외(說障道無畏 ; 번뇌나 업 등에 대한 모든 법을 설하는데 자유자재하는 부처님 자신) ④설진고도무외(說盡苦道無畏 ; 번뇌나 고를 제하기 위해서 계·정·혜 3학의 수행 등에 대해서 자재하게 설하는 부처님 자신)가 그것이다.

3염주(三念住 trīṇi smṛtyupasthānāni)

부처님은 어떠한 경우에도 항상 바른 의식과 바른 생각을 갖고, 바르게 알고 있는데, 이 세 가지 상태를 가리킨다.

첫째, 제1염주는 중생이 부처님을 믿어 받드나 그에 따라 기뻐하는 맘을 내지 않고 바른 생각과 바른 앎에 안주함을 말한다.

둘째, 제2염주는 중생이 부처님을 믿어 받들지 않는다 해서 근심하는 맘을 내지 않고 바른 생각과 바른 앎에 안주함을 말한다.

셋째, 제3염주는 중생이 부처님을 믿어 받들기도 하고 비방하기도 하지만 불은 기쁜 마음이나 근심하는 마음을 내지 않고 바른 생각과 바른 앎에 안주함을 말한다.

대비(mahā-karuṇā)

부처님은 항상 중생의 고난을 구제하고자 하는 대자비심을 가지고 있음을 의미한다.

대승의 18불공불법(十八不共佛法)

문헌에 따라서 그 항목이나 열거하는 순서가 서로 다르나 일반설을 좇으면 다음과 같다.

①신무실(身無失 ; 몸뚱이 업에 과실이 없음) ②어무실(語無失 ; 말의 업에 과실이 없음) ③의무실(意無失 ; 뜻을 잃어버림이 없고 의업의 과실을 벗어나 있음) ④무이상(無異想 ; 일체중생에게 평등한 마음을 가짐) ⑤무부정심(無不定心 ; 중생의 산란하고 불안한 마음을 제거해 줌) ⑥무부지사심(無不知捨心 ; 중생을 모른 척해서 그들을 버려 방치하지 않음)의 여섯 항목은 계학(戒學)으로부터 나오는 머무름이 없는 열반의 인연이 되는 것이다. ⑦신무감(信無減 ; 무주열반에 대해서 부서지지 않는 깨끗한 믿음이 있음) ⑧욕무감(欲無減 ; 무주열반을 성취하고자 하는 뜻에 퇴보하여 물러서지 않음) ⑨정진무감(精進無減 ; 어떠한 경우에도 정진에서 물러서지 않음) ⑩혜무감(慧無減 ; 중생을 이익되게 하기 위한 지혜에서 물러서지 않음) ⑪해탈무감(解脫無減 ; 대승의 해탈을 얻는 것에

대해서 물러서지 않음) ⑫해탈지견무감(解脫智見無減 ; 중생에게 위없는 열반을 얻게 하는 것에 물러서지 않음)의 여섯 항목은 정학(定學)으로부터 나오는 무주열반과 인연이 되는 것이다. ⑬신업수지혜행(身業隨智慧行) ⑭어업수지혜행(語業隨智慧行) ⑮의업수지혜행(意業隨智慧行)[이 셋은 일체 부처님의 신·어·의(身語意) 3업은 항상 지혜로서 응하며 행함] ⑯과거지견무착무애(過去知見無着無碍) ⑰미래지견무착무애(未來知見無着無碍) ⑱현재지견무착무애(現在知見無着無碍)[이 셋은 과거와 미래, 현재의 일체법에 대해서 부처님은 평등하게 고루 알아서 인식의 과정에서 언어적 사유를 통해 개념이 확산되는(戱論) 상대의 편견을 깨뜨리며, 그 견해를 모두 알아 걸리고 집착함이 없음]의 여섯 항목은 혜학(慧學)으로부터 나오는 무주열반의 당체에 해당한다.

이외에 140불공불법(百四十不共佛法)도 있다. 140이란 32대인상(三十二大人相)·80수호(八十隨好)·4일체종청정(四一切種淸淨)·10력(十力)·4무소외(四無所畏)·3염주(三念住)·3불호(三不護)·대비(大悲)·무망실법(無忘失法)·영해습기(永害習氣)·일체종묘지(一體種妙智) 등이 그것이다. (『대비파사론』 177·『유가사지론』 49 등)

(5) 여래10호

석존은 위대함으로 말미암아 열 가지 칭호를 가지게 되었는데, 이를 가리켜 여래10호(如來十號)라 칭하는 것이다. 물론 이러한 뜻에서 나온 여래10호는 석존 자신에게만 해당되는 호칭이 아니라, 깨달아서 부처님이 되신 과거의 모든 부처님들과 깨달아 부처님이 되실 모든 미래부처님에게 공통으로 사용되고 있다. 여래10호는 여래로 시작해서 응공, 정변지, 명행족, 선서, 세간해, 무상사, 조어장부, 천인사, 불(佛), 세존까지 모두 열하나에 이른다. 이 가운데 맨 처음의 여래를 빼고 십호라고 하는 설, 맨 마지막의 불과 세존을 하나로 합해서 세는 설 등이 있다. 여래를 제외한 열 개의 항목을 세는 것이 원시경전 등에서 전해 오는 십호이다. 『아함경』의 불보의 정형구가 십호를 따르는데, 앞의 열한 개 항목을 순차적으로 해설하자면 아래와 같다.

①여래(tathāgata)

다타아가타·달타벽다·달살아갈 등으로 음역하여 여래(tathā-āgata) 또는 여거(如去 tathā-gata)라고 번역하였다. 여래란 문자 그대로 풀어 보면 '여실히 온 자' 또는 '진여로부터 온 자'라는 뜻이다. 따라서 진여법계로부터 와서 교화 활동 등을 통해 참답고 참답게 살다 여실하게 사라져 가는 존재라는 불타와 같은 말이다.

여래는 불타 이전부터 외교들이 '생사윤회를 해탈한 자'란 뜻으로 사용했기 때문에 불교에서도 대개 같은 의미로 받아들인 듯싶다. 원시불교에서는 부처님을 흔히 여래라고 불렀는데, 윤회에서 벗어난 이상적인 참사람이라는 뜻으로 제3인칭으로 사용한 것이다. 제1인칭으로서 자신을 부를 때 여래라고 한 예는 드물다.

불타란 당시 사람들로부터 드물게 나타난 성인을 진중하게 받드는 의미로 사용되었다. 하지만 불(佛)에 의하면 여래란 더욱더 완벽한 이상적인 사람을 가리키는 말이라, 불(佛)조차 자기 자신이 여래의 한 무리임을 사양할 정도였다.

그러던 것이 후세에 와서 여래란 말과 불(佛)을 구별하지 않고 동의어로 사용한 것인데 아미타불을 아미타여래라고도 칭하고, 약사불을 약사여래라고도 일컫는 것이 그 예라 할 수 있다. 반면 대일(大日)을 대일불이라 하지 않고 대일여래라고만 부르는 것은 단순히 습관 때문이다.

②응공(arhan, arahan)

아라한이라고 음역하는데 간략히 나한이라고도 한다. 대승불교 쪽에서는 아라한이나 나한을 소승성문의 깨침을 얻은 최고의 성자로서 자기의 이익만을 목적으로 하는 이기적 성자를 가리키는 말로 사용했는데, 이는 아라한의 본래 의미가 아니다. 아라한을 응공이라 번역하는 것과 같이 '공양에 응하는 사람' 또는 '공양 받을 자격이 있는 사람'이란 뜻을 포함하고 있기 때문이다. 요컨대 아라한이란 일체의 번뇌를 끊은 인격적으로 뛰어난 사람이다. 존재 자체가 세상 사람들을 감화시켜 선도가 되도록 하게끔 하는 특별한 덕이 있다고 한 뜻이 여기에 있는 것이다.

이런 이유로 아라한에게 의식주의 공양을 올리면 그 수십 배에 해당하는 공덕을 받는다고 전해진다. 기름진 밭에 씨앗을 뿌리면 그 수확도 수십 배 수백 배를 거두게 되는 이치와 같이, 덕이 뛰어난 아라한에게 공양을 올리면 그 복도 수십 배 수백 배나 되는 공덕이 되어 자기에게 돌아온다는 것이다. 아라한을 '무상의 복전[1]'이라고 일컫는 뜻이 여기에 있는 것이다. 이와 같이 아라한은 존재 자체만으로도 세상을 구하며 사람들에게 행복을 주는 존재이기에 불(佛)도 당연히 아라한이다.

제자(성문)들 중 온갖 번뇌를 잊고 깨달음을 얻어 공덕을 갖춘

---

1) 아라한을 복전(puṇya-kṣetra, puñña-khetta)이라 일컫는 것은 아라한이 사람들에게 행복의 수확을 얻도록 하는 밭과 같다고 하는 뜻에서다.

성자 역시 아라한이라 일컬었다. 이 점에서는 제자인 아라한도 불(佛)과 같다고 볼 수 있다. 그러나 대승불교 쪽에서는 아라한을 교화 활동을 하지 않는 소승의 성자로 취급했는데, 이는 아라한의 본래 의미를 왜곡시켜 표현한 것이다. 아라한을 누진자(漏盡者 kṣīṇāsrava, khīṇāsava ; 일체의 번뇌를 다 끊은 자)나 무학(無學 aśaikṣa, asekha ; 더 이상 배울 것이 없는 자)이라고도 칭한다. 또는 살적(殺賊)이라고도 표현하는데, 이는 '번뇌의 도적을 죽이는 사람'이라는 뜻이다. 하지만 이 말은 arihan(ari 도적, han 죽임)이라는 속어를 해석한 것에 지나지 않는다.

중국과 한국·일본 등지의 선종에는 16나한과 500나한이 있고, 특별한 불제자로서 16인 또는 500인이 있다. 이러한 경우는 불(佛)과 동등한 위치로서의 나한이 아니다. 500나한은 불멸 직후 제1결집에 모인 500의 아라한을 가리킨다고 볼 수 있기 때문이다.

③정변지(samyak-sambuddha, sammā-sambuddha)

삼먁삼불타라 음역하며 정변지라 쓰고 정등각자라 의역하는데 '바르게 잘 깨친 자'라는 뜻이다. 이 말에 또다시 무상(無上 anuttara, 아뇩다라)이라는 단어를 덧붙이는 경우도 있다. 불(佛)의 깨침은 성문이나 연각의 깨침과는 달리 더욱더 뛰어나고 바른 것이기 때문에 정변지라고 칭하게 되었던 것이다. 그 깨침을 아뇩다라삼먁삼보리(anuttarasamyaksambodhi) 또는 아뇩보리〔무상보리〕라고 해서 성문보리(śrāvaka-bodhi)나 벽지보리(pratyeka-bodhi)와 구별했다.

④명행족(vidyācaraṇa-sampanna, vijjācaraṇa-sampanna)

명(明 ; 지혜)과 행(체험)은 구족한 자란 뜻이다. 따라서 불(佛)은 이론적인 지혜라는 면이나 체험적인 실천이라는 면에서 두루 뛰어나게 완성했기 때문에 명행족이라 일컫는 것이다. 불교 이론은 합리성·윤리성·종교성 등을 완비했다. 그것은 신앙의 실천이라는 면의 기초이론을 구축한 것으로 실천에 관계없는 공리공론은 찾아볼 수 없다. 또한 바른 이론이 뒷받침된 결과 미신이나 사교적인 요소 또한 전혀 없다. 완벽한 이론과 실천을 겸해서 갖추었기 때문에 불(佛)을 명행족이라 이를 뿐이다.

⑤선서(sugata)

수가타(修伽陀)라 음역하고 호거(好去)라 의역하기도 한다. '여실히 피안에 가고 또다시 생사윤회의 바다에 퇴행해서 빠지는 일이 없는 자'란 뜻이다. 선정(善淨)의 성도에 가기 위해서는, 죽음이 없는 열반인 선묘(善妙)의 경지에 이르러야 하므로 바라밀의 완성으로부터 보리좌의 정각에 이르기까지 바르게 행하고, 타당한 언어만을 바르게 사용함으로써 선서라 하는 것이다.

⑥세간해(lokavid, lokavidū)

'세간(世間)을 바르게 잘 이해하는 자'란 뜻이다. 세간에는 유정세간과 기(器)세간[또는 행(行)세간과 유정세간, 공간세간]이 있지만 원시경전에서 세간이라고 할 적에는 유정세간, 즉 세간의 사람들(유정)을 가리킨다. 또는 세간(loka)을 출세간(lokottara)에 대응하는 것으로 출세간이 깨침의 세계임에 반해 세간은 3계6도의 고통의 세계를 가리킨다. 불(佛)은 세간의 일체 유정(중생)의 기질이나 성격·근기 등을 모두 파악하여 그에 맞는 적절한 설법을 하고 일체 중생을 이상 세계로 나아가도록 이끌 뿐만 아니라 그들을 구제하고 교화 활동까지 한다. 요컨대 불(佛)이란 세간이 모여 뭉쳐지는 것과 또 세간이 소멸하여 멸함에 이르는 원리를 모두 알아 이에 따라 교화 활동을 하는 존재라 할 수 있다.

⑦무상사(anuttara)

'이 이외 더 완전한 이가 없는 최고, 최상의 사람'이란 뜻이다.

즉 불(佛)은 일체 유정 속에서는 계·정·혜·해탈·해탈지견에 있어서 그 이상 견줄 수 없는 최고, 최상이라는 의미에서 붙여진 호칭이 무상사인 것이다.

⑧조어장부(puruṣadamya-sārathi, purisadamma-sārathi)

'탐·진·치 3업을 다 조복시켜 제도하고 다스릴 수 있는 장부'란 뜻이다. 다시 말해 불성이 있어서 교화 훈련이 가능한 모든 중생을 잘 훈련시켜 일체 나쁜 업을 소멸해 주는 존재라 할 수 있다. 따라서 불(佛)은 상대의 정황에 따라 때로는 부드럽거나 강하게, 또는 강함과 부드러움을 겸해서 어떠한 자라도 반드시 조복시킨 결과 신앙이나 수행의 증과가 이루어져 이를 조어장부라 일컫는 것이다.

⑨천인사(śāstā devamanuṣyānām, satthā devamanussānaṁ)

하늘과 사람들의 위대한 스승, 즉 3계의 대도사(大導師)란 뜻이다. 실제는 천신이나 사람 뿐만 아니라 3계6도의 모든 중생을 해탈케 하는 원력을 지닌 스승을 의미한다.

⑩불(buddha)

전술한 바와 같이 자기 자신도 깨치고 다른 사람도 깨치게 하는 존재란 뜻에서 붙여진 이름이다.

⑪세존(bhagavat)

바가바(婆伽婆)·바가범(婆伽梵) 등으로 음역한다. 옛날에는 존우(尊祐)라고 의역한 적도 있었는데, 서덕[瑞德; bhaga이 있는 자(vat)]이란 뜻이다. 서덕이란 자재(自在)·출세간법(出世間法)·명예(名譽)·길서(吉瑞)란 의미로, 모두에게 이익이 되고자 정진하는 것을 뜻한다. 또한 상서러운 덕이 있음으로써 세간으로부터 존경을 받는 최고로 훌륭한 존재임을 말한다. Lokanātha(世主)를 세존이라 번역하는데 경전에서는 세존의 어구가 일반적으로 사용되었다. 경전 첫머리의 '여시아문 일시부재(如是我聞一時佛在)에서'의 불(佛)은 세존의 글을 번역했다는 의미이다.

2) 법(法), 달마

법(法 dharma, dhamma)은 달마 또는 담마(曇摩) 등으로 음역한다. 3보의 하나인 법(法)은 부처님께서 설한 교법을 의미하는데, 다음의 둘로 대별할 수 있다. 능전(能詮)의 언교(言敎)와 소전(所詮)의 교리가 그것이다.

  능전(能詮)의 언교(言敎)
  문자를 사용하여 쓰고 베끼고 인쇄한 경전류를 말한다.

  소전(所詮)의 교리
  경전 속에 담겨져 있는 사상·학성 등의 교리 내용을 가리킨다.

전자는 형식이고 후자는 내용이라 할 수 있는데, 좀더 상세히 설명하자면 아래와 같다.

(1) 언교(言敎)로서의 경전

형식상의 경전은 (ⅰ)9분교와 12분교 (ⅱ)경·율·론 3장 등에 의해서 나타난다.

ⅰ 첫째 9분교와 12분교(12부경)

부처님이 설법한 경전으로 표현 형식이나 말하는 내용에 의해 그것을 9종 또는 12종으로 구분한 것을 가리킨다. 불교 역사에 비추어 볼 때 모든 경전이 처음부터 9분교 또는 12분교라는 구체적인 형식으로 분류 정리되지는 않은 듯싶다. 교법을 단지 형식적으로 볼 경우, 이러한 구분법은 원시불교 또는 부파불교나 대승불교에 있어서도 종종 사용해 왔다. 따라서 이 분류는 경전의 표현 형식에 의한 것과 교설 내용에 의한 것이 혼합되어 있음을 알 수 있다. 이를 테면 같은 경전이라 하더라도 형식적 분류와 내용적 분류에 있어서 양쪽으로 각기 다르게 이름을 붙인 경우도 있으므로 구체적이면서 치밀한 분류라 볼 수는 없다. 12분교로 분류된 교법 또한 시대의 변천에 따라 부파나 학파 간에 그 범위가 일정하지 않다.

이를 테면 원시불교 시대에는 경·율·론 3장 속의 경만을 법이라 불러서 이를 9종 또는 12종으로 분류한 것이다. 그러던 것이 부파불교 시대에 접어들자 이에 율이 첨가되었을 뿐만 아니라 논까지 더해진 것이다. 또한 대승불교에 이르러서는 소승의 3장 뿐만 아니라, 대승의 경이나 논 등을 합친 후 이것을 12분교 속에 첨가하게 된 것이다. 말하자면 9분교와 12분교의 항목이나 열거 순서 등은 부파나 문헌에 따라서 많은 차이를 드러내고 있다. 여기서는 그 대표적인 것에 관해서만 언급하려 한다.

9분교

팔리 불교의 9분교는 원시불교 시대 불(佛)의 교법이 법(法)과 율(律), 곧 부처님의 설법으로서의 경전(법)과 출가교단의 생활 규정으로서의 계율(律)로 성립된 것 중의 법(法)만을 9종으로 분류한 것으로 그 중에 율은 포함되지 않는다. 여기서 말하는 9분교는 아래와 같다.

①sutta(수다라, 경)
②geyya〔지야(祇夜), 중송〕
③vyākaraṇa〔화가라나(和伽羅那), 기설(記說), 수기〕
④gāthā〔가타(伽陀), 게〕
⑤udāna〔우타나(優陀那), 자설〕
⑥itivuttaka〔이제목다가(伊帝目多伽), 여시어〕
⑦jātaka(사다가, 본생)
⑧abbhutadhamma〔아부다달마(阿浮多達摩), 미증유〕
⑨vedalla〔비다라(毗陀羅)〕→vaipulya〔비불략(毗佛略), 방광〕

그러나 『묘법연화경』의 9분교(九部法)는 전술한 바와는 다른 내용과 항목 순서로써 소승의 삼장성전의 총칭으로 표현하고 있다. 그것은 ①수다라 ②가타 ③본사(本事 itivṛttaka) ④본생 ⑤미증유 ⑥인연(nidāna 尼陀那) ⑦비유(aupamya=avadana 阿波陀那) ⑧지야 ⑨우파제사(優婆提舍 upadeśa 논의)의 9종인데 팔리9분교와는 항목이 확연히 다르다. 요컨대 ③수기 ⑤우타나 ⑨비다라(→비불략)의 세 항목이 빠지는 대신 팔리에 없는 인연·비유·논의 등이 들어 있다.

12분교

부파학파나 소승 대승에서 설하는 항목은 모두 동일하나 열거 순서에는 다소 다른 점이 있다. 이를 테면 설일체유부나 그것을 이어받은 유가행장의 12분교에서 알 수 있는데, 그 순서는 아래와 같다.

계경(契經 sūtra 수다라)→응송(應頌 geya 지야)→기별(記別 vyākaraṇa 비가라나, 수기)→풍송(諷頌 gāthā 가타, 게)→자설(自說 udāna 우타나)→인연(nidāna 니타나)→비유(avadāna 아파타나)→본사(itivṛttaka 이제목다가)→본생(jātaka 사다가)→방광(vaipulya 비타략)→미증유법(adbhutadharma 아부타달마)→논의(upadeśa 우파제사)

12분교의 항목 설명

12항목을 전술한 순서에 따라 간단히 설명하자면 다음과 같다.

①계경(sūtra, sutta)

넓은 의미로는 12분교를 통틀어 12부경이라 하여 경이라 일컫는다. 이를 테면 한역 불전 전부를 일체경 대장경이라 하여 경이라 부르는 것과 같다. 다시 말해 불전을 통틀어 경이라 일컫기도 하지만 경·율·론 3장 중의 경장만을 경이라 칭하기도 하는 것이다. 그러나 12분교는 이보다 더욱 좁은 범위로 국한시켜 경의 문자 형식을 갖추고 있는 경전만을 가리킨다. 이런 의미의 경(수트라)은 불교 이전과 이후에도 외교들에게 존재했다. 바라문교의 『경서』(Sūtra 또는 Kalpa-sūtra), 『요가경』(Yoga-sūtra), 『베단타경』(Vedānta-sūtra 또는 Brahma-sūtra) 등이 그것인데, 경의 문자 형식은 요점만을 산문식으로 모아 놓은 것을 가리킨다.

sūtra의 원래 의미는 실이나 선이란 뜻이다. 요컨대 긴 실에 꽃을 꿰어 화환을 만들듯 수트라(경)도 짧은 문장을 연결해서 만든 문자 형식인 것이다. 9분교와 12분교의 경 역시 이런 뜻을 지닌다. 산문으로 이루어진 불(佛)의 간단한 설법으로 이러한 의미가 깃들어 있

다. 또한 율장의 비구나 비구니의 계조집(戒條集 Prātimokṣa, Pāṭimokkha 戒本)은 간결한 문장으로 구성된 탓에 계조집(戒本)을 계경(Prātimokṣa-sūtra, Pāṭimokkha-sutta)이라 부르는데, 주석한 계경을 경분별(經分別 Sūtra-vibhaṅga, Sutta-vibhaṅga)이라고 일컫는 것은 그러한 까닭이다.

② 지야(응송, 重頌)

본래 의미는 '노래식으로 말한 것'을 뜻하는데, 문학 형식을 빌려 말하면 산문으로 이루어진 것을 운문으로 바꾸어 보충한 것이라 할 수 있다. 말하자면 불(佛)의 설법을 산문과 운문(偈)으로 합한 형식을 지야라 일컫는 것이다. 응송이란 '산문을 운문의 송으로 표현한 것'이고, 중송이란 '산문을 더욱 간결하게 표현하여 송으로 나타낸 것'이란 뜻이다.

③ 기별〔記別 vyākaraṇa, veyyākaraṇa, 화가라나(和伽羅那),
　　기설(記說), 기별(記莂), 수기(受記), 현기(縣記)〕

기별은 원시불교와 부파불교, 대승불교의 경전 내용 면에 있어서 용법에 다소 변화가 있다. vyākaraṇa의 본래 뜻은 '문답체의 해설적 문장'인데, 이는 '간략한 문장에 해설을 덧붙여 상세하게 말한 것'이란 의미로도 사용한다. 따라서 이 단계에서는 기설(記說) 또는 기별(記別)이라는 말이 타당하다. 그것이 대승불교가 열리면서 다만 문장 형식 뿐만 아니라, 불제자들의 미래의 운명을 예언—특히 '성불의 예언'을 수기(受記) 또는 수기(授記)라 일컫은 나머지 그와 같은 성격을 띠게 된 것이다. 말하자면 항목 맨 처음은 기설(記說)이라 했고, 맨 마지막은 수기〔受記(授記)〕라 하게 된 것이다. 기별(記莂)은 이 둘을 합한 것으로 볼 수 있다.

④ 풍송〔gāthā, 가타(伽陀), 게〕

운문을 토대로 성립된 문학 형식으로, 『법구경』·『장로게(長老

偈)』・『장로니게(長老尼偈)』등이 이에 해당한다.

⑤자설〔udāna 우타나(優陀那), 무문자설(無問自說), 감흥어〕

무엇인가 감흥이나 감동을 받는 일이 벌어졌을 때 자연스레 나오는 언설을 가리킨다. 불제자들의 자설도 있지만, 9분교와 12분교에서는 주로 불(佛)의 자설을 가리킨다. 불(佛)은 다른 사람의 청에 의해서 설법하는 게 상례지만 자설은 청하는 이 없이 스스로 설하는 것을 특징으로 들을 수 있다. 요컨대 자설이란 원래 문장 형식이 없는 교법을 의미하며 형식적으로는 산문과 운문을 합친 것을 이른다.

예컨대 팔리 『소부경』에도 자설경(Udāna)이 있는데, 여기에는 불(佛)의 자설로서 80종류의 경전이 수록되어 있다. 각 경에는 불(佛)이 어떠한 경우에 말씀을 하게 되었는가 하는 인연의 동기에 대해서 설명하고 있다. 맨 마지막에는 자설의 어구를 드러내고 있는데, 자설의 어구 직전에는 꼭 다음과 같은 정형구가 들어 있다.

Atha kho bhagavā etaṁ atthaṁ viditvā tāyaṁ velāyaṁ imaṁ udānaṁ udānesi(이리하여 세존은 그 뜻을 알고 그때에 이 자설을 읊었다)

요컨대 이와 같은 정형구가 있는 문학 형식의 경을 자설이라 하는 것이다. 이러한 정형구는 자설경 이외에도 『팔리아함경』에서 많이 눈에 띈다.

한편 설일체유부의 『잡장(雜藏)』을 보면 Udānavarga〔우타나품(優陀那品), 자설품(自說品), 법집요송경(法集要頌經)〕가 있는데, 그것은 33품, 약 950개의 게로 이루어진 운문집으로 팔리『법구경』과 같은 성격을 띠지만 실제로는 팔리의『법구경』이나『자설경』의 게, 그 밖의 경전에서 게를 모아 분류해 놓은 것이다.

⑥인연〔nidāna 니다나(尼陀那)〕

설법이 어떠한 인연의 조건에 의해서 설해졌는가 하는 걸 설명한 서문적(序文的) 이야기를 가리킨다. 즉 일반 경전에서 설한 인연, 어떠한 게송을 설하게 된 인연 이야기, 율의 계조(戒條) 등의 규정을 제정하기까지의 인연설 등을 일컫는다. 팔리 9분교에는 인연이 포함되어 있지 않지만, 본생담 서장에는 부처님의 과거세 수행으로부터 금세의 성도에 이르기까지의 인연 이야기(Nidāna-kathā)가 나온다. 그러나 이것은 불설이 아니고 대부분 후세에 쓴 주석서이다.

⑦비유〔avadāna, apadāna 아파타나(阿婆陀那), 아파타나(阿波陀那)〕

이 항목도 시대와 부파에 따라서 그 의미와 내용에 변화가 있다. 어떤 사람이 현세에 훌륭하게 군림하고 있는 것은 그 사람이 과거세에 영웅적 선행을 닦았기 때문이라는 일련의 과거, 현재의 이야기로 비유하고 있다. 이와 같이 인과 업보에 의한 교훈적 이야기를 '옛날 이야기'라고도 한다. 이에 반해 불타인 부처님의 '영웅적 행위의 전생 이야기'는 본생(jātaka)이라고 일컫지만, 본생도 실제는 비유의 일종으로 보살비유(Bodhisattva-avadāna)라고 칭하는 것이다. 그리고 불제자 등의 전생 이야기도 대개 비유라 일컫는다.

현재의 한역 팔리 『아함경』에는 장부(長阿含)의 『대본경(大本經)』(Mahā-apadāna-suttanta=대비유경), 한역 『중아함(中阿含)』의 『장수왕본기경(長壽王本起經)』(=장비유) 등이 있지만 『대본경』에는 과거불의 인연담을, 『장수왕본기경』에는 과거세에 장수왕과 장생왕자의 이야기를 싣고 있다. 말하자면 '옛날에 있었던 영웅적 행위의 교훈적 이야기'를 의미하는 것이다.

후세의 설일체유부 등에서도 비유경이 장황하게 만들어졌지만 비유라는 '교훈 이야기' 또는 단순한 '옛날 이야기'라는 가벼운 의미로 받아들여진다. 이를 테면 아쇼카왕 비유(Aśokāvadāna), 천(天)비유(Divyāvadāna), 백유경(Avadānaśataka), 잡비유경 등이 이에 해당한다.

⑧본사〔itivṛttaka, itivuttaka 이제목다가(伊帝目多伽), 여시어(如是語)〕

이것도 팔리 불교의 여시어(itivuttaka)와 설일체유부 등의 본사(itivṛttaka)와는 내용 면에서 차이점이 보인다. 여시어란 '이와 같이 말씀하신 것(iti-vutta-ka)'이고, 본사란 '이와 같이 일어났던 일을 전하여 들은 것' 또는 '옛날에 있었던 일(iti-vṛtta-ka)'로 그 의미는 전혀 다르다. 팔리에서 해석한 여시어는 현재 팔리『소부경』의「여시어경」(Itivuttaka 4집 112경)에서 볼 수 있듯이 각 경의 첫머리에 'Vuttaṃ hetaṃ bhagavatā vuttaṃ arahatā ti me sutaṃ (실은 이와 같이 세존이 말씀하셨던 것을 아라한이 다시 들려준 것이라고 나는 들었다)'이라는 정형구가 있다. 또는 불(佛)의 설법 뒤에는 'etam atthaṃ bhagavā avoca, tatth'etam iti vuccati(이 뜻을 세존은 말씀하셨다. 그곳에 이와 같이 이것을 말하였다)'라고 불(佛)의 설법을 운문으로 정리해 나가다가 맨 마지막에는 'Ayam pi attho vutto bhagavatā iti me sutaṃ(이 뜻을 세존께서 말씀하셨다고 나는 들었다)'으로 기록하고 있어 경전이 끝남을 알 수 있다. 문장 형식으로 볼 때 이는 산문과 운문을 합한 것이지만, 전술한 특별한 정형구가 있는 것으로 보아 그에 의해서 'iti-vuttaka(이와 같이 말씀하신 것)'를 '여시어경'이라 부르게 된 것으로 간주할 수 있다.

이에 반해 본사경(itivṛttaka)이란 '과거에 일어났던 일을 말씀하신 것' 또는 '과거세의 이야기'란 뜻이다. 하지만 부처님 보살 시대의 과거세 이야기는 본생이라 해서 9분교와 12분교 속에서는 별도로 구별해 놓았기 때문에, 그 이외의 것은 불제자들의 과거 이야기가 되는 것이다. 그러나 이것도 실은 12분교 가운데 비유가 그에 해당된다. 따라서 본생이나 비유에 포함되지 않은 '과거세 이야기'는 과거불 세계에서 일어났던 전륜왕 이야기 등을 뜻한다고 볼 수 있지만 무엇인가 모호한 느낌이 없지 않아 있다. 이러한 의미에서 본사도 본래는 팔리와 같이 여시어로 간주해야 옳을 듯싶다.

⑨본생(jātaka 사다가)

부처님의 전생 이야기를 가리키는 말이다. 요컨대 본생이란 부처님이 보살 시대에 사문·바라문·국왕·대신·상인 등의 인간, 또는 신이나 동물이 되어서 바라밀의 선행을 닦은 이야기를 의미한다. 『본생경』에 의하면, 『소부경』에는 별도로 34개의 이야기를 포함한 행장경(行藏經 Cariyā-piṭaka)이 있는데, 이것도 본생의 일종이다.

팔리 『본생경』(Jātaka)의 성전은 게(운문)로만 되어 있지만, 구체적인 이야기는 주석서에 전해지고 있다. 팔리 『본생경』 주석서(Jātaka-atthakathā)는 다음의 다섯 부분으로 구성되어 있다. 첫째 현세에 일어난 일(부처님이나 제자들), 둘째 그것에 의한 과거세 이야기, 셋째 본생의 게문(이것만이 성전), 넷째 게문의 어구 해석, 다섯째 현세에 일어난 일과 과거세 이야기와의 결합이 그것이다. 이 중에 본생의 주체는 두 번째의 보살을 중심으로 한 과거세 이야기다.

한역 본생경인 『생경(生經)』이나 『육도집경(六度集經)』 등은 과거세 이야기만을 따로 모은 것으로서, 게문이나 현세 이야기는 찾아볼 수 없다. 또 팔리 『행장경』은 과거에 바라밀을 닦은 행만을 운문으로 설해 놓은 것을 가리킨다.

⑩방광〔方廣 vaipulya, 비불략(毘佛略)←vedalla 비다라, 유명(有明)〕

팔리의 vedalla와 범어의 vaipulya는 다른 의미를 갖고 있기 때문에 양자는 내용 면에서도 달라지게 된다.

먼저 vedalla는 지식과 만족을 얻음에 따라 질문을 하고 이에 대답하는 문답체 형식의 경전을 가리킨다. 말하자면 거듭되는 교리 문답이 vedalla인 것이다. 오늘날 팔리 『중부(中部)』에는 Mahā-vedalla-sutta(大毘陀羅經, 有明大經)와 Cūḷavedalla-s.(小毘陀羅經, 有明小經)이 있는데 거듭되는 교리 문답이 실려 있다.

다음에 vaipulya는 방광이라 번역하는데, 일반적으로 대승을 방광이라 일컫는다. 이는 '매우 깊은 여러 가지 법의 뜻을 방대하게 설한 것'이란 뜻으로, 원래는 소승부파에서 방대하게 설한 경전을 지칭했지만 대승불교가 등장하면서 대승경에서 이 말을 사용하게 되었던 것이다. 이를 테면 화엄경을 대방광불화엄경이라 부르는 것, 또는 광불을 방등(方等 vaitulya, vetulla)이라 일컫는 것과도 같은 맥락이다. vedalla는 뜻만으로 볼 때는 오히려 방등에 가깝다고 할 수 있다. vedalla→vetulla(vaitulya)→vepulla(vaipulya)로 변화되었기 때문이다. 요컨대 방등과 방광은 같은 뜻의 대승이므로 대방등대집경(大方等大集經)이라 할 수 있다.

⑪미증유법〔未曾有法 adbhutadharma, abbhutadhamma, 아부타달마(阿浮陀達磨)〕

희유(希有)미증유라고도 일컫는데, 불가사의한 일에 대해 설한 불설을 가리킨다. 미증유란 ㉠일반 세상과 다른 불교의 제1의적인 것 ㉡신통, 기적의 일종으로 불가사의하게 일어난 일 ㉢천이지변적으로 자연계에서 일어난 일 등을 모은 것이다. 경전으로는 『중부』 123에 「희유미증유법경」(Acchariya-abbhutadhamma-sutta)을 손꼽는다. 한역 『중아함』에도 미증유품이 포함되어 있으며 10경(十經)이 들어 있다. 그 밖에 『증지부(增支部)』에도 여러 가지의 미증유법이 들어 있다. 여기에서 설하는 미증유법은 전술한 미증유 설명

가운데 두 번째 것을 의미하는 경우가 많다.

⑫논의(upadeśa 優波提舍, 論義)

간략하게 말한 것을 상세히 풀이한 것이다. 다시 말해 상세한 주석적 설법을 의미하는데, 반드시 불설은 아니다. 후세의 아비달마 논서들도 논의 속에 포함된다. 주석은 원시경전의 약설에 대비하여 분별(vibhaṅga)이라 기록하고 있다. 이와 같은 뜻의 분별경은 『아함경』의 여러 곳에서도 찾아볼 수 있다. 총설(uddesa 法說)에 대비되는 의설(義說 niddesa, 義釋) 또한 주석을 의미한다.

팔리 『소부경』에는 의석(義釋 Niddesa, 대의석과 소의석으로부터 되다라는 뜻)이 있지만, 이것은 같은 소부경에 포함되어 있는 『숫타니파타』(Suttanipāta 경집)의 일부분에 대한 주석서이다. 이 의미의 주석은 논의와 같은 종류라 할 수 있다.

논의란 구체적으로는 아비달마 논서를 가리키지만, 의석은 아비달마의 보충서와 같은 의미이다. 대승불교가 되면서 『묘법연화경』이나 『무량수경』에 우파제사가 등장하여 『법화경』·『무량수경』·『전법륜경』 등의 경전 주석을 우파제사라고 부르게 된 것이다. 아비달마 논의의 주석서에서는 우파제사란 단어를 사용하지 않았다. 논서의 주석은 비파사(毘婆沙 vibhāṣa)나 석론(釋論 vyākhyā)이라고 일컫는다. 우파제사는 불설인 경전만을 주석 설명한 것인데, 『아함경』 등의 법을 주석 설명한 아비달마를 주로 논의(upadeśa)라고 한 것이 그 이유이다.

이상 9분교와 12분교의 각 항목에 관한 설명을 마쳤지만 전술한 바와 같이 이 분류 속에는 표현 형식에 의한 '계경(契經)·응송(應頌)·게(偈)' 등이 포함되고, 서술 방법이나 형식에 의한 '자설·여시어·비다라·방광·논의' 등이 포함된다. 또한 설하는 내용의 성질에 따른 '인연·비유·본생·미증유법' 등이 있는데 이는 하나의 불설이 둘 또는 셋의 항목으로 중복되어 실리는 경우도 있어 삼장성전이 9분교와 12분교에서 구체적으로 정리, 분류되지 않았음을 알 수 있다.

ⅱ 경·율·론(經律論) 3장(三藏)
①법과 율
교법은 경·율·론 3장으로 구별하여 채용했던 듯싶다. 부처님 시대에 실제로 존재한 교법은 '법과 율'(dhamma-vinaya)뿐이었다. '법과 율'은 불교를 의미하는 탓에 '법과 율'에 포함되는 것은 불교에 속하는 것이라 할 수 있다.

법(法 dhamma)
'불(佛)이 설법한 경전'을 가리키는데 후세에는 경장으로 정리된 것을 일컫게 되었다. 그러나 법으로서의 경전 속에는 직접 불(佛)이 설법한 것 뿐만 아니라 출가와 재가 불제자라든가, 범천이나 제석 등의 신들, 야차·귀신 등이 설했다고 전해지는 내용도 다소 포함되어 있다. 그러나 불(佛) 이외의 설법도 불(佛)에 의해 틀림없는 말로 인가, 증명된 탓에 불설로 보는 것이다.

율(律 vinaya)
불교 출가교단의 일상 생활의 규칙을 모은 것인데, 이 규정도 모두 불(佛)에 의해서 제정된 탓에 넓은 의미로는 불설에 포함된다. 어쨌든 부처님 재세시부터 원시불교 시대에는 '법과 율'이 불교의 모든 법재(法財)가 되어 존재했던 것이다.

제1결집

부처님이 80세에 쿠시나가라의 사라쌍수 아래에서 입멸하시자 이 '법과 율'의 법재를 후세에 바르게 전하기 위해 마하가섭(Mahākassapa)의 제안으로 그해 우기의 3개월간 마갈타국의 수도 왕사성 밖 칠엽굴에서 부처님의 제자들 중에서도 가장 뛰어난 500의 아라한에 의해 부처님이 생전에 설하신 '법과 율'을 편찬한 것이다. 이것을 일러 제1결집이라 하는 것이다. 요컨대 제1결집이란 제1회의 결집을 뜻하며 달리 왕사성결집, 또는 500인결집이라고도 표현한다.

결집(saṅgīti)이란 '합송(合誦)'의 의미로 회의에 모인 아라한들이 법과 율을 염송하면, 이것이 불설과 다름이 없음을 확인한 후 부처님의 교법으로 확정하는 것을 목적으로 한 불전 편집 회의를 말한다. 물론 그 당시에도 문자가 있었지만, 그것은 상업상의 무역이나 국가 공문서 등의 실용적 목적에만 사용된 탓에 종교나 철학 같은 신성한 문헌은 글로 기록하지 않고 모두 기억에 의존했던 것이다. 말하자면 입으로 외는 구송 방법이 옛날부터 인도에 전해 내려오는 풍습인 관계로 불교도 이 풍습을 따라 처음에는 모두 구송으로 경과 율을 전승하였던 것이다.

경전의 서사필록(書寫筆錄)

불교 경전류의 필사는 팔리에 전하는 것으로 기원전 1세기 스리랑카 왕 밧다가마니(Vaṭṭagāmaṇi) 시대에 팔리 성전이 스리랑카

문자로 처음 번역되었다고 기록으로 전해지고 있다. 북방불교에서는 설일체유부에 제2세기에 편집된 대비파사론이 동판에 새겨져 있다고 전해지는데, 그 당시에는 이미 경전 서사의 풍습이 있었으리라 짐작된다. 그럼에도 불구하고 불교는 인도의 풍습을 깨뜨리고 경전 서사를 최초로 시행했던 것이다.

제1회 결집에서는 불제자 중 제1 장로인 마하가섭이 좌장이 되고 다문제일인 아난이 법을 송하고, 우파리가 율을 송했다고 전해진다.

제1결집의 틀

아난(Ānanda 慶喜)은 불멸 당시 아직 아라한의 깨침을 얻지 못했다. 그러나 그는 부처님의 종제로 부처님께 순종하며 잘 받들었다. 특히 불(佛)의 최후 25년간은 항시 부처님을 시봉하며 곁을 떠나지 않았다고 전해진다. 따라서 불(佛)의 설법을 모두 들어 기억하고 있을 뿐만 아니라, 시봉하기 이전의 설법까지 불(佛)이나 다른 제자들에게 들어서 익히 알고 있었던 것이다. 그 결과 그는 일생 동안 불(佛)이 설법한 내용을 전부 들어서 기억하는 다문제일의 제자가 될 수 있었는데, 아난을 빼놓고는 불법을 모두 모으는 것이 불가능할 정도였다는 것이다.

마하가섭은 아라한이 되지 못한 아난을 다른 아라한과 함께 500에 포함시켰다. 아난은 결집을 시작하기 전까지 아라한과를 증득하지 않으면 안 되는 탓에 수행에 몰입하려 애썼지만 좀처럼 목적에 도달할 수가 없었다. 결집회의가 시작되기 전날밤까지 깨침을 얻지 못하고 어쩔 수 없이 침대에 누우려고 발을 땅에서 떼어 몸을 옆으로 돌려 머리를 베개에 대기 직전 돌연히 깨침을 얻어 아라한이 되었다고 전해진다.

이윽고 회의가 시작되어 아난이 부처님의 법좌에서 부처님의 설법을 염송하면 회동하고 있던 500의 아라한들은 부처님의 설법과 다름이 없음을 확인하고, 모두가 찬동하면 부처님의 일대기, 설법이 경전으로서 확정됐던 것이다.

우파리(優波離 Upāli)

석가족에 종사한 노예 이발사였다. 아난·아나율·제바달다·금비라 등등의 석가족 청년들이 출가한다는 말을 듣고 부처님에게 출가할 뜻을 원하자, 부처님은 그의 주인인 석가족 청년들보다도 한 발 앞서 출가 수계를 시켰다. 그 결과 우파리는 불교교단 내에서는 석가족 청년들보다도 상석에 앉을 수 있었는데, 이는 인류 평등주의를 연출한 것이라 할 수 있다. 불교의 출가교단에서는 비구들의 좌석 순위를 출가수계의 시간적 선후에 의해서 정했기 때문이다.

우파리는 계율에 관해 특별한 흥미를 보였는데, 부처님이 교단을 위해서 제정한 계율 규정에 관한 한 큰 것에서부터 세부적인 것에 이르기까지 전부 기억했다. 그 결과 불제자 중에서는 지율(持律)제일로 모두에게 인정받았다. 이에 제1결집 때 모든 계율은 우파리가 염송하면 다른 사람들은 이것을 확인하여 찬동하면 율이 결집되었던 것이다.

이 결집에 있어서는 마하가섭〔(Mahākāśyapa, Mahākassapa 대가섭, 대음광(大飮光)〕이 제자 중 제1의 자리에 있었으므로, 그에 의해서 유해의 다비〔화장〕가 행해졌다. 장의 뒤에는 그의 발의에 의해서 대집회의 결집이 결의되었고, 마하가섭이 회의의 의장이 되었다. 불멸 후에는 그가 불(佛)의 후계자로서 교단을 대표했다.

이어서 마하가섭의 멸후에는 아난이 그의 뒤를 이었다. 요컨대 교법이 부처님으로부터 마하가섭에게, 다시 아난으로 전해졌다는 것은 이런 의미이다.

요컨대 제1결집 때 '법과 율' 또는 '경과 율'을 읊어서 결집했다는 것은 신뢰할 수 있는 전통의 기록 방법이고, 이것은 틀림없는 사실을 나타내는 것이다. 어쨌든 후대에 새롭게 성립된 기록에는 경·율·론 3장이 모두 제1결집 때 수록되었다든가, 대승경까지 수록되었다는 설도 있다. 하지만 그 당시에는 논장은 존재하지 않았으며, 대승경전 등은 불멸 500년 후에 발견한 탓에 불멸 직후에 수록될 수가 없다. 또는 '법과 율'도 오늘날 볼 수 있는 것과 같이 『아함경』이나 율장처럼 조직, 정리되지 않았다. 단지 그 소재를 모은 것에 불과하다.

②아함경의 성립

제1결집 때 '법과 율'이 결집되면서 법은 경전으로서 자연스레 정리되었던 것이다. 그러나 처음부터 이 법이 분류 조직된 것은 아니었다. 오랜 기간에 걸쳐 『아함경』(Āgama)은 4종 또는 5종으로 분류되었다. 이 분류가 언제 확정되었는지 분명하지 않지만 불교가 부파로 분파되기 이전, 곧 원시불교 시대에 이미 어느 정도 분류되었으리라 짐작된다. 왜냐하면 제 부파가 모든 원시경전으로 『아함경』을 5종 또는 4종으로 분류하여 전하고 있기 때문이다.

현존하는 아함경

팔리 불교의 5부(『장부』·『중부』·『상응부』·『증지부』·『소부』)와 한역의 4아함(『장아함』·『중아함』·『잡아함』·『증일아함』) 내지 그와 다른 경이 다소 있다. 그러나 한역 4아함은 하나의 부파에 속하는 것이 아니고, 각자 다른 부파에 속하는 것이 우연히 한역된 결과 4아함이 된 것이다. 원래 18부 또는 20부의 각 부파가 경장으로서 4종(5종)의 아함 또는 부(nikāya 니가야(尼柯耶))를 전승한 것이다. 팔리에서는 아함을 부(니가야)라고 일컬었지만 아함이라는 명칭도 함께 썼다. 아함(āgama)이란 전승(傳承)이란 뜻으로, 부처님 시대부터 전승한 경전을 가리키는 말이며, 부란 경전을 부의 종류에 따라서 분류한 것을 의미한다.

현존하는 팔리 5부 내지 한역 4아함은 다음과 같다.

팔리 5부	한역 4아함
장부 34경	장아함 30경
중부 152경	중아함 222경
상응부 56상응(相應)	잡아함 내지 별역(別譯)잡아함
증지부 1법 내지 11법	증일아함 1법 내지 11법
소부	(잡장)

여기에서 『장부』(Dīgha-nikāya, 장아함 Dīrgha-āgama)는 문장의 길이가 긴 경전, 『중부』(Majjhima-nikāya, 중아함 Madhyama-āgama)는 문장의 길이가 중간 정도 되는 경전을 모은 것을 말한다. 또한 『상응부』(Saṁyutta-nikāya, 잡아함 Samyukta-āgama)는 소경을 교리 학설이나 인물과 생류(生類) 등에 준거하여 분류한 후 부류(相應)에 따라 수집한 것을 가리킨다. 요컨대 수천 가지의 경전을 모은 것이다. 『증지부』(Aṅguttara-nikāya, 증일아함 Ekottara-āgama)는 설법 내용의 법수(法數)에 따라 1법 내지 11법으로 분류한 것을 일컫는다. 팔리 제5아함인 『소부경』(Khuddaka-nikāya)은 다음의 15편에 들어 있다.

①소송경(小誦經 Khuddakapāṭha) ②법구경(Dhammapada) ③자설경(自說經 Udāna) ④여시어경(Itivuttaka) ⑤경집〔經集(Suttanipāta)〕 ⑥천궁사(天宮事 Vimānavatthu) ⑦아귀사(餓鬼事 Petavatthu) ⑧장로게(長老偈 Theragāthā) ⑨장로니게(Therīgāthā) ⑩본생경(Jātaka) ⑪의석(義釋 Niddesa) ⑫무애해도(無碍解道 Paṭisambhidāmagga) ⑬비유경(Apadāna) ⑭불종성경(佛種姓經 Buddhavaṁsa) ⑮행장경(行藏經 Cariyāpiṭaka)

이 가운데 앞부분의 4아함의 분류에 포함되지 않은 『잡경(雜經)』이 수록되어 있다. 4아함의 내용은 제부파가 대체로 공통적인데 반해 이 5아함은 부파에 따라서 크게 다른 틀을 보이고 있다. 어떤 부파는 팔리와 같이 『소부』(Khuddaka-nikāya), 즉 제5아함이라 칭하지 않고 『아함경』에 합치는 대신 잡장(Kṣudraka-piṭaka)으로 독립시켰는데, 이 부류의 경전이 한역에서도 다소 보인다.

팔리『소부』의 15편은 잡다한 내용으로 구성되어 있지만, 경전은 시대와 무관하게 성립되어 아주 오래된 것과 새로운 것이 뒤섞여 있다. 경집 속의 것은 4아함의 그 어느 것보다도 오래된 것으로 구성한 탓에 모두 불(佛) 재세시에 염송된 것으로, 『아함경』에서도 인용하고 있다. 그 밖에 『법구경』·『자설경』·『장로게』·『장로니게』·『본생경』·『여시어경』 등도 다른 『아함경』에 뒤지지 않는 오래된 것이 들어 있어, 원시불교를 연구하는 자료로서는 더할 나위 없이 중요하다.

③율장의 성립

또 제1결집에서 편찬한 '율'도 그 후 자연히 정리 조직되어 오늘날 모든 부파에서 율장을 전하고 있는 실정이다. 율장의 조직은 크게 지지계(止持戒 ; 금지 사항)와 작지계(作持戒 ; 존수 사항)로 구별할 수 있다. 지지계는 비구 250계, 비구니 348계를 가리킨다. 이 계의 조목 수는 부파에 따라서 다소 다르지만, 그것을 분류한 대망은 모든 부파가 동일하다. 율장은 계조(戒條)에 따라서 분별하고 주석을 붙인 것을 가리키는데, 이것을 경분별(經分別 Sutta-vibhaṅga)이라고 일컫는다.

작지계

출가교단의 생활 규정이다. 요컨대 수계·보살·하안거·자자 그 밖의 의식주에 관한 모든 규정을 모아 주석과 설명을 덧붙인 것을 가리키는데, 건도부(犍度部 Khandhaka)라고 일컫는 것이다. 앞의 두 부분 이외 율장에는 후세의 부록으로서 부수(付隨 Parivāra)가 더 첨가되어 있다.

전술한 바와 같이 팔리 율장은 다음의 3부로 나뉘며, 다른 부파의 율장도 대개 이와 비슷하다.

1. 경분별(經分別)   대분별과 비구니 분별
2. 건도부(犍度部)   대품과 소품, 계 22건도
3. 부수(付隨)

현존하는 모든 부파의 율장은 팔리율, 한역 5종, 티벳역 1종 계 7종이 있다.

1. 팔리율   남방 상좌부 소속
2. 5분율   화지부 소속
3. 4분율   법장부 소속

4. 마하승지율   대중부 소속
5. 십송율(十誦律)   설일체유부 소속
6. 유부신율(有部新律)   근본설일체유부 소속
7. 티벳역 율장   근본설일체유부 소속

이 가운데 6과 7은 동일하지만 6은 완역이 아니기 때문에 미흡한 부분이 있다. 이에 반해 7은 완역으로 그 범본의 일부가 기르깃트(카슈밀 북부)에서 발견되어 출판되었다.

율장은 출가교단에서는 빠뜨릴 수 없는 것으로, 현재 팔리 불교에서는 부처님 시대부터 교단 생활의 규율로 만들어진 후 오늘날에 이르고 있다. 중국에서는 소승부파의 교단이 존재한 적은 없지만, 당 시대에 수립된 남산도선(南山道宣)의 율종에서 4분율에 따라 계율 규정을 정해 이것을 4분율종이라 일컬었던 것이다. 요컨대 이것이 소승의 계율인 것이다. 중국이나 일본에서는 소승의 계율과 함께 대승의 계도 전해졌지만 남방불교와 같이 계율을 엄하게 지키지는 않았다.

계조(戒條)도 분류

	팔리율	4분율	5분율	십송률	승지율	유부신율
바라이(波羅夷)	4(8)	4(8)	4(8)	4(8)	4(8)	4(8)
승잔(僧殘)	13(17)	13(17)	13(17)	13(17)	13(19)	13(20)
부정(不定)	2(0)	2(0)	2(0)	2(0)	2(0)	2(0)
사타(捨墮)	30(30)	30(30)	30(30)	30(30)	30(30)	30(33)
단타(單墮)	92(166)	90(178)	91(207)	90(178)	92(141)	92(180)
회과(悔過)	4(8)	4(8)	4(8)	4(8)	4(8)	4(11)
중학(衆學)	75(75)	100(100)	100(100)	113(106)	66(77)	99(99)
멸쟁(滅諍)	7(7)	7(7)	7(7)	7(7)	7(7)	7(7)
계(計)	227(311)	250(348)	251(377)	263(354)	218(290)	249(358)

이것은 모든 부파에 공통적으로 적용되는 율의 계조다. 앞부분은 비구계이고 괄호 안은 비구니계이다. 비구계는 바라이·승잔·부정·사타·단타·회과·중학·멸쟁 8종류로 구분하였으며, 비구니계는 부정을 제외하고 7종류로 구분했다. 물론 각 부파의 계조의 수는 조금씩 다른 점이 있다. 예컨대 중국·한국·일본의 4분율종은 비구계 250조, 비구니계 348조인데, 남방불교는 비구계 227조, 비구니계 311조이다. 계조의 8종류는 그것을 범했을 경우 죄과의 경중에 따라 8종류로 나누고 있다. 그것을 간략히 구별하자면 아래와 같다.

바라이(pārājika 斷頭, 他勝, 極重)

계율 가운데 가장 엄하게 제지한 것으로 비구계에는 음(淫)·도(盜)·살생(殺生)·대망어(大妄語) 네 종류가 있는데, 이를 범하면 교단으로부터 파문당한다. 말하자면 세간의 사형죄와 같다고 할 수 있다.

승잔〔saṅghāvaśeṣa, saṅghādisesa 승가바시사(僧伽婆尸沙), 승가제시사(僧伽提尸沙)〕

바라이죄 다음의 중죄로 승잔을 범하면 일정 기간 권리를 박탈한 후 일정한 곳에서 벗어나지 않을 것을 명한다. 말하자면 세상의 징역·금고에 해당한다고 할 수 있다.

부정(aniyata)

비구만이 있는 남녀 관계로, 참으로 범하였는지 범하지 않았는지 또 설사 범했다 하더라도 무슨 계를 범했는지 분명치 않은 것을 분명히 결정함을 말한다.

사타〔naiḥsargika pāyattika, nissaggiya pācittika 니살지바일저가(泥薩祇波逸底迦)〕

불법으로 취득한 물건을 승가 앞에 내놓고 참회하면 용서를 받을 수 있는 죄다. 말하자면 세상의 몰수·벌금·과태료 등의 죄에 해당한다고 할 수 있다.

단타〔pāyattika, pācittika 바일제(波逸提), 바일저가(波逸底迦)〕

불법의 가벼운 죄로 참회만 하면 용서받는 죄다. 말하자면 세상의 꾸지람이나 경책을 받는 죄에 해당한다고 할 수 있다.

회과〔pratideśanīya, pāṭidesaniya 바라제제사니(波羅提提舍尼), 대설(對說)〕

식사에 관한 불법으로 고백하면 용서받는다.

중학(śaikṣa, sekhiya)

일상 생활에 있어서 여법하지 못한 행위로 스스로 반성하면 된다.

멸쟁〔adhikaraṇa-śamatha, adhikaraṇa-samatha 지정(止諍)〕

죄과가 아니고 교단의 쟁론에 의해서 멸하고 그치게 하여 해결하는 방법이다. 말하자면 세간에서 법률로 해결하는 방법과 같다고 할 수 있다.

④논장의 성립

이와 같이 제1결집 이후 경과 율에 대한 분류 정리가 이루어졌다. 또 난해한 어구를 정의 설명하기도 했으며, 교리나 수행법을 모으는 동시에 율의 계조와 작법 규정을 설명하고 체계 조직화하는 작업이 행해졌다. 이 같은 경(법)이나 율에 관해 여러 방면으로 연구하는 것을 대법(對法 abhidharma, abhidhamma 아비달마), 대율[對律 abhivinaya 아비비나야(阿毘毘奈耶)]이라 일컫는 것이다. 율의 경우 부록으로 율장의 맨 마지막에 첨가했지만, 경의 경우는 아비달마의 서술이나 표현 형식 등이 경전과는 달랐다. 그런 탓에 『아함경』에는 첨가할 수 없게 되자 오직 그 초보 단계에서 주석이나 총합으로 경전과 함께 『아함경』에 보였을 뿐이다.

그러나 아비달마 연구가 활발해짐에 따라 자연히 경전에 포함될 수 없을 정도로 분량이나 문자 형식이 달라졌기 때문에 이를 독립된 문장으로 아비달마[Abhidharma, Abhidhamma 논서(論書)]라 부르고, 그것을 모아 기록한 것을 논장(Abhidharma-piṭaka, Abhidhamma-p.)이라 칭하게 되었던 것이다. 요컨대 이것이 논장의 성립인 것이다. 시기적으로는 원시불교 시대를 지나 부파불교 시대에 접어들면서부터인 듯싶다. 이미 경장이나 율장이 성립되어 있었음은 물론이다. 이와 같이 하여 각 부파에서는 원칙적으로 경·율·론 3장을 보존 전승하게 되었던 것이다.

3장의 하나인 경장이나 율장은 비슷하여 부파 사이에 공통적인 부분이 많다. 하지만 논장은 이들과 비슷한 점이 전혀 없지는 않으나 해석상의 차이점은 상당히 많다고 할 수 있다. 우선 경장이나 율장은 원시불교 시대를 토대로 부처님의 설법을 모아 놓은 제1결집에서 유래한다. 하지만 논장 연구가 원시 시대부터 이루어졌다 하더라도, 논장으로 성립되어 모아지기 시작한 것은 부파 시대부터였다. 이때에야 비로소 각 부파의 개별적 입장을 나타낼 수 있었던 탓에 실제로 부파의 특징은 논장에 있다고 할 수 있다.

현존하는 제부파의 논장

팔리 7론, 설일체유부 7론, 법장부 소속과 사리불아비담론(舍利弗阿毘曇論)이 있다. 사리불아비담론이란 팔리나 설일체유부의 7론 전체를 모은 것을 말한다. 팔리와 설일체유부의 7론이 서로 대응하지는 않지만 초기·중기·후기에 성립된 것들이 공통으로 들어 있다. 열거해 보면 다음과 같다.

팔리 7론	설일체유부 7론
1. 법집부(法集部) ┐	1. 집이문론(集異門論) ┐
2. 분별론(分別論) ├ 초기	2. 법온론(法蘊論) ├ 초기
3. 인시설론(人施設論) ┘	3. 시설론(施設論) ┘
4. 논사(論事) ┐ 중기	4. 식신론(識身論) ┐ 중기
5. 계설론(界說論) ┘	5. 계신론(界身論) ┘
6. 쌍론(雙論) ┐ 후기	6. 품류론(品類論) ┐ 후기
7. 발취론(發趣論) ┘	7. 발지론(發智論) ┘

이 7론은 기원전 2, 3백 년 사이에 발달, 성립된 것으로 간주할 수 있다. 그 후 이에 대한 주석서나 교리 해설서 등이 발견되었지만, 이는 어디까지나 삼장성전 이후의 것이기에 장외 문헌에 속한다고 할 수 있다.

이와 같이 부파불교의 성전인 경·율·론 3장에 관해 개략해 보았다.

⑤대승불교의 3장

『법화경』의 「안락행」품에는 '소승의 3장에 탐착하는 학자'라는 구절이 있는데, 중국 불교는 삼장교라는 명칭의 소승교를 일컫는 듯싶다. 요컨대 삼장교란 삼장학자라고 할 때의 삼장으로, 소승부파불교의 경·율·론을 가리키는 게 일반적이다.

현장 삼장이나 의정 삼장이라고 칭할 때의 삼장은 삼장법사를 간략히 표현한 말로 삼장성전, 즉 '일체 성전에 밝게 통하는 자'라는 뜻이다. 이는 학승으로서는 최고 명예에 해당하는 칭호라 할 수 있다.

한편 중국에서는 일체경의 목록이 제작되면서부터 대승교에도 경·율·론 3장이 포함되어 있다고 전해지지만, 인도의 대승불교에는 3장이 없다. 경과 논이 인도의 대승불교 쪽에 존재했음은 전술한 바와 같지만, 대승에는 출가교단이 존재하지도 않았던 탓에 교단 규율을 목적으로 한 율장이 전혀 필요치 않았던 것이다. 더욱이 후세의 대승을 살펴보면, 대승불교의 본거지인 나란다 사원 등지에 수천 명의 승려들이 집단으로 기거하고 있었으므로 생활 규정이 필요했지만, 그들은 근본설일체유부의 율장을 토대로 생활의 규범을 삼았던 것이다. 요컨대 대승불교임에도 불구하고 소승불교의 계율을 따른 탓에 독자적인 계율을 만들지 않았다고 할 수 있다.

중국의 대승불교에서는 대승계로 범망경〔梵網經(梵網戒)〕과 선계경〔善戒經(瑜伽戒)〕을 활용했지만, 인도에는 범망경이 존재하지 않았던 듯싶다. 요컨대 유가행파가 유가계를 설했다 해도 범망계나 유가계가 소승부파의 계율이나 율장과 같지 않았으며, 더욱이

교단의 일상 생활을 규정한 것도 아니다. 따라서 인도의 대승 교단에서 실제로 사용되었다고 간주할 수 없다는 것이다.

이상이 인도 대승불교에 율장이 사라지게 된 이유이다.

대승의 경전이나 논서는 제1장에서 전술한 것과 같이 성립 연대에 따라 초기·중기·후기의 3기로 대별할 수 있다. 또는 같은 시기라고 해도 성립된 장소나 그것을 받드는 학파 등에 따라 차이점이 있다. 그러나 소승처럼 많은 파벌이 존재하지는 않았던 듯싶다.

초기 대승경전을 살펴보면 같은 6백 권의 『반야경』에도 대품과 소품, 금강경의 내용이 다르게 표현되었음을 알 수 있다. 법화경·화엄경·무량수경 역시 표현한 사상이나 언어가 각기 달라 서로 연관성이 없는데, 이는 성립 시기와 지역, 경전을 구성한 작자의 사상이 다르기 때문이다.

더욱이 중기 대승 때에는 여래장·불성 계통, 유가행파, 중관파적인 것들이 등장하여 자신들의 계통이나 학파 내에서도 주장하는 설이 다른 탓에 하나의 부파·학파로 통일되지는 않았다. 요컨대 인도에서는 중국과 같이 대승불교 문헌을 모두 모아 정리한 적이 없었던 것이다.

(2) 소전(所詮)의 교리(교리의 뜻)

능전(能詮)의 가르침으로는 9분교·12분교·삼장성교 등을 통해 간단히 살펴보았는데, 이것이 바로 실질적인 불교의 법인 동시에 교법(敎法)이다.

이 교법에는 원시불교 때의 5온(五蘊)·12처(十二處)·18계(十八界)·3법인(三法印, 4법인)·12연기(十二緣起)·4제(四諦)·3학

(三學)·37보리분(三十七菩提分)·4향4과(四向四果) 등이 다루어졌고, 대승불교 시대가 열리면서 6바라밀·보살10지 등의 수행단계, 불성·여래장·8식·3성(三性)·2무아(二無我)·보리심·6대(六大)·4만(四曼)·3밀(三密) 등을 다루고 있다.

이상은 인도 불교의 경우지만 중국과 한국, 일본 불교에서도 새롭게 갖가지 교학을 펼치고 있다. 중요한 부분이라 간주되는 부분에 관해서는 새로운 항을 만들어 소개하되 기본적인 것에 관해서만 고찰하려 한다.

① 법(法)의 정의
원시경전에 자주 등장하는 법(法)에 관해 설명하자면 다음과 같은 정형구를 들 수 있다.

법은 ㉠세존에 의해서 설해진 것 ㉡자기 스스로 볼 것 ㉢때 없이 ㉣와서 볼 것 ㉤이상으로의 안내 ㉥아는 자는 각자 스스로 깨쳐서 알도록 할 것 등이 있다.

㉠세존에 의해서 설해진 것
문자의 형식[文]이나 내용[義]이 처음, 중간, 끝이 모두 시종일관 잘 갖추어져 완전 원만하게 청정한 범행(梵行)의 법으로서 잘 나타나 있다.

㉡자기 스스로 볼 것
자기 스스로 사물을 관찰하는 지혜로 보아야 함을 일컫는다.

㉢때 없이
때를 기다리지 않는다는 것은 아무 때나 곧바로 수도의 증과를

얻을 수 있는 즉현현상을 뜻한다. 도원선사는 '수증일등(修證一等)' '본증묘수(本證妙修)'라고 표현하여 수행하는 것이, 곧 증과에 도달한 때라 말했다.

ⓔ와서 볼 것

'와서 보라'고 말하는 것은, 법은 누구로부터 전하여 듣는 게 아니라 체험에 의해서 증득하는 것이란 뜻이다.

ⓜ이상으로의 안내

이 법은 사람들을 이상인 열반의 경지에 이르도록 안내하는 것을 일컫는다.

ⓑ아는 자는 각자 스스로 깨쳐서 알도록 할 것

법을 아는 자는 안다고 가르치는 게 아니라, 자기 스스로 바르게 관찰하고 실제로 수행해서 스스로 바르게 보고 바르게 깨쳐 알도록 안내하는 것이다.

②법(法)의 네 가지 특질

이와 같은 특질을 갖추고 있어야만 법이라 칭할 수 있는 것이다. 특히 팔리 주석서(法集論注)에도 법은 네 가지 특질을 가진 것으로 정의 설명돼 있다. 제1의 교법(敎法 pariyatti), 제2의 인(因 hetu), 제3의 덕(德 guṇa), 제4의 무아성(無我性 nissatta-nijjīvatā)이 그것이다. 이 네 가지 특질에 관해 살펴보고자 한다.

제1의 교법(pariyatti)

부처님이 말씀하신 가르침을 8만 4천 법문이라고 일컫는다. 이는 중생의 번뇌가 8만 4천 가지나 있는 탓에 그에 상응하는 8만 4천 법문을 말씀하신 것이다. 부처님은 환자의 병에 따라 약을 주는 것과 같이 상대에 따라 그에 맞는 갖가지 법을 설하셨다. 이런 교법을 종교 입장에서 보면 불교의 특질이 되는 것이다. 요컨대 불교의 종교성은 교법의 이름에 의해서 불리는 것으로, 그 이상은 깨침에 의하여 '성(聖)'에 도달하는 것이다. 따라서 법의 정의 중 제일은 불교가 종교 이상의 실천으로 법을 가르치는 것이고, 그 목적은 성(聖)이나 영성(靈性)에 있다고 할 수 있다.

제2의 인(hetu)

원인을 말한다. 인(因)은 좁은 의미로는 깨침에 도달하는 원인(修道法)을 가리키고, 넓은 의미로는 모든 존재(現象)의 원인을 가리킨다. 물론 원인은 결과와 관련되어 있으므로, 올바른 인의 행위에 의해서만 바른 인과 관계가 나타난다고 보는 것이다.

말하자면 불교는 '어떻게 있는가'라고 하는, 사회·인생(현상)의 활동에 의해서 일어나는 원인과 결과의 상태를 바르게 알고, 그 인과 도리를 좇아 이상인 불교의 깨침에 도달하기 위해서는 '어떻게 할 것인가'라는 이상 실현의 방법을 바르게 알고, 그에 따라 실천할 것을 강조하는 종교라 할 수 있다.

요컨대 '어떻게 있는가'와 '어떻게 할 것인가'를 바르게 알고 이를 실천하기 위해서는 바른 인과 관계를 만들지 않으면 안 된다. 그것은 합리적인 진리를 실천하는 인과 관계를 의미하기 때문이다.

따라서 제2의 인이란 바른 인과 관계, 즉 합리적 진리를 의미하며, 인의 본질은 보편적이며 타당한 진리의 합리성에 있다고 할 수 있다. 법을 진여(眞如) 또는 진리라고 일컫는 것은 이런 이유 때문이다. 말하자면 불교의 법에는 합리적이지 않은 요소는 없음을 의미한다.

제3의 덕(guṇa)

덕에는 성질이나 특성의 의미가 들어 있는데, 여기서는 주로 종교적·윤리적인 면에서 선(善)으로서의 덕을 뜻한다고 보면 된다.

불교에서는 선을 상대선〔相對善(有漏善)〕과 절대선〔絶對善(無漏善)〕으로 구분한다. 상대선이란 윤회 전생하며 고통받는 사바세계에서의 선을 일컫는다. 이는 업보에 지배당하는 선으로서 선인선과의 인과법칙에 따라 선을 행하면 인간·천상 등의 행복한 과보를 받는다고 전해진다. 이에 반해 절대선이란 인과응보를 초월한 윤회의 굴레에서 벗어나 깨침의 세계로 들어가 성인이 되는 선을 가리킨다. 요컨대 사바세계에서는 상대선을 추구하는 반면 불교에서는 궁극적 목적으로 상대적 선악을 초월한 절대선을 구하고, 이것을 갖추려는 것이다.

법의 특질인 교법(聖)과 인(眞)과 덕(善)은 인생의 이상인 법의 규범을 나타낸 것이다. 불교가 시대와 지역도 초월하여 누구에게나 합리성과 윤리성을 잃지 않고 보편 타당하게 적용되며 깨침을 얻을 수 있는 세계적 종교라는 건 전술한 세 가지 특질 속에 잘 나타나 있다. 따라서 제1의 교법 속에 제2의 법으로서의 합리성(진)이나 제3의 법으로서의 윤리성(선)이 들어감으로써 더욱더 훌륭한 교법이 되는 것이다. 요컨대 불교의 법은 언제나 이 세 가지가 하나로 뭉뚱그려져 존재하는 것이다.

제4 무아성(無我性 nissatta-nijjīvatā)

전술한 세 가지 정의와는 다소 거리가 있다. 이 경우의 법은 '일체법'이나 '제법'이라 일컫는 것으로 물체 전체를 의미한다. 이에는 선과 악, 깨끗함과 더러움, 출세간〔깨친 법, 무루법(無漏法)〕과 세간〔번뇌의 법, 유루법(有漏法)〕, 즐거움과 괴로움, 실제와 거짓 등 모든 법이 함께 존재하고 있어서 특별하게 이것만이 바르다고 단정짓지 않는다.

일체법이란 존재하는 모든 것을 가리키는데, 유독 원시불교 시대에만 생멸 변화하는 현상의 법에 한정되어 있었다. 요컨대 일체법을 5온(五蘊)·12처(十二處)·18계(十八界) 등으로 한정할 경우, 그것들은 모두 시간과 공간 속에 있기 때문에 우리들이 인식하는 현상계만을 의미한다고 볼 수 있다. 따라서 일체법으로서 '물체'인 '무아성(無我性)의 성질'을 '실체나 본체와 같은 형이상학적인 존재가 아닌 현상적인 물체'라고 표현한 것이다. 이것이 제4 법(法)으로서의 정의인 것이다.

그런데 '무아성(無我性)'은 앞의 해석 이외에도 불교의 기본 입장이 된다. 다시 말하자면 대승불교의 '공성(空性)' 또는 '공(空)'과 같은 뜻인 관계로 '무아(無我)'라거나 '공(空)'이라는 표현은 후술할 '제법무아(諸法無我)'의 법인에서와 같이 이론적인 실체론이나 본체론을 인정하지 않음은 물론 물체의 고정성을 인정하지도 않는 것이다. 요컨대 실천적으로 집착을 벗어나 자유자재하게 걸림 없이 활약하는 법을 얻는 것이다. 이론적으로 무아성(無我性)의 성질이라 함은 존재의 실체가 될 수 없는 탓에 끝없는 생멸 변화만을 하게 되므로 이를 불변하는 것으로 여겨 집착하면 안 된다는 실천적인 면의 기초를 주장하는 것이다. 결국 불교 신앙의 근본 목적이란 무아(無我) 무집착(無執着)의 바른 실천이라 할 수 있기 때문이다.

이와 같이 제4 법(法)의 정의는 '무아성(無我性)'이 된다. 곧 무아 무집착이란 법(法)의 제1·제2·제3의 정의인 교(종교성;聖), 인(합리성;眞), 덕(윤리성;善)을 실천할 경우에도 반드시 필요한 것이다. 이 세 가지에 제4 법인 '무아성'이 첨가됨으로써 비로소 완전한 것이 되는 것이다. 바꾸어 말하면 이상적인 종교성·합리성·윤리성이 발휘되려면 무아성(無我性)이 덧붙여져야만 가능하다는 얘기이다. 범부와 성인을 초월한 종교성의 무아성, 인과를 초월한 합리성의 무아성, 선악을 초월한 윤리성의 무아성 등이 이루어졌을 때 비로소 참다운 종교성·합리성·윤리성이 발휘되는 것이다.

『금강반야경』에 '여래가 말하는 선법(善法)이란 선법에 있지 않음을 선법이라 이른다든가, 여래가 말하는 법상(法相)이란 법상에 있지 않음을 법상이라 이른다'라고 표현한 것은 다 이를 가리키는 말이다. 이러한 의미에서 볼 때 네 가지 법(法)의 정의란 개별적인 것에서 나아가 하나의 법을 네 가지 측면에서 들여다본 것이므로, 이들의 융합이 이루어졌을 때에만 법의 참뜻이 발휘된다는 말이다. 그 중에서 제4의 '무아성(無我性), 즉 공성(空性)은 다른 종교나 철학에서는 볼 수 없는 불교의 독자적인 것이므로, 불교의 특징을 한층 잘 표현한 것이라 할 수 있다.

3) 승, 승가

(1) 승가(僧伽)의 기원

승(saṅgha)이란 승가(승려) 또는 중(衆)이라 번역하여서 집단을 의미하는데, 이를 화합중(和合衆)이라고도 일컫는다. 이 말은 불교 발생 이전부터 인도의 일반 사회에서 상공업자의 조합, 또는 왕족에 의한 국가통치 단체를 의미하는 뜻으로 사용되어 왔다. 요컨대 그 당시의 종교 단체의 집단 또는 교단의 의미로도 사용되었던 것인데, 불교에서 이 명칭을 그대로 채용한 듯싶다. 승가의 범위는 전통적 입장에서 볼 때 비구승가〔比丘衆〕· 비구니승가〔比丘尼衆〕라 일컫는 것과 같이 비구계 · 비구니계를 받은 남녀 출가자의 단체를 의미한다.

(2) 4중(四衆)과 7중(七衆)

원래 불교도의 단체로는 재가에 우바새와 우바이의 둘이 있고, 출가에 비구 · 비구니 · 사미 · 사미니 · 정학녀의 다섯이 있다. 이 재가와 출가를 더해서 7중이라 일컫고, 우바새 · 우바이 · 비구 · 비구니를 4중이라 칭하는 것이다.

우바새(upāsaka 信士, 信男)

남자 재가불자를 가리키는 말이다. 불 · 법 · 승 3보에 귀의하여 불살생(不殺生 ; 죽이지 않음), 불투도(不偸盜 ; 도둑질하지 않음), 불사음(不邪淫 ; 사음하지 않음), 불망어(不妄語 ; 거짓말하지 않음), 불음주(不飮酒 ; 술 마시지 않음)라고 칭하는 재가5계를 평생 지킬 것을 맹세하고 가정 생활을 하는 사람을 일컫는다.

우바이(upāsikā 信女)

여자 재가불자로서 남자의 경우와 같이 불 · 법 · 승 3보에 귀의하여 재가5계를 지키는 사람을 일컫는 말이다.

주지하다시피 재가불자는 8재계(八齋戒)도 지켜야 한다. 요컨대 매월 6회(1일 · 8일 · 14일 · 15일 · 23일 · 30일), 또는 4회(앞의 6회로부터 14일 · 30일은 제외함)의 재일에는 하루 종일 8재계를 지켜서 출가자에 가까운 금욕 생활을 해야 하는 것이다. 8재계란 후술할 사미 10계로부터 제10의 금은을 받지 않는 계를 제외한 제7·제8을 하나로 하여 8계로 한 것을 이르는데, 실제로는 9계가 들어간다. 후세에 와서는 다른 설도 생겼다.

비구(bhikṣu, bhikkhu 苾芻, 除饉)

출가해서 비구 구족계(250계)를 받은 남자 스님을 일컫는다. 20세가 된 사람이 구족계를 받으면 비구가 된다.

비구니(bhikṣuṇī, bhikkhunī 苾芻尼, 除饉女)

출가를 하여 머리를 깎고 비구니 구족계(348계)를 받은 여자 스님을 일컫는다. 20세가 된 사람이 구족계를 받는데, 기혼 여성의 경우는 20세 이전이라도 정학녀를 거쳐 구족계를 받는다.

사미(śrāmaṇera, sāmaṇera 勤策)

사문(沙門 ; 비구)의 후보자를 의미한다. 출가는 했지만 아직 비구 구족계를 받지 않은 남자를 가리킨다. 20세가 되어야 구족계를 받는 까닭에 그 이전의 소년 출가자를 사미라 일컫는다. 일본에서는 성년이 된 자가 구족계를 받지 않고 사미로만 끝나는 경우도 있다. 사미는 다음의 10계를 지켜야 한다.

① 불살생계(不殺生戒 ; 죽이지 말 것)
② 불투도계(不偸盜戒 ; 도둑질하지 말 것)
③ 불음계(不淫戒 ; 음행하지 말 것)
④ 불망어계(不妄語戒 ; 거짓말하지 말 것)
⑤ 불음주계(不飮酒戒 ; 술 마시지 말 것)
⑥ 불비시식계(不非時食戒 ; 때 아닌 때 먹지 말 것. 오후의 식사

를 금함)
⑦부도식향만계(不塗飾香鬘戒 ; 몸뚱이 치장하는 것을 금함)
⑧불가무관청계(不歌舞觀聽戒 ; 노래·춤·음악 등을 보고 듣는 것을 금함)
⑨불용고상대상계(不用高床大床戒 ; 사치한 침상 갖는 것을 금함)
⑩불수금은계(不受金銀戒 ; 금은 등 금전에 탐착하는 것을 금함)

사미니(śrāmaṇerī, sāmaṇerī 勤策女)

출가해서 비구니의 구족계를 받지 않은 여자를 일컫는다. 사미의 경우와 같이 20세 미만의 사람을 사미니라 일컬으며 10계를 받아 행한다.

정학녀(śikṣamāṇā, sikkhamānā 式叉摩那)

출가는 했으나 아직 비구니의 구족계를 받지 않은 기혼 여성을 일컫는다. 결혼을 한 사람은 임신했을 가능성이 있으므로 2년간 정학녀로 있어야 한다. 만일 임신을 했다면 출산부터 어린애를 키우는 데 최소한 2년이 걸리고, 임신 후 2년이 지나면 아이는 엄마로부터 떨어질 수 있기 때문이다.

불음계, 불투도계, 불살생계, 불망어계, 불음주계, 불비시식계는 사미니 10계 가운데 맨 처음의 6계가 된다.

(3) 승가의 범위

원시불교 이래 부파불교에 이르기까지의 전통적 승가를 말할 때는 비구·비구니만을 가리켜 왔다. 불교도 전체로서 7중 또는 4중은 승가에 포함시키지 않았던 것이다. 게다가 비구승가가 승가의 중심으로, 비구니는 비구승가의 종속적 존재에 지나지 않았다. 아울러 사미·사미니·정학녀의 출가자, 우바새·우바이의 재가자는 승가 속에 들지 못했다.

비구·비구니·우바새·우바이를 4중(四衆)이라 부르는데, 이때 중(衆)의 어원은 pariṣad, parisā로서 결코 saṅgha는 아니었다. 말하자면 saṅgha는 오직 비구와 비구니만 사용했던 것이다.

근대 일본 불교에서 의미하는 승가

오늘날 일본 불교에서의 승가(saṅgha)란 출가, 재가를 합한 불교도 단체를 의미한다. 이는 부처님 시대를 기점으로 부파불교, 오늘날의 남방불교, 1920년대 이전의 중국이나 일본 불교에서는 보이지 않던 모습이다.

오늘날 출가 재가를 합한 불교도 단체를 승가(상가)라고 일본 불교에서 칭하게 된 연유는 두 가지 측면에서 미루어 볼 수 있다. 하나는 승가의 이상적인 구상으로 출가 재가를 구별한 것이 아니므로 재가도 승가에 포함시켜 마땅한 것으로 인식했고, 둘째는 승가를 그리스도교처럼 신자의 단체로 생각했기 때문이라 간주할 수 있다.

또 일본의 승가가 출가와 재가를 합하게 된 이유는, 남방불교와 같이 순수한 출가단체(승가)가 일본에는 존재하지 않기 때문인 듯싶다. 더구나 오늘날 일본에는 출가한 대다수의 승려가 가정 생활을 영위하고 있기 때문에 굳이 출가와 재가를 구분할 필요 없이 전체를 합해서 승가라고 하는 게 타당하다고 여긴 듯싶다.

원래 대승불교의 이상은 출가와 재가의 구별 없이 세속 생활을 겸하면서 불교의 성스러운 제1의적인 입장에 나아가는 것을 목적으로 한다. 다스리며 살아가는 모든 산업이 보시행이고, 법을 운영하는 것도 그것이다.

역사적으로 살펴볼 때 인도 대승불교에서 출가와 재가 구분을 설정하지 않았던 시대가 있었는지 없었는지 확실하지 않다. 다만 대승의 이상으로 말하면 출가, 재가의 이중 교단이 필요하지 않았던 듯싶다. 그러나 실제로는 전문 출가자가 없어서 사용하지 않았을 뿐이지 대승불교에도 출가 재가의 구별은 있었던 것으로 보인다. 중국·한국·일본의 대승불교에서 이 전통이 계속 이어지고 있는 것에서도 그 사실을 입증할 수 있다.

(4) 승가의 정의

원시경전에서 내린 승가(3보의 하나로서 승보)에 대한 정의를 살펴보면 아래와 같다.

불제자의 승가는 묘행(妙行)과 질직(質直 ; 청빈하고 솔직하다는 뜻)행과 여리(如理 ; 이치에 맞는다는 뜻)행과 정행(正行)을 갖추고 있는, 이른바 4쌍8배(四雙八輩)이다. 세간으로부터 공양과 공경, 보시와 합장 예배를 받는 더없는 복전인 것이다.

이 정의는 팔리 『아함경』의 것으로 한역 『아함경』과 거의 같다. 단지 한역 『아함경』에는 승가가 계·정·혜·해탈·해탈지견의 덕을 갖추고 있다는 대목이 첨가되어 있다.

전술한 정의로 4쌍8배란 성문의 성자를 뜻한다는 것을 알 수 있다. (이것은 제1장 「성문승과 보살승」, 제7장 「수도계위」 참조)

이상의 정의에 비추어 보면 승가란 본래 불제자인 성자의 단체를 의미하므로 깨침을 얻지 못한 범부는 이 단체에 들어갈 수 없다. 이때 승가란 출가자만으로 한정되어 있지 않으므로 재가성자(재가에도 유학의 성자가 될 수 있음을 말함)도 포함될 수 있다. 그렇긴 하지만 실질적인 문제는 재가성자라 해도 승가로서 단체생활을 하지 않으므로 출가성자만을 의미하는 것이 된다. 어쨌든 전술한 정의에 의하자면 승가란 4쌍8배의 성자로서, 사람들로부터 공양·공경·보시·합장 예배를 받을 수 있는 무상의 복전인 것이다. 요컨대 승보는 불자로부터 절대적 귀의 신봉의 대상이 되는 것이다. 자격이 되는 사람은 성자가 아니면 안 된다.

이런 반면 율장에서 전하고 또 전통적으로 전해지는 승가란 구족계를 받은 출가자 단체를 일컫는다. 단체의 구성원 수는 4인 승가·5인 승가·10인 승가·20인 승가·20인 이상의 승가와 별도가 있다고 전해지고 있다. 대도시에서는 20인 이상 승가, 소도시에서는 10인 승가, 지방의 변두리에서는 5인·4인의 승가도 인정되었다. 3인 이하는 승가라 칭하지 않았다. 3인이나 2인의 경우는 별중(別衆 gaṇa)이라 하여 승가와는 구별했다.

이상적인 승가의 구성원이 성자였으면 하고 바라는 것은 이상일 수도 있다. 하지만 실질적으로 구족계를 받은 자를 모두 성자라고 부르는 것은 부처님 재세시에도 없었던 일로, 범부승은 더 말할 필요도 없다. 승가의 구성원을 성자로 한정한 것은 승가의 의의와 기능을 고찰하면 명료해질 것이다.

(5) 승가의 의의와 기능

요컨대 승가란 부처님을 대신하여 민중을 지도 교화하는 등 모든 역할을 대신하는 단체를 일컫는다.

승가에는 어떠한 뜻과 기능이 있는지 다음의 세 가지로 구분해서 생각해 보려 한다.
① 불교의 전문가
② 신앙의 지도자
③ 정법의 계승자

① 불교의 전문가

먼저 불교에 대한 바른 신앙을 토대로 불교의 교리 학설을 바르게 이해하고, 바른 수행과 깊은 체험의 실천을 거친 후 깨침을 얻어야 한다. 전문가이기 때문에 반드시 이론과 실천을 겸비해야 한다. 원시경전에서 승가의 정의에 관해 기술할 때, 승가는 묘행·질직행·여리행·정행을 갖춘 4쌍8배의 성자로 한정한 것은 이를 가리킨 것이다.

② 신앙의 지도자

승가란 민중을 신앙으로 안내하고 이끌어서 고뇌로부터 벗어나게 해줄 수 있는 교화 능력을 가진 지도자를 가리킨다. 지도자가 되기 위해서는 그렇게 할 수단과 방법을 습득하고 그에 전념해야 한다. 또 아라한이 3명6통(三明六通) 등 신통, 기적의 영능력(靈能力)을 갖추어야 한다고 함도 교화할 수단에 해당한다고 볼 수 있다.

③정법의 계승자

승가의 중요한 역할 중 하나는 법을 오랫동안 주하게 하는 것이다. 요컨대 정법을 바르게 전해 그 맥이 후세까지 영원히 이어지도록 해야 하는 것이다. 그러려면 승가가 바르게 유지되어 존속해야만 한다.

원래 승가는 부처님이 베나레스에서 최초로 다섯 비구에게 설법, 교화하신 후 야사(Yaśas, Yasa 耶舍)를 시작으로 그의 친구 네 명과 베나레스의 청년 50명을 교화시킨 데서부터 비롯된 것이다. 부처님은 이 제자들 각자에게 지방 곳곳을 돌아다니며 교화 활동을 하도록 말씀하셨다. 그때의 말씀은 아래와 같다.

비구들이여, 나는 인천(人天)의 모든 번뇌나 업고의 속박으로부터 벗어났다. 비구들이여, 너희들도 인천의 모든 속박으로부터 벗어났다. 비구들이여, 많은 사람들의 이익과 안락을 위해서 세간을 연민하며, 인천의 이익·복지·안락을 위해 떠나라. 둘이 뭉쳐서 가지 말고 혼자서 가라. 비구들이여, 초지일관되게 하라. 뜻과 형식을 갖추어 법을 설해 보여라. 완전하고 원만히 해서 청정한 불도 수행을 설해 밝혀라.

이를 위해서는 제일 먼저 비구들이 아라한의 깨침을 얻어서 일체 번뇌인 업의 속박으로부터 해탈해야 하는 것이다. 다음으로는 세상 사람들의 이익과 안락을 위해서 두루 돌아다니며 법을 설하고 실천 수행을 설명, 지도해야 하는 것이다. 요컨대 승가의 뜻은 맨 처음의 두 항목에 다 들어 있는 것이다. 이는 경전에서 승가의 정의에 관해 설명한 것이나 다름없다.

또 불법이 후세에까지 바르게 전달되기 위해서는 앞의 두 항목을 갖춘 후계자가 끊임없이 나타나야 한다. 역사적으로 살펴볼 때 불교가 가장 번창한 시대에는 언제나 승가의 세 기능이 충실히 발휘되었음을 알 수 있다. 이런 반면 불교가 쇠퇴하였거나 소멸된 뒤의 지역에서는 승가의 기능 역시 거의 쇠퇴하였거나 사라진 뒤였다.

제계10리(制戒十利)

승가의 세 가지 기능을 나타내는데, 율장에서 말하는 제계10리를 손꼽을 수 있다. 요컨대 승가를 바르게 운영하기 위해 계율 규정을 불(佛)에 의거해 설한 것인데, 여기에는 열 가지의 이익이 있다 하여 제계10리라 일컫는 것이다. 팔리 율장의 10리에는 아래와 같은 항목들이 명시돼 있다.

①승가가 양호하게 있기 위해
②승가가 안락하게 있기 위해
③부끄러움이 없도록 사람들을 억제하기 위해
④선량한 비구들이 편안하게 안주하기 위해
⑤현세의 모든 번뇌를 막기 위해
⑥미래의 모든 번뇌를 예방하기 위해
⑦믿지 않는 사람들을 믿게 하기 위해
⑧이미 믿고 있는 사람들의 믿음을 더욱 증대하기 위해
⑨정법의 존속을 위해
⑩율을 섭수하기 위해

위에 열거한 ①~⑥의 6조는 승가 기능의 첫번째인 불교 전문가를 보호 육성하기 위해서이고, ⑦~⑧의 2조는 승가 기능의 두 번째인 신앙의 지도 교화를 하기 위한 조건이고, ⑨~⑩의 2조는 승가 기능의 세 번째인 법과 율, 즉 교법의 존속 보존을 위해서다.

4종(四種)의 사문(沙門)

부처님이 입멸하시기 전날 최후의 공양을 단공(鍛工)의 춘다(Cunda 純陀, 周那)로부터 받았다. 부처님이 공양을 마치시자 춘다가 부처님께 "이 세상에는 몇 종류의 사문(비구)이 있습니까?"하고 여쭈었다. 부처님은 "4종의 사문이 있느니라"고 대답하셨다. 제1의 승도사문(勝道沙門), 제2의 설도사문(說道沙門), 제3의 활도사문(活道沙門), 제4의 오도사문(汚道沙門)이 그것이다.

제1의 승도사문

이 가운데 제1의 승도사문이란 도에 있어서 뛰어나 최고의 깨침을 얻은 아라한을 가리키는데, 그 사람의 존재 자체가 세상을 밝게 하고 세인을 구제한다고 전해진다.

제2의 설도사문

불교의 학설과 이론을 바르게 알아 신앙과 학해(學解 ; 불도를 머리로서만 생각하는 것)를 확립한 유학의 성자로서 도를 설하는 데 적당한 사문.

제3의 활도사문

도를 좇아서 생활하고 정해진 계율을 잘 지키며, 학업과 수도에 부지런히 정진하나 아직 깨침을 얻지 못한 범부 사문.

제4의 오도사문

출가하여 계를 받았으나 바른 학해나 신앙심이 없는 사문. 계율을 지키지 않을 뿐만 아니라 수행마저 게을리 하여 도를 더럽히는 존재로 간주된다.

　만일 제1, 2의 사문만 있다면 불교는 크게 번성할 것이다. 제3의 사문만 있다면 불교는 가까스로 현상을 유지할 것이고, 제4의 사문만 많다면 불교는 쇠퇴하여 소멸되고 말 것이다. 요컨대 이상적인 승가는 제1, 2의 사문이 많이 모이는 것이다. 제4의 사문이 많으면 승가의 기능은 흐트러져 끝내 멸하고 말 것이다.

　어쨌든 승가란 단순히 불자만 모이는 집단이 아닌 탓에 신앙심을 토대로 수행을 하며 민중에게 법을 전하지 않으면 안 된다. 그러기 위해서는 승가가 민중으로부터 신뢰와 존경을 받고 귀의의 대상이 되어야 한다. 남방불교의 풍습을 들여다보면 승가에 출가해 계를 받은 자가 젊어 성숙하지 못한 자일지라도 국왕 대신을 비롯해 모든 재가불자들로부터 귀의 예배를 받는데, 이는 승가가 세 가지 기능을 가진 보물이기 때문이다.

　존경과 부러움을 받는 지방이나 사원이 있다면 틀림없이 그곳은 불교의 올바른 신앙심을 토대로 승가가 유지되며 번창함을 볼 수 있다. 그런 반면 민중으로부터 무시되고 지탄받는 지방이나 사원 내의 승려의 신앙심은 형편없어 불교가 쇠퇴함을 목격할 수 있다. 따라서 승려는 승가의 일원으로서 긍지를 갖고 당당하게 승가에 충실하고자 세 가지 기능에 힘껏 매진해야 한다.

일본 불교와 승가

　일본 불교는 대승불교이며 일본인의 민족성에 그 뿌리를 두고 있는 관계로 1920년대 이후에는 승려가 육식 대처하는 가정생활을 하게 되어 재가불교화된 탓에 진정한 출가 불교는 없어졌다고 봐야 한다. 그러나 재가불교라고 하여도 내실을 기해 각 종단의 승려가 승가의 세 가지 기능을 충실히 실행하고자 노력만 한다면 불교는 쇠퇴하지 않을 것이다.

또 일본의 신흥불교는 많은 재가불교를 표방하고 있지만 승가의 세 가지 기능이 살아 있는 한 불교는 번창하여 쇠망하지 않을 것이다. 인도나 중국에서 불교가 쇠망한 까닭은 외부로부터 압박이나 공격을 받아서이기도 했지만, 그보다는 불교도가 승가의 세 가지 기능을 상실한 것이 보다 큰 원인이라 할 수 있을 것이다.

제 3 장

3과 (三科 ; 5온, 12처, 18계)란?

1. 3과 총설

3과(三科)란 불교에서 말하는 일체법으로서 5온, 12처, 18계 이 3과목을 말한다. 간략히 온·처·계(蘊處界)의 3과(三科)라고도 일컫는다. 이 중 5온은 일체법을 몸과 마음(개인에 있어서 일체법), 또는 물질과 정신(내외에 있어서 일체법)으로 구별한 후 이것을 다섯 가지 요소로 나눈 것이다.

12처는 일체법을 감각과 지각의 인식으로부터 고찰해서, 인식의 주관적 능력인 6내처(六內處, 6근)와 객관적 대상으로서의 6외처(六外處, 6경)의 열두 가지로 구분한 것이다.

18계는 12처 위에 감각이나 지각을 인식하는 주체(또는 인식주관)인 6식을 더한 것이다.

3과(三科) 설립의 이유

3과를 일체의 법(존재하는 모든 것)으로 정리하게 된 까닭은 이렇다. 불교에서는 인도의 외교나 서양의 철학 등에서 주장하는 것과 같이 존재하는 모든 것의 본체나 실체를 말하지 않기 때문이다. 오직 우리들의 감각이나 지각에 의해 인식되는 현상계만을 인정하는 것이다. 시간과 공간을 넘어서 우주 만물의 생겨남과 없어짐에도 걸림 없이 존재하는 영원 불멸한 본체나 실체도 불교식으로 말하면 우리들의 현상계와는 무관한 것이므로, 그에 대해 논증하는 것은 수행이나 깨침에는 아무런 도움이 되지 못한다. 그러므로 이를 문제화해서는 안 된다고 한 것이다. 이와 같이 불교에서는 모든 법이 존재하는 것으로서 논증할 때에는 현상 세계에만 국한해서 고찰하도록 한 것이다. 결국 우리들이 그 존재를 인식하고 그에 대해 판단할 수 있는 능력은 시간과 공간 속에 한정되어 있어서 우리들이 매일 경험하는 현상계 이상을 넘어설 수도 없으며 넘어설 필요도 없는 것이다.

현상계, 유위(有爲)와 행(行)

현상을 불교에서는 유위(有爲 saṁskṛta, saṅkhata 조작으로 이루어진 것)와 행(行 saṁskāra saṅkhāra, 제행무상의 행)이라 일컫는다. 우리들은 이 현상계 속에서 생멸 변화하는 동안 고뇌하고 기뻐하며 깨침의 생활을 이어 가는 것이다. 우리들의 입장에서 보면 현상계만이 존재하는 것이다. 이러한 일체의 현상을 불교에서는 일체나 일체법이라 부르는 것이다. 불교에서 취급하는 존재는 현상계뿐이다.

오늘날 과학의 연구 대상은 모두 현상에 국한되어 있다. 본체나 실체라고 하는 형이상학적 존재는 경험에 의해서 인식 판단될 수 없는 탓에 과학의 대상이 될 수 없다. 오직 현상계만 대상이 된다. 자연과학은 자연 현상을, 인문과학은 인문 현상을, 사회과학은 사회 현상을 연구 대상으로 하는 이유가 그것이다. 불교는 역시 오늘날 과학과 같이 현상계를 대상으로 한다. 바로 여기에 불교의 근대적 합리성이 있는 것이다.

2. 3과(三科) 각설(各說)

1) 5온(五陰, 五衆)

온(蘊 skandha, khandha)은 구역으로는 음(陰), 중(衆)이라 번역했다. 새건타(塞建陀)라는 음역도 있다. 이는 '모으다' 또는 '적집(積集)'의 의미이다. 요컨대 우리 개인의 몸과 마음, 또는 신심환경을 합한 일체의 물질과 정신을 모두 모아 다섯으로 분류한 것이 5온이다. 색·수·상·행·식(色受想行識)이 그것인데 간단히 설명하자면 아래와 같다.

(1) 색(色 rūpa)

육체 또는 물질을 말한다. 전통적 해석으로는 '변괴(變壞)' 또는 '질애(質碍)'의 뜻을 갖고 있다. 물질이 변화하며 파괴되는 것을 '변괴'라 칭하고, 물질이 그 나름대로 일정한 공간을 서로 차지하느라 다투며 다른 물체를 용납하지 않는 성질을 '질애'라 일컫는다.

색에도 넓고 좁은 두 가지 의미가 있다. 5온 중 색은 넓은 의미로 일체의 물질을 총칭하는 반면, 12처나 18계의 색처(色處)와

색계(色界)는 좁은 의미로서 물질의 일부분만을 가리키는 데 지나지 않는다.

넓은 의미의 색은 『아함경』에서 '4대종(四大種) 내지 4대종소조색(四大種所造色)'이라고 설명하는 것과 같이 지·수·화·풍의 네 가지 요소의 각각과, 네 가지 요소가 합성되어 조성된 물질로 합쳐진다. 또 12처나 18계에서 설명하는 안·이·비·설·신의 5근과 색(좁은 뜻)·성·향·미·촉의 5경의 10종도 물질의 색이 된다. (아래의 12처 참조)

색의 개념은 모든 불교 언어의 개념이 그렇듯 원시불교 시대나 부파불교 시대에도 변화를 거쳤다. 원시불교 시대에는 일반인도 이해하기 쉽게 통용적 개념을 따랐지만, 부파 시대에는 아비달마 연구가 발달되면서 한층 치밀하고 엄밀한 개념 규정이 이루어졌던 것이다.

색법(色法) 개념 규정의 변화

원시경전에서는 지·수·화·풍의 개념도 상식적인 수준에 그쳤다. 안[內]의 지계(地界)란 머리카락·털·손톱·이·뼈 등이고, 밖[外]의 지계란 나무·돌·흙·금·은·보석 등으로 통했다. 그것이 부파의 아비달마에 와서 땅에도 굳은 성질이 있고, 물은 습한 성질이 있고, 불은 뜨거운 성질이 있고, 바람은 움직이는 성질이 있는 이유로 머리카락·털 등은 땅 뿐만 아니라, 물·불·바람의 성질도 있으므로 4대(四大)로 합성된 색이라고 규정했다. 같은 의미로 물로 된 혈액·침·강물·바닷물 등도 물의 성질 뿐만 아니라, 땅·불·바람의 성질도 다소 합쳐 있으므로 4대로 합성된 것이라 했다.

또한 눈이나 귀 등에 대해서는 일반적으로 안구나 귀 자체를 가리키지만, 아비달마에서는 시각 능력을 안이라 일컫고, 청각 능력을 귀라 지칭했다. 이와 같이 엄밀한 의미에서 색이란 5근과 5경을 가리키고, 설일체유부 등에서는 이 외에 무표색(無表色)을 더해서 11종의 색법을 언급했다. 무표색이란 동작이나 언어에서 나오는 습관력을 가리키는데, 이 습관력을 육체라고 하는 물질 내에 보존되어 있는 물질(色法)이라 했던 것이다. (무표색은 「12처의 법처」에서 설명)

그 밖의 물질은 극한적인 미소입자라는 뜻으로 극미(極微 para-māṇu)라 했는데, 몇 종류의 극미가 있어서, 그로부터 신체의 기관이나 외계의 물질을 형성하는 데 어떠한 구성으로 이루어져 있는가를 아비달마에서는 구체적으로 고찰했지만 여기서는 생략하기로 한다. 부파불교 사이에도 의견이 다르기 때문이다.

(2) 수(受 vedanā)

즐거워하고 괴로워하는 감수작용을 가리킨다. 다시 말해 육체가 감각으로 받아들이는 쾌와 불쾌를 칭하고, 정신이 지각적으로 받아들이는 즐거움·괴로움 등의 감정을 말한다. 어쨌든 수는 감각지각에 의해서 감수되는 작용이고, 받아들인 감정 그 자체라 할 수 있다. 12연기에서 말하는 수도 이에 속한다. 수는 감각·지각의 발생 장소에 따라서 눈에 촉해서 생기는 수 내지 뜻에 촉해서 생기는 수 등 6수(六受)로도 나뉜다. 또 수의 성질에 따라서 3수(三受) 또는 5수(五受)로 구별한다. 3수와 5수의 관계를 표시하면 다음과 같다.

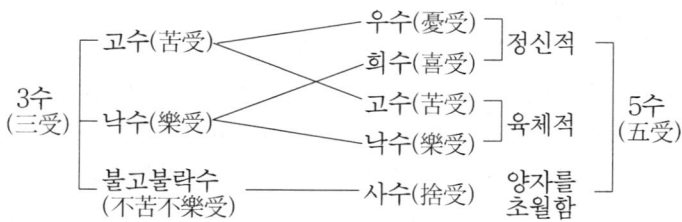

　육체적으로 즐거움·괴로움·아픔·가려움 등을 느끼는 감각의 신경은 객관적으로는 인간이나 다른 동물에서도 공통적으로 감수되는 현상이다. 하지만 감정적 정신에 관한 한 다른 동물한테서는 거의 보이지 않고, 인간도 사람에 따라 받아들임이 제각각이라 다분히 주관적이라 할 수 있다. 같은 조건하에서도 반응이 서로 다른 이유도 그 때문이다.

(3) 상(想 saṁjñā, saññā)

　심상(心像)이라 해서 마음의 작용을 취하는 모습이다. 개념이나 표상(表象)을 만드는 작용 또는 만들어진 개념이나 표상을 의미한다. 감각이나 지각에 의해서 인식의 작용이 일어나는 경우 '빨간 꽃' '하얀 천'과 같이 빨강·하양·꽃·천 등의 개념 또는 그 개념을 만들기 위해서 움직임과 마음속에 떠오르는 생각의 양상을 상이라 일컫는다.

(4) 행(行 saṁskāra, saṅkhāra)

　무상하여 흐르고 옮겨져 고정된 게 없다는 뜻이다. 전술한 총설에서와 같이 유위(有爲)의 현상을 말한다.

행(行)의 제개념

행을 보통 복수형으로 취급하여 제행(諸行)이라고 표현하지만 이 개념에는 넓고 좁은 여러 가지 의미가 깃들어 있다. 다음 장의 「법인설」에서 말하는 '제행무상'의 행은 아주 넓은 뜻이며, 5온의 행은 그 다음이며, 12연기의 행은 아주 좁은 의미를 나타낸다. 또 5온의 행도 원시불교나 부파불교에서 그 내용에 따라 나타내는 의미가 서로 다르다.

한역에서 행(行)을 번역한 인도어로는 전술한 saṁskāra, saṅkhāra 이외에 다음의 것이 있다. 범행(梵行)의 행이나 신행(身行)·어행(語行)·의행(意行)의 행은 caryā, cariyā이고, 명행족(明行足)의 행은 caraṇa이며, 불소행찬(佛所行讚)의 행은 carita이며, 행괴(行壞)나 정행(正行)의 행(行)은 ācāra인데, 그 밖에도 cara ; kṛtya, kicca ; pratipad, paṭipadā ; vrata, vata 등을 행이라 번역하기도 하는데 여기에서는 생략하기로 한다.

행(行)의 개념 내용
①아주 넓은 의미의 행으로서 일체행 또는 제행무상의 행
모두 말한 것과 같이 일체의 현상을 가리킨다. 5온 속의 행온뿐만 아니라 더 나아가 5온 전체가 행이 된다.
②5온 속의 행온
여기에서의 행이란 행을 짓는 의미로서 그 셋을 제외한 다른 모든 것을 뜻하는데 '마음 일어나는 것'이 이 행온 속에 포함된다.

요컨대 작의(作意 ; 주위 환기 작용)·촉〔觸 ; 근(根), 경(境), 식(識)의 접촉 작용)〕·사(思 ; 의사 작용)·정(定 ; 정신 통일)·념(念 ; 잊어버리지 않음)·혜(慧 ; 지적 작용) 등 그 밖의 모든 마음 작용이 포함되는 것이다. 대표적인 것은 선악의 의사 작용으로서의 사(思 cetanā)를 들 수 있다. 행온을 생각〔思〕이라고 설명하는 것도 그 때문이다. 만약 행에서 생각만을 취하면 이것은 아주 좁은 의미로 제한시키는 것이 적당지 못하다.

부파불교가 열리면서 행의 내용이 상세하게 소개되기 시작하여 마음의 모양〔심소법(心所法)〕을 수십 개로 나타내었다. 이것을 심상응행(心相應行 cittasamprayukta-saṁskāra)이라 일컫는다. 그런데 설일체유부 등에서는 행을 심불상응행(心不相應行 cittaviprayukta-saṁskāra)이라 칭해서 행온 속에 첨가시켰다. 이는 원시불교에는 없었던 것으로 간주할 수 있다. 물질과 정신 그 어느 것에도 속하지 않으면서 물질이나 마음을 움직이는 힘이 있다고 간주하여 득·비득·생·주·이·멸(得非得生住異滅) 등의 14가지의 심불상응행이 있다고 전해진다. 그러나 팔리 불교에서는 심불상응행에 관해 말하지 않았다. 요컨대 설일체유부 등에서는 행온의 범위가 원시불교 시대보다는 넓어진 것이다.

③12연기의 제2지(第二支)의 행

12연기에서 설명하는 것과 같이 업(karman, kamma)의 의미에 가깝다. 말하자면 신·어·의에 따르는 선악 행위가 행이 되는데, 행온의 대표격인 사〔思 ; 선악의 의사(意思)로서의 의업〕보다는 넓은 의미로서 사 다음에 일어나는 신어(身語)에 의한 실제 행동이나 습관력까지 들어가는 것이다. (제5장 「12연기의 행」 참조)

(5) 식(識 vijñāna, viññāṇa)

vi-는 구별, 사정, 정황의 개념이고, jñā-는 앎, -ana는 것이라는 개념인데, 정리해서 보자면 '정황을 아는 것'이란 뜻이 된다. 요컨대 분별·판단·인식하는 작용의 주체라는 뜻에서의 마음을 가리킨다. 이의 본래 의미는 인식작용이 되지만 원시경전에서는 인식하는 주체로서의 마음이란 의미로도 사용했다. 12연기의 식은 인식 주체로서의 의미가 강하다. 식은 안식 내지 의식의 6식이 있다. 이는 18계 속에 6식계로서 들어 있다. 부파 시대에는 6식에 의계(意界)를 더해 일곱 번째의 식체(識體)로 칭하기도 했고, 유가행파의 유식법상교학에서는 6식에 말나식(末那識, 제7식)과 아뢰야식〔阿賴耶識 ; 장식(藏識, 제8식)〕을 더해서 8식이라 일컫기도 했다. 중국에서는 아마라식〔阿摩羅識 ; 무구식(無垢識, 제9식)〕을 더해 9식으로 칭한 적도 있다.

심·의·식(心意識)

원시경전에서는 식을 달리 심(心 citta)과 의(意 manas, mano)로 표현하기도 했는데, 심·의·식의 세 자는 명칭은 다르지만 같은 뜻을 나타내고 있다. 부파불교도 이 입장을 채용해 왔는데 유가행파가 되면서 심·의·식 세 자에 명칭과 의미에 차이가 있다고 여기게 되었던 것이다. 곧 식은 안식 내지 의식의 6식을 말하고, 의는 제7말나식을 가리키고, 심은 제8아뢰야식을 의미한다고 전해진다. 그러나 어디까지 절대적인 것이 아니라, 8식이 모든 식을 대변한다든가 별개의 제1의적인 존재는 아니라는 설도 있다.

또한 설일체유부나 팔리 불교에서는 식을 3계와 출세간으로 나누어 선·악·무기(無記) 등으로 구분하였다. 팔리 불교는 일체의 마음을 89심(八十九心) 또는 121심(一百二十一心)으로 분류하고 있다.

심왕(心王)과 심소(心所)

또 부파불교에서는 마음을 심왕과 많은 심소로 이루어진 걸로 보았는데, 심왕이란 마음의 주체로서의 식을 가리키고, 심소는 마음의 속성이라 할 수 있는 마음의 부분적 작용·성질·상태 등을 가리킨다고 구체적으로 말하고 있다. 하나의 마음은 그 가운데 많은 심소를 동반하고 있는 걸로 규정돼 있다. 설일체유부에서는 모든 마음은 필히 작의(作意 ; 주의환기작용)·촉〔觸 ; 근경식(根境識 3자의 화합)〕·수·상·사(意思)·욕(欲)·승해(勝解 ; 마음의 동향)·념(念 ; 잊어버리지 않음)·정(定 ; 마음의 통일)·혜(慧)의 10심소(十心所)를 항상 같이 하고 있다고 기록하고 있는데, 어떠한 마음이 어떠한 종류의 심소를 동반하고 있는가에 관해 구체적이고도 상세하게 고찰한 바 있다. 이것을 심심소(心心所)의 상응(相應 samprayoga, sampayoga)이라 일컫는 것이다.

마음에 관해서는 원시경전의 여러 곳에서 찾아볼 수 있다. 미망을 벗어나 깨침에 도달하는 것이 모두 마음의 문제이기 때문에 마음이 있는 모양, 마음을 가지는 방법 등을 논하는 게 불교라 할 수 있다. 아비달마적 연구가 이루어지면서부터 색(물질)에 관해서도 그렇지만, 정신에 관해서도 세밀한 고찰이 있었다. 마음을 욕계, 색계, 무색계 3계로서 세간과 출세간으로 분류한 후 그것을 세분화해서 선(善), 불선(不善), 무기(無記)라든가 고(苦)·낙(樂)·불고불락(不苦不樂) 등으로 분류하기도 하였다. 또 원시경전에는 없던 심소(cetasika, caitta 心數)의 개념을 정립하면서 마음의 구조를 복잡한 것으로 설하게 되었던 것이다.

심소법설(心所法說)의 발생

원시불교의 5온설에 의하면 수는 받아서 느끼는 작용이고, 상은 생각을 떠올리는 작용이고, 행 가운데의 생각은 뜻을 나타내는 작용이고, 식은 분별하며 인식하는 작용으로서 그 마음 작용 이외에는 마음이라고 하는 주체가 없다고 한다. 이러한 입장에서 보면 수·상·사 등은 식과 동등한 지위에 있는 것이다. 결국 마음의 움직임은 인식이 일어나는 경우 작의(作意)→촉(觸)→수(受)→상(想)→사(思)라고 일컫는 것과 같이 작용이 생겨서 그것이 그대로 마음이 되고, 그 이외의 식체(識體)는 없는 것이다. 그러나 부파불교시대의 아비달마에서는 마음을 주체적으로 간주하여 심왕이라 일컬었고 그 식체에는 필히 촉·수·상·사 등이 동시에 따라서 일어난다고 설하셨다. 요컨대 따라서 일어나는 것을 심소라 부르게 되었던 것인데, 이는 마음에 소유된 것, 또는 마음에 소속된 것이란 뜻이다. 말하자면 작용·성질·상태 등이 결국 마음의 속성에 지나지 않는다는 것이다. 5온설에서 식과 동등한 수준에 비교한 수·상·행 등을 오늘날 식이라고 일컫는 심왕의 신하로서의 심소에 지나지 않는다고 표현하게 된 것이다.

표면심(表面心)과 잠재심(潛在心)

이와 같이 심식에 관해 생각하는 방법은 원시불교와 부파불교가 크게 다르기는 하지만, 부파불교 시대에도 주된 관심은 표면심이었고, 잠재심에 관해서는 고찰하지 않았다. 그러나 마음에 의한 선악의 행위는 그대로 소멸되는 것이 아니라 꼭 그 습관력을 마음속에 남겨 놓는다는 업보설(業報說)에 의해서 주목하게 되었던 것이다. 요컨대 경험할 때마다 축적되는 습관력·기억·지능·성격·편견 등이 마음속 깊이 존재하며, 그것이 우리들의 인식 판단이나 행위에 대해서 크게 영향을 미친다는 것이다. 이 습관력을 무시하고는 업보설이나 일상 경험을 바르게 설명할 수 없다. 아뢰야식이라는 잠재의식이 설정된 것도 그 때문이다. 아뢰야(阿賴耶 ālaya)란 마음 가운데에 저장되어 깊숙이 누워 있다는 뜻이다.

 우리들은 본능적으로 자기 중심적 생각을 가지는데, 그에 의해서 무의식적으로 욕심이나 집착이 생기는 것이고, 이것을 말나(末那 manas 意)라고 부른다. 요컨대 항상 찾아서 사량(思量)하며 자기 중심적 생각만을 갖는다. 때문에 이 말나를 제7식으로 말하고, 아뢰야식을 8식으로 일컫는 유가행파의 8식설(八識說)이 생겨난 것이다. 우리들의 마음 움직임이나 경험을 바르게 설명하기 위한 분류였지만, 오늘날 정신 분석학이나 심층 심리학과도 통한다. 아뢰야식 가운데 저장되어 있는 과거의 습관력의 하나하나를 종자(bīja)라고 부른다. 말하자면 이상을 향할 때 방해하는 악의 종자를 제거하고, 착한 선이나 무루(無漏)의 종자를 증식시켜 가는 게 수행인 것이다.

5온설의 결론

5온 중 정신적인 수·상·행·식의 넷을 명(名 nāma)이라 일컫고, 여기에 색(色 rūpa)을 더해 명색(nāma-rūpa)이라 칭한다. 요컨대 5온이란 명과 색으로 구분해 표현할 수 있다. 그러나 불교에서 5온이 설정된 것은 앞의 총설에서 언급한 것과 같이 우리들의 육체나 정신을 내외의 신심(身心) 환경과 모든 실체를 말하는 것보다는 무상하고 괴로워서 무아(無我)를 말하기 위해 5온의 각각을 나타내 보인 것이다. 5온관이라 하여 5온을 '무아상(無我相)'이라 표현하는 것도 그 때문이다. 팔리『상응부』22, 15에는 5온관에 관해 아래와 같이 설해져 있다.

비구들이여, 색은 무상한 것이다. 무상한 것은 고통이다. 고통은 무아(無我)인 것이다. 무아(無我)는 '내 물건도 없고 나라고 하는 것도 없고, 나도 나의 것이 아니다'라는 것이다.
이와 같은 바른 지혜에 의해서 이것을 바르게 여실히 보아야 한다.
비구들이여! 수(受)는 무상이니라……. 행도 무상이니라……. 식도 무상이니라. 그래서 바른 지혜에 의해서 이것을 바르게 여실히 보아야 하느니라…….

이와 같이 5온을 무상(無常), 고(苦), 무아(無我)라고 바르게 관찰함으로써 5온을 싫어하고, 탐욕에서 벗어나야 비로소 해탈하여 아라한의 깨침이 얻어진다고 설해져 있다.
또 5온의 무아상(無我相)의 교훈이란 부처님의 최초 설법으로서의 4제, 8정도의 가르침에 따라서 다섯 비구가 초보 깨침으로 법안을 얻은 후에 석존의 다섯 비구에게 5온이 무아(無我), 또한 5온은 모두 무상이기 때문에 고이며, 고이면서 변화해서 소멸해 가기 때문에 '이것은 나의 것이다, 이것은 나다, 이것은 나의 나다'라고 간주할 수 없다고 설하심으로써 다섯 비구는 아라한의 깨침을 얻었다는 것을 설했던 것이다.

　5온 중 하나인 색에 관한 표현을 살펴보면 다음과 같다.

　색은 나다, 색은 나의 소유다, 나의 가운데 색이 있다, 색 가운데 내가 있다

　위와 같은 표현은, 제각기 네 방면으로부터 나를 본다고 주장하는 것이므로 5온 전체에는 나를 보는 20종의 외교설이 있다고 보는 것이다.

　이와 같은 경우를 제외하고 무상·고·무아라 일컫는 불교의 근본 입장을 나타내기 위해 5온을 설하게 된 것이다.『반야심경』에 '5온이 다 공하다'라고 표현하여 '색즉시공 공즉시색 수상행식 역부여시(색이 곧 공이요, 공이 곧 색이다. 수상행식도 또한 이와 같다)'라고 설한 것도 같은 맥락이다.

2) 12처〔12입(十二入), 12입처(十二入處)〕

6내처(六內處)와 6외처(六外處)

　처(處 āyatana)를 구역에서는 입(入), 입처(入處)라 번역했다. 문자 그대로 풀어 보면 ā-yat-는 들어온다는 개념이라면 ana는 곳, 것이라는 공간의 개념이며 '들어오는 장소' '들어오는 것'이란 뜻이다. '들어오는 장소'란 색·성·향·미·촉·법(色聲香味觸法)의 대상(6경)이 그곳을 통해서 들어온다는 뜻으로서 안·이·비·설·신·의(眼耳鼻舌身意)의 근문(根門 6근)을 가리킨다. 요컨대 여섯 개의 근문을 통해서 들어오는 대상으로 색·성·향·미·

촉·법의 6경을 가리킨다. 전자의 6근은 6내처(adhyātma-āyatana, ajjhatta-āyatana 6內入)라 칭하고, 후자의 6경은 6외처(bāhira-āyatana 6外入)라 칭해서 내외의 6처를 합해서 12처라 일컫는 것이다. 이것을 표시하자면 아래와 같다.

$$
6근(6내처)\begin{bmatrix} (1)안처 \\ (2)이처 \\ (3)비처 \\ (4)설처 \\ (5)신처 \\ (6)의처 \end{bmatrix} \cdots \begin{matrix} (7)색처 \\ (8)성처 \\ (9)향처 \\ (10)미처 \\ (11)촉처 \\ (12)법처 \end{matrix} \Big] 6경(6외처)
$$

6근의 하나하나가 6경의 각각을 상대하는 것으로, 각자의 근과 경으로부터 감각이나 지각의 인식이 일어나도록 되어 있다. 12처가 설해지게 된 동기도 앞의 총설에서 말한 것과 같이 인식 관계의 모든 요소가 전부 무상·고·무아로 설해졌으며, 6근이나 6경의 무상·고·무아도 같은 형식으로 설해져 있기 때문이다. 18계도 이와 같다.

12처의 하나하나를 간략히 살펴보자면 아래와 같다.

①안처(眼處 cakṣur-āyatana, cakkhu-āyatana)

안근(眼根 cakṣur-indriya, cakkhu-indriya)을 말한다. 안처란 외경(外境)에 대해서 색이 들어오는 문이고, 안근이란 시각 능력 또는 시각기관(視神經)이다. 근(根 indriya)은 능력이란 뜻이다. 안은 통속적으로 외부로부터 보이는 안구를 말하지만, 안의 본질은 물건을 보는 능력으로 안구가 있어도 보는 능력인 시신경이 상실되면 안근이라고 할 수 없다. 부파 시대에 접어들면서 이 양자를 구별해 시각능력의 본래 근은 승의근(勝義根)이며 안구는 부진근(扶塵根)으로 세속적 의미에 지나지 않는다고 간주했다. 요컨대 부진근은 눈으로 볼 수 있는 물질임에 반해 승의근은 외부로부터 볼 수 없는 미세한 물질이라고 규정했다. 이는 이근 내지 신근도 같은 원리이다.

②이처(耳處 śrotra-āyatana, sota-āyatana)

이근(耳根)을 일컫는 말로 청각능력 또는 청각기관(聽神經)으로 귀〔耳朶〕를 지칭하는 게 아니다.

③비처(鼻處 ghrāṇa-āyatana, ghāna-āyatana)

비근(鼻根)을 말한다. 후각능력 또는 후각기관이라고 지칭하여 후각신경을 가리킨다. 코 자체를 의미하지는 않는다.

④설처(舌處 jihvā-āyatana, jivhā-āyatana)

설근(舌根)을 일컫는 말이다. 미각능력 또는 미각기관으로 미각신경을 가리킨다. 혀 자체를 가리키지는 않는다.

⑤신처(身處 kāya-āyatana)

신근(身根)을 일컫는다. 추위와 더위, 통증과 가려움, 멈춤과 미끄러짐 등을 느끼는 촉각능력 또는 촉각기관을 가리킨다. 이것은 몸의 피부표면에 분포되어 있다.

⑥의처(意處 mano-āyatana)

의근(意根)을 일컫는다. 앞의 5처가 감각기관 또는 감각능력이라 한다면 이는 지각기관에 해당하며 지각능력이라 일컬을 수 있다. 의근은 지각작용을 관리하는 마음이라고도 할 수 있지만 18계의 6식과는 다른 점과 같은 점이 있음을 고려해야 한다. 이에 관해서는 18계를 참고하라. 어쨌든 의처는 의(意 manas)이며 원시경전이나 부파불교에서는 마음과 식을 같이 보았다. 이 점은 전술한 바와 같다.

⑦색처(色處 rūpa-āyatana)

안근(眼根)의 대상이 되는 색경(色境)으로 색깔〔현색(顯色)〕이나 형체〔형색(形色)〕를 일컫는다. 넓은 의미의 색은 물질 전체를 가리키나 여기서는 좁은 의미로 눈에 보이는 것에 한정한다.

3종색(三種色)

아비달마에서는 색을 크게 세 종류로 구분했다.

①보는 것이 있으므로 보이는 대상이 있는 색〔有見有對色〕…색처뿐

눈으로 보이는 데에 있는 물질을 말하는 것이다. 그 대상이란 공간을 차지하면서 만질 수 있는 것을 말하는 것이다. 유견유대색은 안근(眼根)의 대상이 되는 색경(色境)뿐이다.

②보는 것이 없지만 보이는 대상이 있는 색〔無見有對色〕…그 밖의 9처

눈에는 보이지 않지만 공간을 점령하고 있는 물질로 촉감이 되는 대상이다. 안·이·비·설·신의 5근과 성·향·미·촉의 4경인 9처의 물질을 말한다.

③보는 것도 없고 대상도 없는 색〔無見無對色〕…무표색(無表色)

제1의 유견유대색(有見有對色)이란 눈으로 보는데 장애가 있는 물질을 말한다. 장애란 공간을 차지하여 촉감을 느낄 수 있다는 것이다. 유견유대색은 안근의 대상이 되는 색경뿐이다. 제2의 무견유대색(無見有對色)이란 눈에는 보이지 않지만 공간을 차지하여 촉

감을 느낄 수 있는 물질을 말한다. 안·이·비·설·신의 5근(五根), 성·향·미·촉의 4경(四境)의 9처가 그것이다. 제3의 무견무대색(無見無對色)이란 눈으로도 보이지 않고 촉감으로도 느낄 수 없는 물질을 말한다. 설일체유부 등에서는 무표색(無表色 avijñapti-rūpa 無敎色)이라 표현했다. 이것은 몸의 선악행위의 습관력으로 법처소섭(法處所攝)의 색이라 한다. 12처 중 법처에 해당되며, 공간적 광대함을 가지지 않는 물질로서, 봄도 없고 대상도 없으면서 존재성이 인식되는 색을 말한다. 팔리 불교에서는 무표색을 설하지 않았지만, 법처소섭의 색으로서 여근(女根)·남근(男根)·심기(心基)·명근(命根)·단식(段食)·허공계(虛空界)·신표(身表)·어표(語表)·색경성(色輕性)·색연성(色軟性)·색적업성(色適業性)·색적집(色積集)·색상속(色相續)·색로성(色老性)·색무상성(色無常性) 등을 무대색(無對色)이라 일컬었다. 이것이야말로 팔리 불교와 북방불교의 큰 차이점이라 할 수 있겠다.

색처 가운데 현색(顯色)이란 청·황·적·백의 색깔을 일컫고, 형색(形色)이란 장·단·방(사각)·원 등의 형상을 일컫는다.

⑧성처(聲處 śabda-āyatana, sadda-āyatana)

이근(耳根)의 대상이 되는 성경(聲境)을 일컫는다. 인간이나 다른 동물의 성대에서 나오는 음성, 물질이 서로 마찰되어 나오는 소리가 있는데, 그 소리에도 의미가 있는 것과 없는 것이 구별되며 그에 의해 쾌·불쾌가 나타난다.

⑨향처(香處 gandha-āyatana)

비근(鼻根)의 대상이 되는 향경(香境)으로 좋은 향·나쁜 향·유익한 향·해로운 향 등이 있다.

⑩ 미처(味處 rasa-āyatana)

설근(舌根)의 대상으로서 미경(味境)이다. 맛에는 짠맛・신맛・쓴맛・단맛・매운 맛・담담한 맛 등의 여러 가지가 있다. 매운 맛이란 오늘날 학문에서는 맛이라 하지 않고 자격(刺激)이라 하며, 담담한 맛은 특별한 맛으로 보지 않는다.

⑪ 촉처(觸處 spraṣṭavya-āyatana, phoṭṭhabba-āyatana)

신근(身根)의 대경으로 촉경(觸境)이라 일컫는다. '감촉되는 것' '감촉되는 바'란 뜻이다. 설일체유부에 의하면 촉경은 능조(能造)의 촉(觸)과 소조(所造)의 촉(觸)으로 나뉨을 알 수 있다. 능조의 촉이란 지・수・화・풍의 4대를 의미하고, 소조의 촉이란 4대소조(四大所造)의 촉(觸)으로 미끄러짐・멈춤・무거움・가벼움・차가움・배고픔・목마름 등을 의미한다.

4대(四大)와 4대소조색(四大所造色)

지・수・화・풍의 4대는 앞에서 설명한 것과 같이 견(堅)・습(濕)・난(煖)・동(動)의 성질로 눈앞에 나타나는 구체적인 물질이 아니라, 물질에 존재하고 있는 네 가지 성질이므로 신근(身根)의 경계의 대상이 되어 얻어지는 것뿐이다. 그러므로 4대는 촉경에 해당된다. 4대는 이외의 색법(色法)이 모두 4대소조색이 되므로, 형상 물체에 감촉되는 것도 다른 9처(안 등의 5근, 색 등의 4경)의 형상에 속하는 것을 알 수 있다. 설일체유부에 의하면, 무표색(無表色)도 형상 물체라고 한다.

설일체유부의 정설로는 현색(顯色)과 형색(形色)이 색처에 속한다고 하지만, 형색은 안근의 대상이 아니라 신근의 대상으로서 촉처에 속한다는 다른 설도 있다.

⑫법처(法處 dharma-āyatana, dhamma-āyatana)
의근(意根)의 대상이 되는 법경(法境)을 말한다. 여기서 법이란 의식의 대상으로서 마음으로 생각해서 얻어지는 것이므로, 존재·비존재, 실법(實法)·가법(假法) 등 모든 현상법이 이에 해당된다. 여기서 현상법은 12처에 의해서 섭수되나, 중복을 피하기 위해서 12처 가운데 다른 11처에 들어가 있지 않은 모든 현상법을 법처에 들어가는 것으로 한다. 원시불교에서는 이에 관한 상세한 고찰이 되어 있지 않다. 상식적으로 의식의 대상이 되는 경계(境界)를 법처(法處), 법경(法境)이라고 부른다.

그러나 부파불교의 아비달마 연구에서는 모든 개념 규정을 명확하게 하여 모든 존재에 대해서 전면적으로 고찰하였다. 원시불교에서는 존재에 대해서 생멸 변화하는 현상법뿐만을 일체법으로 규정했지만 부파불교에서는 현상의 유위법 뿐만 아니고, 생멸 변화하지 않는 상주 불변의 무위법도 존재 속에 포함시켰던 것이다. 요컨대 아비달마의 법처 속에는 유위법이나 무위법이 함께 하여 원시불교와는 다른 성격이 되었다는 것을 의미한다. 그것은 앞에서도 말한 심소법(心所法), 심불상응행법(心不相應行法), 무표색(無表色)과 같이 부파불교의 아비달마에서 나타난 모든 개념도 이에 관여하고 있다. 원시불교에서는 '어떻게 있는가' '어떻게 있을 것인가'만을 문제화했지만, 부파불교에서는 '무엇이 있는가'라고 하는 존재론을 문제화했던 것이다. 이것은 부처님이 문제화하는 것을 금지한 본체론에 가까운 것으로, 불교의 입장에서 보면 사도(邪道)의 길을 걷는 것이라 할 수도 있다. 대승불교가 일어난 것도 이 존재론(有)인 사도(邪道)를 무아(空)라는 정도에 복귀하기 위한 방편이었음은 앞에서 언급한 바와 같다.

법처(法處)의 내용

또한 설일체유부에 의하면 법체(법경)의 내용으로, 법처소섭(法處所攝), 법처로 받아들이는 것의 무표색, 심상응법(心相應法), 마음이 서로 법에 응하는 일체의 심소법, 행온(行蘊) 속의 심불상응행, 5온 속에 들어가 있지 않은 무위법 등을 합한다.

무표색〔無表色 avijñapti-rūpa 무교색(無敎色)〕

무표업(無表業)이라고도 한다. 선악의 신업(身業)·어업(語業)의 습관력이 된 것으로서, 신무표업·어무표업으로도 나뉜다. 이 습관력은 선계(善戒)·악계(惡戒)·율의(律儀)·불율의(不律儀) 등으로 부른다. 결국 좋은 신·어의 습관력은 계(戒 śila, sīla)나 율의(saṁvara)라고 부르고, 나쁜 신·어의 습관력은 악계(duḥśila, dussīla)라든가 불율의(asaṁvara)라 칭한다. 계(律儀)에는 유루계(有漏律儀)와 무루계(無漏律儀, 道共戒)가 있는데, 유루계 속에는 욕계의 계로서 별해탈율의(別解脫律儀), 색계의 계로서 정려율의〔靜慮律儀, 정공계(定共戒)〕로 구분한다. 한편 무루계는 성도(聖道)로서 성자의 계이며, 8정도의 정어·정업·정명 등이 그것이다.

무표에는 별도로 처중무표(處中無表)라는 게 있다. 선과 악의 생각이 없으면서도 살인 등의 습관력이 있으며, 또는 선과 악에 관계없는 예술의 훈련·어학 습득 등의 예능 기술도 처중무표라고 일컫는다.

심소법(心所法 ; 마음의 성질)

5온 중의 수·상·행은 3온에 속한다. 마음의 성질(속성)을 심소라고 하며, 설일체유부의 『구사론』에서는 6류 46법의 심소를 설정하고 있다. 심소의 수나 그 분류는 부파에 따라서 다르다. 유가행파의 법상종에서는 6류 51법(또는 55법)의 심소를 세우고 있다.

『구사론』의 6가지 심소(心所)란 ①대지법(大地法 10) ②대선지법(大善地法 10) ③대번뇌지법(大煩惱地法 6) ④대불선지법(大不善地法 2) ⑤소번뇌지법(小煩惱地法 10) ⑥부정지법(不定地法 8)을 가리키며, 법상종 『유식론』의 6가지 심소(心所)란 ①변행(遍行 5) ②별경(別境 5) ③선(善 11) ④번뇌(6 또는 10) ⑤수(隨)번뇌〔20 '이것을 첫째 소수번뇌(小隨煩惱) 10, 둘째 중수번뇌(中隨煩惱) 2, 셋째 대수번뇌(大隨煩惱) 8로 구분'〕⑥부정(不定 4)을 일컫는다.

심불상응행(心不相應行)

행온 가운데 심상응행의 심소법을 제하고 마음과 마음 성질이 서로 응하지 않는 행을 의미한다. 『구사론』에서는 14의 심불상응행을, 『유식론』에서는 24의 심불상응행을 세운다. 팔리 불교에서는 심불상응행을 말하지 않았다. 그러나 이에 해당하는 색법이나 심소법 속에서 이를 흡수하고 있다. 심불상응행의 개념은 원시불교에는 없고, 6사외도(六師外道) 등의 외교도의 영향에 의해서 생긴 것으로 오늘날 학문적인 사유 속에는 존재하지 않는다.

무위법(無爲法 asaṁskṛta-dharma)

영원한 불생불멸의 존재라는 것, 즉 무위라는 말은 원시경전에도 열반과 동의어로 자주 나온다. 그러나 원시경전에서 말하는 무위란 존재론적인 것이 아닌, 생사 윤회를 초월하여 생사에 걸리지 않는 열반을 의미했다. 그것은 주관적인 생각을 말한 것으로, 객관적 사실은 아니다. 그것이 부파불교에 이르러 불생불멸의 객관적 사실로 존재하는 것을 무위라 생각해, 유위라고 하는 존재를 상대적인 개념으로 세웠다. 이것은 원시불교에서는 언급하지 않은 개념으로 불교의 본래 입장을 이탈한 것이라 할 수 있다.

무위법의 종류

부파 사이에도 서로 차이가 있다. 팔리 불교에서는 원시불교와 같이 열반만을 무위로 했고, 설일체유부에서는 택멸(擇滅 ; 바른 판단에서 얻어진 열반)·비택멸(非擇滅)·허공 등 세 가지 무위, 유식 법상종에서는 이 세 가지에 부동(不動)·상수멸(想受滅)·진여(眞如) 등 셋을 더해 6무위(六無爲)로 정했다. 대중부(大衆部)나 정량부(正量部)에서는 9무위를 거론했지만, 이에 대한 설명은 생략하기로 한다.

존재에 대해

불교가 존재 일반에 대해서 문제시한 것을 고찰해 보면, 원시불교에서는 존재를 유(有 bhava)라 했는데, 이는 앞에서도 말한 것과 같이 현상의 존재만을 의미한다. 5온·12처·18계의 3과(三科)도 이러한 의미의 존재를 가리킨 것이다.

그렇지만 원시불교에서도 진리의 기준으로 법을 말하고 있다. 연기나 4제의 도리(道理) 등이 그것이다. 연기의 도리는 붓다의 출현과는 상관없이 법(法)으로 결정됐고, 법계 법주의 영원 불멸의 진리라 했다. 진여실제(眞如實際)와 제법실상이 그것이다. 그리고 이와 같은 존재의 연기법을 부처님이 진리로 인정했다. 부처님이 이것을 만들어 낸 데서 나아가 깨달아 세상에 전한 것이다. 말하자면 진리는 불생불멸의 영원한 존재이므로 무위라고 할 수 있는 것이다.

그러나 원시불교에서는 이 진리를 존재로서 취급하지 않았다. 존재란 구체성을 가진 것으로, 후세의 용어로는 움직임[事]이나 모양[相]을 갖춘 존재만을 존재로 인정했고, 이(理)나 성(性)은 존재하지 않았던 듯하다. 철학적인 용어로 말하면 내용이 있는 구체적인 것은 존재로 인정한 반면 내용이 없는 형식적(추상적)인 것은 존재로 인정하지 않았던 것이다. 불교는 실천을 중시하기 때문에 단순히 내용이 없는 이론을 위한 이론은 배제한 것이다.

그렇지만 불교 이외의 종교나 철학에서는 이론을 위한 이론이 많고, 형이상학적 논의가 횡행하였다. 부처님은 그것을 무기(無記 avyākṛta, avyākata)라 하여 따지고 기록해서 해결되는 것이 아니므로 취급하는 것 자체를 금하셨다. 이것은 실천에 전혀 소용되는 것이 아니기 때문이다. 외교의 형이상학적인 실체론은 구체성을 가진 영원 불멸의 존재를 전제로 한 것이므로, 불교에서는 구체적인 불생불멸의 존재는 생각지 않는다. 우리 주변에 있는 구체적인 존재는 모두가 생멸 변화하기 때문이다. 이것은 칸트가 본체의 존재는 인식 불능이라 해서 문제화하지 않은 것과 같다.

또 현상으로서의 존재에는 3계의 고통스러운 세간법과, 깨침의 출세간법이 있다. 열반은 깨침의 출세간법으로, 불교에서는 이것을 진실의 존재로 규정한다. 깨침의 법이 진실이라 해도 불생불멸의 존재는 아니다. 그러나 이 이상(理想)의 상태와 이법(理法)으로서의 진리가 혼동되는 수가 있다. 다같이 진실이라든가 진리라 부르기 때문이다. 이법으로서의 진리란 범부의 세계에도 깨침의 세계에도 형식적으로 언제나 꼭 존재하는 것이지만, 이상의 상태로서 깨침의 법은 깨친 사람밖에는 얻을 수 없는 것이다. 일반 범부에게는 절대로 인식되어 체득될 수 없는 것이므로, 양자가 모두 진실이나 진리로 통해도 뜻은 전혀 다르다. 이런 이유로 모든 부파의 무위법은 이것을 혼동하여 가르치고 있는 탓에 형이상학적 실체까지도 혼동되는 경우가 있는 것이다.

또한 존재에는 비존재라는 허무가 내포되어 있다. 불교의 공(空)이나 무아(無我)를 가지고 외교도들은 허무라 표현하는 수가 있다. 이는 공이나 무아가 왜곡되어 표현된 것이다. 불교에서는 비존재의 예를 들어서 거북의 털, 토기의 뿔이라는 용어가 있다. 거북이는 털이 없고, 토끼는 뿔이 없기 때문이다.

또 팔리 불교에서는 실법(實法)과 가법(假法)으로 분류해, 실법을 5온·12처 등으로 나눴고, 가법은 실법이 거짓으로 모인 것으로 5온·12처 등의 개념을 적용했다. 이것을 시설〔施設 paññatti 기법(假法)〕이라 불러서 여러 종류의 시설을 말했지만, 그 설명은 생략한다.

어쨌든 존재의 문제는 더없이 복잡하다. 후세의 대승불교에서 말하는 법신불이나 불성·여래장과, 외교도가 말한 범(梵)이나 아(我)가 어느 점에서 어떻게 차이가 있는가를 불자로서 확실히 밝힐 필요가 있는 것이다.

3) 18계(十八界)

6근(六根)·6경(六境)·6식(六識)

계(界 dhātu)란 차별·체성·원인 등을 뜻하거나, 아니면 그와 같은 의미가 들어가 있는 요소를 뜻한다. 즉 감각이나 지각에 의한 인식의 성립을 위한 요소로 근, 경, 식에 의해서 분류한 것이 18계다. 즉 앞에서도 언급한 바와 같이 6근·6경의 12처에, 안식(眼識) 내지 의식의 6식을 더한 것이다. 원시경전에서는 '안과 색에 의해서 안식이 생긴다'거나 '의와 법에 의해서 의식이 생긴다'라고 표현한 것과 같이 근과 경에 의해서 식이 생긴다고 본 것이다. 감각이나 지각에 의해서 인식이 발생하는 요소가 18이 된다고 보면 된다.

경전에는 인식 등의 마음 작용의 발전으로 6근, 6경, 6식으로부터 6촉, 6수, 6애에 나아가서 66이라 하고, 또는 6근, 6경, 6식, 6촉, 6수, 6상, 6사(六思), 6애, 6심, 6사(六伺)로 마음 작용이 전개한다고 설해져 있다. 그것은 연(조건)에 따라서 발생하는 것으로 모두 무상이고 무아임을 말하는 게 경전의 목적이기 때문이다. 그와 같이 나아가 형성되는 기본적 마음 작용을 6근, 6경, 6식의 18계라 설한 것이다.

이 가운데 안계 내지 의식계의 6식계를 살펴보면, 6식의 식은 인식 작용도 되고 인식 주체도 됨을 알 수 있다. 이를 테면 '안(根)과 색(境)에 의해서 안식이 생긴다'는 문구에서의 안식은 눈에 의한 인식 작용으로 생각되지만 '근, 경, 식의 3자 화합을 촉이다'라고 하는 경우에서의 식은 인식 주체로 본 것이다. 그래서 식을 인식 주체로 보는 것이 일반적이다.

⑬ 안식계(眼識界 cakṣur-vijñāna-dhātu, cakkhu-viññāṇa-dhātu)
　시각적 인식 주체로서의 요소 또는 시각적 인식작용

⑭이식계(耳識界 śrotra-v. dh., sota-v. dh.)
  청각적 인식
⑮비식계(鼻識界, ghrāṇa-v. dh., ghāna-v. dh.)
  취각적 인식
⑯설식계(舌識界 jihvā-v. dh., jivhā-v. dh.)
  미각적 인식
⑰신식계(身識界 kāya-v. dh., kāya-v. dh)
  촉각적 인식
⑱의식계(意識界 mano-vijñāna-dhātu, mano-viññāṇa-dhātu)
  지각적 인식 주체로서의 요소, 또는 지각적 인식 작용

의계(意界)와 6식계(六識界)
 18계 속의 의계와 6식계와의 관계는 어떻게 되는가?
 6근·6경의 12처를 일체법으로 하는 경우 12처 속의 마음은 의처로 본다. 12처에 6식을 더해서 18계를 일체법으로 하면, 18계 속의 6식계에는 마음에 속하는 의계가 하나 더 있어서 7계가 된다. 12처에는 의처가 마음의 모든 것으로 되어 있지만, 18계에서는 이것에 6식계를 더하고 있다. 그렇다면 18계에서는 의계가 마음의 모두로 되어 있지 않다는 것을 알 수 있다. 그러면 이를 어떻게 해석할 것인가.
 결론적으로 말하면 의계와 6식계는 서로 다른 것이 아니다. 6식계란 현재 찰나에 있어서 6식으로, 그것이 작용을 끝마치고 과거의 찰나에 들어가면 과거의 6식이 의(意)가 된다. 결국 6식과 의(意)는 시점의 차이다. 이 양자를 구별하기 위해서 설한 것인지 모른다.

의(意), 말나식(末那識)

부파불교 이후부터는 의에 대해서 많은 설이 나왔다. 의(意)는 6식이 의지하는 대상이고, 의라고 하는 마음의 기본 위에 6식이 생기는 것이다. 또는 의가 6식의 의지의 대상이라고 하는 것은, 전찰나의 의와 현재 찰나의 6식을 도입하는 원인으로서의 등무간연(等無間緣 ; 직전의 원인)이나 개도의(開導依 ; 6식을 도입하기 위해서 의지하는 것) 등을 의미한다. 팔리 불교에서는 6식 이외 의계(意界)를 세워서, 이것이 감각(五門)과 지각(意門)에 의한 인식 작용이 일어나기 위한 인전[引轉 āvajjana 견인도입(牽引導入)]의 작용을 한다고 규정해 놓은 바 있다. 인전이란 개도(開導)와 같은 뜻으로 본다.

또 유가행파에서는 의(意)를 말나식(末那識)이라 하여 6식 외에 독립된 제7식이라고 규정하며, 또한 의(意)는 6식에 의지함과 동시에 자아의식의 중심을 이루어 아만(我慢)·아애(我愛)·아치(我痴)·아견(我見) 등의 번뇌심소를 본래 가지고 있어 아집을 벗어나 깨침을 열기까지는 항상 자기만을 생각하[恒審思量]여 존속한다고 한다. 아집을 벗어나 깨침의 세계에 들어가면, 말나식은 평등성지(平等性智)가 된다. 평등성지는 자타 내외의 일체를 평등하게 보는 지혜이다.

4) 3과(三科)의 마무리

이상 3과(三科)에 대해서 간략히 살펴보았는데, 끝으로 3과의 관계를 표시하고자 한다. 이 표는 원시불교 뿐만 아니라 부파불교 시대의 생각하는 방법을 더해 본 것이다.

부파불교는 '무엇이 있는가'라고 하는 일체법(유위뿐만 아니고 무위까지 합해서)을 상세하게 고찰하여, 원시불교의 태도와 다른 모습이 되었던 것이다. 따라서 원시불교의 3과 분류는 부파불교의 일체법을 객관적으로 고찰하기에는 부적당한 것이 되었다. 부파의 아비달마도 초기 시대에는 원시경전에서 설한 해설을 그대로 정리한 후 조직하여 적용했지만, 고찰이 제법 객관적으로 진행되기 시작한 중기 이후부터의 아비달마에서는, 3과의 분류를 허용하지 않았기 때문에, 후기 아비달마에서는 3과를 대신해서 5위(五位)를 채용하게 된 것이다.

5위란 『구사론』에 의하면 색법(色法 11), 심법(心法 1), 심소법(心所法 46), 심불상응법(心不相應法 14), 무위법(無爲法 3)으로 이루어진 5위75법이다.

또 유가행파의 유식론에 의하면 심법(8), 심소법(51), 색법(11), 심불상응법(24), 무위법(6)의 5위100법이다. 5위의 개념은 원시불교에서는 전혀 없었던 것이다. 한편 팔리 불교에서도 심불상응법은 설하지 않았으므로 색법(28), 심법(89 또는 121), 심소법(52), 무위법(1)의 4위170법 또는 202법을 설했다.

3과의 관계를 표시하면 다음과 같다.

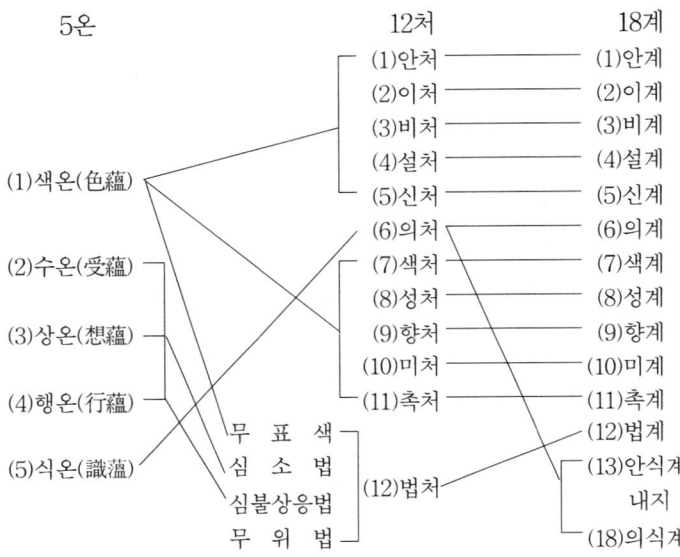

법계(法界)

18계 중 법계는 12처 중 법처와 같지만, 법계에는 별도로 화엄의 4법계, 천태나 진언의 10법계 등이 있어서 각각 내용이 달라 간단히 설명할 수는 없다. 법의 개념이 서로 다름에 따라서 법계의 개념도 다르게 나타나기 때문이다.

6계

『아함경』에는 18계 이외에도 6계라고 하는 여러 종류의 설이 있다. 그것은 지·수·화·풍·공·식의 6계, 낙(樂)·고(苦)·희(喜)·우(憂)·사(捨)·무명(無明)의 6계, 욕(欲)·에(恚)·해(害)·무욕(無慾)·무에(無恚)·무해(無害)의 6계다.

이 가운데 가장 많이 언급되는 것은 제1의 6계로서, 후대에 와서는 6대로 통했다. 특히 진언밀교에서는 유정 또는 우주 전체를 구성하는 요소로서 지·수·화·풍·공·식의 6대를 내세운 다음 이것에 의해서 만유가 전개한다는 6대 연기설을 세웠다. 또 성질·종자(보살의 상징)·형상·색채·작용 등에 의해 6대를 분류한 다음 연기에 의해서 6대 무애를 주장했다. 6대 가운데 지·수·화·풍의 4대는 물질적 요소이고, 공은 물질을 넣는 공간적 요소이고, 식은 정신이라는 면의 총칭이라 할 수 있다.

제 4 장

3법인(三法印)
4법인(四法印)이란?

1. 법인 총설

법인(法印 dharma-mudrā 또는 dharma-uddāna)이란 문자 그대로 풀어 보면 법(法)의 표시란 뜻으로 불법(佛法)의 특징을 일컫는다. 중국에서는 경전이 법인의 사상에 합치할 경우 붓다의 참말씀이라고 인정했고, 만약 법인의 사상에 맞지 않으면 바른 불설이 아니라 판정했다고 전해진다.

법인으로 드러난 것은 3종 또는 4종이 있는데, 소위 3법인 또는 4법인이라 일컫는 것이 그것이다. 4법인은 제행무상(諸行無常), 제법무아(諸法無我), 일체행고(一切行苦), 열반적정(涅槃寂靜)이다. 이 가운데 일체행고를 빼면 3법인이 된다.

4법인에 대해 한역 『증일아함』 권18에서는 일체제행무상, 일체제행고, 일체제행무아, 열반위영적(涅槃爲永寂)이라 했고, 『유가사지론』 권46에서는 일체제행개무상, 일체제행개실고, 일체법개무유아, 열반적정이라 했다. 그 밖에 『개승장엄경론』 권11과 범문에서도 4법인에 대해 찾아볼 수 있다. 이 4법인을 순서대로 열거하면 무상→고→무아→열반적정이 된다. 원시경전에서는 3법인이나 4법인에 대해 찾아볼 수가 없다. 그러나 5온 등에서 제법의 무상·고·무아를 무아상(無我相)이라 통틀어서 곳곳에서 언급하고 있는데, 이를 유위의 3상이라 일컫는다. 팔리 불교에서도 이 설을 받아들이고 있다.

무상게(無常偈)

원시불교 이후 대승불교가 일어나기까지 불교의 아주 중요한 게(偈) 중의 하나가 무상게다. '제행무상 시생멸법 생멸멸이 적멸위락(諸行無常是生滅法生滅滅已寂滅爲樂)'이 그것이다. 이 게를 인도어의 원문을 빌려 옮기면 아래와 같다.

　　제행은 실로 무상한 것이다. 생이란 멸하는 법, 생과 멸이 다하여 끊어지면 모든 행이 고요적적해서 더없는 즐거움이 되느니라.

제행무상, 열반적정의 법인을 말한 것이니 이를 일본에서는 '이로하 노래'2)로 표현한 바 있다.

　　향기로운 꽃일지라도 지고 나면 그만이니
　　우리 인생도 이처럼 덧없는 것이다.
　　무상한 인생의 험한 산길을 오늘도 넘으니
　　얕은 꿈 보고 취한다면 이 세상의 참모습을 알 수 없다네!

설산동자 이야기

무상게는 원시경전의 『대반열반경(大般涅槃經)』에 의하면, 제석

---

2) 일본인들은 노래의 일종인 이로하가(이로하 우타)를 지어 불렀다. 이로하가는 문장 속에 히라가나 47자를 한 자도 중복하지 않고 의미 있게 배열하는 7·5조의 노래다. 이는 '색(色)은 있어도 언젠가는 진다. 인간사(人間事) 모두를 초월하여, 얕은 꿈도 꾸지 않고 추하지도 않은 큰 깨우침의 길을 간다'는 불교의 근본 철학을 이로하가로 나타낸 것이다.

천이 불타의 입멸을 애도해서 부른 것이라 하여 대승『열반경』의 설산동자 이야기 속에도 들어 있다. 부처님이 전생의 보살 시대에 바라문 선인이 되어 설산에서 수행을 하고 있을 때를 말하는데, 부처님이 안 계신 시대라 부처님의 설법이나 경전 등을 구해도 얻을 수가 없었다.

그때 제석천은 이 청년이 참으로 목숨을 버릴 각오로 법을 구하고 있는지 아닌지 시험해 보기 위해서 무서운 나찰 귀신의 몸이 되어 청년의 가까이에서 무상게의 전반을 불렀다. 지금까지 들어보지 못했던 훌륭한 게가 미묘한 음조로 불려지므로, 청년이 어디로부터 누가 읊는가 생각하며 사방을 둘러보니 무서운 모습을 한 나찰 이외는 아무도 보이지 않았다. 청년은 무서움도 잊어버리고 나찰한테 가까이 가서 '지금의 훌륭한 반게(半偈)를 당신이 불렀습니까? 나는 처음으로 들었습니다만, 이 가르침을 받기 위해서 수행하고 있습니다. 만약 후반의 게를 알고 계시면 꼭 들려주십시오. 나는 일생 당신의 제자가 되겠습니다' 하고 간청을 했다.

나찰은 이렇게 말했다. '나는 인간의 따뜻한 고깃덩어리와 피만을 먹고 사는데 오랫동안 먹지 못해 어떻게 할 수가 없다.'

이 얘기를 들은 청년은 '만약 나의 고깃덩어리와 피로써 좋다면 바치겠으니 꼭 후반게를 들려주십시오.' 그러자 나찰은 후반게를 읊었다. 이를 들은 청년은 대단히 기뻐하며, 이 무상게를 자기가 죽은 뒤에도 남겨 놓고 싶다며 부근의 돌이나 벽·수목·도로 등에 새긴 다음 나무에 올라가 땅 위의 나찰에게 몸뚱이를 떨어뜨려 주었다. 그러자 그 몸뚱이는 공중에 멈추었고 나찰은 제석천의 몸으로 돌아와서 청년에게 예배하고, 목숨을 아끼지 않는 참으로의 보살이라 찬탄하며, 청년을 시험한 죄를 참해하고, 동자를 향해 장래에 틀림없이 성불하여 세상 사람을 구제하리라는 걸 예언하였다.

그 이후로는 무상게가 불교를 대표하는 사상이 되었던 것이니, 그와 함께 설산동자 이야기가 대단히 유명해서 법륭사 옥충주자(玉蟲廚子 ; 불단)의 좌대 우측에도 그려져 있다.

제법실상인

제법실상은 『반야경』에서도 설하고 있지만, 『법화경』에서도 이것을 받아들였다. 특히 구마라습 역의 『묘법연화경』에서는 제법실상을 10여시로 설명하였던 것이다. 그러나 3법인이나 4법인, 10여시에 의해 제법실상은 모두 본질에 어긋나는 것은 아니며, 어느 것이든 불교의 근본사상을 나타내고 있다.

10여시(十如是)

여시상(如是相)·여시성(如是性)·여시체(如是體)·여시력(如是力)·여시작(如是作)·여시인(如是因)·여시연(如是緣)·여시과(如是果)·여시보(如是報)·여시본말구경(如是本末究竟) 등으로 『법화경』의 범본에는 없던 것을 제법실상의 뜻을 확실히 하기 위해서 구마라습이 첨가한 것이다. 이는 일체법의 있는 모양을 시방의 전체로부터 본 것으로, 원시불교에서 일체법을 무상·고·무아 등으로 설한 취지와 같다. 중국의 천태교학에서는 10여시나 10계(十界) 등을 통해 일념삼천(一念三千)이라고 하는 기본적 교리를 수립했다. 또 10여시를 공·가·중(空假中)의 3제(三諦)에 의해서 해석하기도 하는 등 복잡하게 갈래를 늘어놓았다.

2. 법인 각설

1) 제행무상

제행(諸行)의 행(行)이란 앞장의 5온에서도 언급했듯 여기서 행은 최대의 넓은 뜻을 의미한다. 제행(諸行)이란 생멸 변화하는 일체의 현상법을 가리키며, 있는 모양의 유위와 같은 뜻이다. 모든 현상은 잠시도 정지하여 고정됨이 없이 생멸 변화한다는 것이 제행무상(sabbe saṅkhārā aniccā, anityā sarvasaṃskārāḥ)인 것이다. 오늘날의 자연과학에서도 현상은 물질도 마음도 언제나 변화하고 있다는 것이 증명되고 있다. 옛날에는 고정되어 변화하지 않는다고 생각했던 물질의 최저 단위인 원자도 불변의 것이 아니라, 원자핵을 중심으로 전자·중간자 등의 결합으로 된 운동체로 판명된 것이다. 더 나아가 물질은 미립자라고 해도 고정되어 불변하는 것이 아닌, 항상 변화하는 에너지에 지나지 않는다는 것 역시 밝혀 낸 바 있다. 또 원자들의 복합체로 모든 물질은, 크게는 우주의 천체에 이르기까지 물리·화학적 성질에 따라 변화하며 멈추지 않는 것이다. 결국 불교의 제행무상이 진리임을 한층 더 입증해 주는 격이 된 것이다.

불교의 모든 행이 무상하다는 것은, 목전의 사실로 우리들이 매일 경험하는 것임으로 특별히 증명할 필요도 없이 자명한 사실이다. 법인에서는 이 제행무상이 최초로 나온다.

무상에 관한 대목

'무상하기 때문에 괴로움이 있다'라든가, '무상하기 때문에 무아다'라고 하는 표현과 같이 괴로움이나 무아의 이유로 무상함을 말하는 것이다.

무상이나 노·병·사 등과 같은 말에서 부정적이거나 비관적인 것을 연상하게 마련이지만, 무상이란 사태가 나쁘게 변화하는 것만은 아니다. 무상하기 때문에 슬픔도 생기고, 무상하기 때문에 불행으로부터 행복으로 향할 수가 있는 것이다. 괴로운 번뇌를 끊어버리고, 불완전한 것을 완전한 것으로 안내하는 종교의 가르침도, 그 밑바닥에는 본질적으로 제행무상이 있기 때문이다.

무상의 실천적 의미를 무상관(無常觀)이라 하는 것은 여러 의미가 있다. 첫번째를 들면 가까운 사람이 죽었을 때 세상의 무상함을 느끼며 종교심을 일으키게 되는 것이다. 인도어로 무상을 옮겨 보면 '무서워서 벌벌 떠는 것'인데, 그것을 종교심이라고 하는 것도 그런 의미다.

우리들은 자신감이 있을 때에는 반성하지 않지만, 실의의 상태가 되면 자기 반성을 하게 된다. 자기 반성에 의해서 그 전까지 알지 못했던 바른 눈이 뜨이며, 자기와 세상의 결함이 보이게 되고, 그로 인해 종교심이 싹트는 것이다. 무상관이 종교심을 일으키는 동기가 된다는 의미다.

두 번째, 무상을 관함으로써 집착이나 교만한 마음을 버리게 된다. 무상하기 때문에 우리들 자신도, 재산이나 지위·명예 등도 언제 없어지고 악화될지도 모르는 것이다. 무상의 참 모양을 바르게 인식함으로써 자기나 소유물에 대해서 집착하고 교만해지는 마음으로부터 벗어나 겸허한 생각으로 돌아가는 것이다.

세 번째, 무상관에 의해서 시간을 아끼며 정진 노력하게 된다. 시간은 순식간에 지나고 만다. 한 번 지나간 시간은 절대로 다시 돌아올 수 없다. 그렇지만 우리들의 현재는 과거에 거듭거듭 쌓인 선과 악이 형성된 것이라 할 수 있다. 그 찰나적 행위에 최선을 다하는 것이 우리들의 존재를 최선으로 하는 것이다. 거기에 무상함으로써 현재를 신중히 하고, 현재를 더욱더 유효하게 활용하기 위해서 노력할 필요가 있다. 한평생 한 번밖에 없는 기회다. 이런 이유로 부처님은 입멸 직전 제자들에게 최후로 이런 교훈을 남기신 것이다.

모든 행은 쇠멸하여 무상한 법이다. 너희들은 방만하여 멋대로 살지 말고 목적 완성을 위해서 노력하라.

2) 제법무아

제법의 법(法)은 앞에서 언급한 법(法)의 특질 가운데 제4의 '무아성(無我性)의 것'을 의미한다. 이것은 단지 '성질의 것'이라 하기도 하지만, 원시불교에서 '성질의 것'은 '무아성(無我性)의 것'에 한정되므로, 이 제법은 제행과 같으며, 현상으로서의 일체법이 된다.

무아(無我)의 개념

무아(無我)란 문자 그대로 풀어 보면 '아(我)가 없다' '아(我)가 아니다'라는 뜻인데, '나'란 생멸 변화를 벗어난 영원 불멸의 존재가 되는 실체나 본체가 되는 것이다. 이와 같은 실체나 본체를 불교에서는 경험하여 인식할 수 없는 것이므로 인정하지 아니하였다. 같은 맥락에서 볼 때 불교에서는 '실질적으로 아(我)가 없다'라고 말하지는 않지만, 우리들의 세계에서는 일체법이 '아(我)가 아니다'라고 표현할 수는 있다. 그래서 제법무아(諸法無我 sabbe dhammā anattā, anātmanaḥ sarvadharmāḥ)란 모든 것은 아(我)가 아니다라고 해석할 수 있는 것이다.

제행무상이란 누구나 쉽게 받아들여지지만, 제법무아는 불교 이외는 인정하지 않는 불교 독자의 학설이라고 하여도 무방하다. 부처님 당시 외교도는 모두 불생불멸의 영원한 존재로서 본체를 인정했다. 이것을 아(我 ātman)라 한다. 범(梵)이나 아(我)라고 말하는 것이 그것이다. 우주적 실체를 '범(brahman)'이라 하고, 개인적 실체를 '아'라 한다. 불교에서는 이 존재를 인식할 수도 증명할 수도 없으므로 무기(無記)라 말한다. 또 그의 본체나 실체가 우리들의 세계인 현상계와는 무관한 것으로, 수행이나 해탈에도 보탬이 되지 않으므로 문제화할 필요가 없다고 했다. 불교에서 문제화할 것은 '아(我)가 아닌' 현상으로서의 세계라 할 수 있다. 이런 의미에서 제법무아의 법인이 불교 독자의 것이라고 설한 것이다.

독 묻은 화살의 비유

본체론을 불교에서 취급해서 안 되는 이유는 유명한 「화살 비유경」에서 언급하고 있다. 『중아함』 221, 「화살 비유경」(팔리 『중부』 63, 「소마룬구야경」)에 의하면, 외교도로부터 불교에 입문한 철학 청년 마룬구야붓다(Māluṅkyaputta 蔓童子)는 당시의 종교나 철학에서 문제화하고 있던 본체론을 불교로 해결하고자 노력했다. 본체론의 핵심은 다음과 같은 것으로 어느 것이든 경험 불가능한 것뿐이다.

①세계는 시간적으로 유한한 것인가, 무한한 것인가?
②세계는 공간적으로 유한한 것인가, 무한한 것인가?
③영혼과 육체는 같은가, 다른가?
④여래(생사를 초월한 사람)는 죽은 후에 존재하는가, 안하는가?

부처님은 이 청년이 본체론을 해결하지 않는 동안은 불교 수행을 할 마음의 준비가 되어 있지 않다고 하므로 그에게 다음과 같이 가르치셨다.

독 묻은 화살에 맞은 사람이 있었다. 그는 독화살을 쏜 사람의 인물·집안 내력·성명 등 또는 활이나 화살의 종류·독의 성질 등 일체를 알지 않는 한 독 묻은 화살을 뽑지 않겠다고 하였다. 그 사이에 독이 온몸에 퍼져 죽고 말았다. 이와 같이 번뇌로부터 해탈하기 위해서 수행을 하지 않고 해결 불가능한 본체론만 고집하면 너(만동자)도 죽어서 윤회의 고를 벗어나지 못할 것이다. 동자는 그때 비로소 자기의 잘못을 깨우치고 불도 수행에 들어갔다는 것이다.

부처님은 불교에 필요한 것은, 바른 법(法)과 옳은 뜻(義)이 넉넉하고 풍부함이라 말씀하셨다. 바른 법의 풍부함이란 진리에 합당함을 말하고, 옳은 뜻의 풍부함이란 불교의 이상을 향해서 바르게 가는 것을 말한다. 결국 불교에서 채용하는 것은, 가르침이 그 진리나 정의에 맞는 깨침의 이상에 대해서 필요한 것이 아니면 안 된다. 만약 진리나 정의에 합당하다 해도, 이상에 향하는 것이 아니라면, 그것은 채용해서는 안 된다. 또 만약 종교 신앙으로서 소용되는 것이라고 해도, 진리나 정의에 맞지 않는 미신이나 사교는 채용하지 않았으며 양자에 합당하지 않은 경우도 마찬가지다.

무아(無我)와 공·무(空無)

무아(無我)를 비아(非我)라고도 옮기지만, 대승불교에서는 무아보다는 공(空 śūnya) 또는 공성(空性 śūnyatā)이라는 표현을 많이 쓴다. 요컨대 무아와 공은 같은 말이다. 중국 선종에서는 무(無)라는 표현을 쓰고 있는데 이 역시 같은 의미다. 공이나 무는 아무것도 없다는 허무의 의미가 아니다. '있다, 없다' 하는 존재론이나 본체론에 관한 취급을 불교에서 금했다고 함은 이미 앞에서 언급했거니와, 불교에서 '공(空)'이라거나 '무(無)'라고 표현하는 것은 본체론과는 다른 성질로, 현상이 공이나 무의 상태임을 가리키는데 있다. 무아도 현상으로서의 일체법이 무아의 상태임을 나타낸 것이다. 결국 무아란 앞에서 말한 것과 같이 '아(我)가 아니다'라고 하는 것과 같다. 그것은 '아(我)인 상태가 아니다'라는 뜻이다.

불교에서 말하는 아(我)·자아(自我)

불교에서의 아(ātman, attan)는 외교도가 말하는 실체적 본체론으로, 이러한 형이상학적인 것을 문제화하는 것 자체를 금했다. 상식적인 불교가 이상으로 하는 것은 완성된 '아(我)'로서 원시경전에 자주 나온다. 이것은 외교도의 '아'와 같은 말이지만 구별해야 된다. 이를 테면 '여시아문(如是我聞)'의 '아(我)'는 상식적인 '아'다. 또『법구경』160게에는 이런 표현이 나온다.

자기 마음을 스승으로 삼아
남을 따라서 스승으로 하지 말라.
자기를 잘 닦아 스승으로 삼으면
능히 얻기 어려운 스승을 얻느니라.

이 경우의 자기(attan)는 아(我)와 같은 의미다. 부처님은 입멸 직전이나, 그 이전에도 '자기 마음을 스승으로 삼아서(atta-dīpa), 자기 스스로에 의지하되(atta-saraṇa) 남에게 의존하지 말라. 법에 머물고(dhamma-dīpa), 법을 따라 의지하며(dhamma-saraṇa), 남을 따라 의지하지 말라'는 자주법주(自州法州) 또는 자등명법등명(自燈明法燈明)의 교훈을 남겼으니, 여기서도 자(自)란 아(我)를 말한다. 이상과 같은 모든 실례에서 자기(自己)나 자(自)는 자아(自我)를 가리키지만, 엄격히 말해 불교가 배제하는 불생불멸의 본체인 자아(自我)는 아니다. 요컨대 형이상학적 본체로서의 자아는 불교에서는 말하지 않았던 것이다. 하지만 상식적인 자아나, 우리들의 인격적 주체가 되는 자아는 인정했다.

영혼에 관해

불교에서는 영혼을 인정하는가, 부정하는가? 외교도가 말하는 것과 같이 상주의 실체로서의 영혼은 불교에서는 말하지 않는다. 그렇지만 인격의 주체로서 업을 가지고 3세에 통하는 존재로서는 인정한다. 이것은 불생불멸이 아니고 윤회의 주체 내지 업으로 경험에 따라서 항상 변화하며 연속 작용을 하는 유위법이다. 유식학설에서 아뢰야식이라고 하는 것도 이것을 뜻한다.

무아(無我)·공(空)의 의미

무아(無我)나 공(空)은 실체가 없는 것이라기 보다는, 모든 법(法)이 무아나 공의 상태임을 가리키는 것이다. 그렇다면 무아나 공은 어떠한 의미인가? 거기에는 이론적인 의미와 실천적인 의미가 함께 내포되어 있어서 두 가지를 동시에 뜻하는 경우도 많다.

먼저 이론적인 무아나 공은 무자성(無自性 niḥsvabhāva)이라 한다. 자기 스스로 고정된 본체나 성질인 고정성(固定性)은 없다는 것이다.

①모든 법에서 불생불멸의 실체라고 하는 것과 같이 고정된 것은 없기 때문이다. 고정되어 있다는 것은 타와 관계없이 홀로 독립되어 독자로 존재하는 것인데, 사회나 인생 모두가 타와 관계없이 홀로 존재하는 절대적인 물질은 하나도 없다. 모든 것이 시간적으로나 공간적으로 타와 관련되어 엉켜서 존재하는 상대적·상관적 물질인 것이다.

②또 사회·인생의 움직임에도 고정된 것은 없다. 어떠한 조건에 처했건, 결국 변화하게 마련이다. 마르크스주의가 말하는 것처럼 사회는, 노예 시대→봉건 시대→자본주의 시대→사회주의 시대→공산주의 시대의 순서를 밟아 고정된 방향으로 움직인다기 보다 조건에 따라서 변화하며 다르게 움직인다.

이상 ①②의 내용이 이론적인 무자성으로서의 무아와 공이다.

다음 실천적 무아(無我)나 공(空)에는 ①무소득(無所得) ②무가애(無罣碍)라고 하는 양면성이 있다.

①무소득(aprāpti)이란 집착이 없는 것이라 할 수 있다. 우리들은 자기와 자기의 소유물에 대해서, 그것이 고정되어 항상 존재하

는 것으로 생각하거나, 또는 고정 불변하기를 바라며 집착한다. 이와 같은 아집이 없는 것을 무소득이라 해서 무아나 공이 된다.

②무가애(anāvaraṇa)란 무애(無碍)라고도 하며, 장애나 걸림이 없는 자유자재한 상태를 말한다. 즉 ①의 무소득무집착(無所得無執着)이 진전되어 완성된 상태를 가리킨다. 집착 없이 자재하게 움직이지만 그것은 법에 맞는 것이다. 공자가 '마음이 하고자 하는 대로 따르나 법을 어그러뜨림이 없다'라고 한 것은, 무아(無我)나 공(空)과 같이 무애자재한 경계라 할 수 있는 것이다. 불교의 이상은 인격의 완성이다. 일상 생활의 모두가 이와 같이 무애자재를 성취하는 것이다. 따라서 불타가 3계에 유희(遊戱)한다고 하는 것은 이 경지를 가리킨다고 할 수 있다.

또한 무아나 공은 나를 비운 상태이므로, 그곳에는 자기 중심의 탐욕도 없으며, 남을 괴롭힌다든가, 싫어하거나, 아부거나, 거만지도, 업신여기지도, 화내지도, 질투하지도, 부러워하지도 않는다. 항상 타인의 입장에서 바르게 생각하며 행동하므로, 사람들에게 피해를 주지 않는 것이다. 모든 인간이나 동물에 대해서도 자비스러운 연민의 정을 가지게 된다. 자기와 남이 대립하지 않고 크게 포용하는 것이 되므로 무아는 결국 대아(大我)가 된다.

이상으로 무아(無我)나 공(空)의 고찰을 끝맺을까 하는데, 이론적인 무아는 사회와 인생에 좀더 바르게 대하고, 있는 모습 그대로 살아가는 것으로—연기나 제법실상과 같은 말이다—실천적 무아를 더욱 완성하는 충실한 인생의 행위를 가리킨다. 이론적 무아(無我)나 공(空)은 실천적 무아나 공을 얻기 위한 기초로, 실천적 무아나 공을 체득하는 것이 불교의 최고 목적이다. 『반야심경』의

오온개공, 색즉시공, 공즉시색의 공은 이론·실천적 공(空)이나 무아(無我)를 의미하는 것이라 할 수 있다.

2종의 무아(無我)와 공(空)

대승불교에서는 무아와 공을 두 종으로 말한다. 인무아(人無我)와 법무아(法無我)의 2무아(二無我), 아공(我空)과 법공(法空)의 2공(二空)이 그것이다. 인무아와 아공이란 실체적인 사람(自我)이 없다는 의미이고, 법무아와 법공은 실체적인 불생불멸의 법(5위75법의 법, 5온의 법 등)이 없다는 뜻이다. 대승불교에 따르면 소승(설일체유부)에서는 인아(人我)를 부정하지만, 법(法)에는 법체(法體)가 항상 있다고 했는데, 이것은 실제적인 고찰에 있어서의 무아로 인정하지 않는 것으로, 인·법(人法)의 2무아를 설하는 대승이 불교의 진리에 더 가깝다고 할 수 있는 것이다. 원시불교에서는 인아를 말하지 않을 뿐만 아니라, 5온·12처·18계 등의 일체법이 무아라 말하고 있으므로, 비록 2무아의 설(說)이 아니더라도, 일체의 무아(無我)나 공(空)을 말하는 것이 된다.

3) 일체행고

일체행고(一切行苦 sabbe saṅkhārā dukkhā, duḥkhāḥ sarva-saṃskārāḥ)란 일체의 제행이 모두 고(苦)란 뜻이다. 5온·12처·18계 등의 일체 현상법을 고라 일컫는 것이며 원시경전에서 현상법은 무상하므로 고라 하는 것도 그것이다.

일체행고는 객관적인 진리인가?

제행무상·제법무아의 명제는 부정할 수 없는 진리라 여기지만 일체행고의 명제는 무조건 받아들일 수 없는 부분도 있다. 현상계는 고와 즐거움, 고도 아니고 즐거움도 아닌 것이 공존하는 게 현실이기 때문이다. 즐거움과 괴로움은 감정의 작용이고, 감정은 같은 사물이나 환경이라도 사람이나 시간에 따라 받아들이는 입장이 개인의 주관에 따라 다르기 때문이다. 따라서 모든 현상이 고(苦)라고 단정하는 것은 타당치 않다. 그럼에도 불구하고 왜 일체행고의 명제가 객관적 진리인가.

원래 고(苦)에는 고고(苦苦), 괴고(壞苦), 행고(行苦)의 3고가 있다. 고고란 육체의 감각적 고통으로서, 아프거나, 뜨겁거나, 차가움을 느낄 때의 통증에 의한 고다. 신경을 가진 존재는 인간이나 동물이나 할 것 없이 평등하게 느끼는 객관적 고다. 그러나 이러한 고를 항상 느끼는 것이 아니므로 일체행고라 할 수 없다.

괴고(壞苦)

파괴로 인하여 느끼는 고다. 예컨대 늙어 가거나, 가진 것을 잃거나, 낙담했을 적에 받는 정신적인 고로, 사물이 쇠잔해지고 사라져 가므로 느끼는 고통이다. 그러나 세상에는 힘없이 사라져 가는 것만이 있는 것은 아니다. 왕성하여 발전하는 것도 있다. 역경의 괴로움이 있는가 하면, 순경의 즐거움도 있다. 세상에는 괴고만 있는 것은 아니므로 일체행고라고만은 할 수 없다.

행고(行苦)

일체행고와 같다. 즉 현상의 법을 고(苦)라 하는 것이다. 현상의 법이 모두 고라고 단정할 수는 없지만, 인도나 불교의 입장에서는 3계6도(三界六道)에 윤회 전생(轉生)하는 모든 삶은 고통이고, 이 고통의 윤회를 벗어난 열반의 상태만이 즐거움이라고 규정짓는 것이다. 이러한 현상은 괴로움만 있는 범부라는 뜻으로, 깨친 성자에게는 현상은 괴로움이 되지 않는다. 따라서 번뇌의 범부에게만 일체현상이 고라는 뜻으로, 이것을 4제(四諦) 속의 고제에서 설명하는 8고(八苦)와 같고, 그 제일 끝에 '5취온은 고(苦)가 된다' 하는 것도 같은 맥락이다.

고(苦)를 말하는 뜻

불교에서는 일체현상을 고(苦)라 말한다. 4제설에서도 고제를 맨 앞에 둔다. 또 12연기에서도 역순에서 노사의 고로부터 시작하는 것만 보더라도 고를 더할 나위 없이 강조하는 걸 알 수 있다. 서양의 학자 가운데에는 이런 이유로 불교가 염세주의를 바탕으로 하는 종교라고 비난하는 이들도 있지만, 이는 왜곡된 판단으로 불교의 이상은 열반적정의 진실한 즐거움에 있는 것을 보지 못한 것이다.

원래 종교는 현실의 번뇌에서 벗어나 고통 없는 안온한 이상의 경지를 얻는 데 있다. 이러한 의미에서 종교의 출발은 불완전한 현실 세계를 바르게 보는 데서부터 시작한다. 불교가 현실의 고·무상·부정·어리석음 등에 관해서 종교심을 일으키고, 그리스도교가 죄악관으로부터 출발하는 것도 그런 맥락이다. 만약 현실에 만족하여 현실의 고뇌나 불만을 느끼지 않는다면, 종교나 이상을 구하지 않게 마련이다. 높은 이상을 가진 자일수록 현실을 불완전해서 고통과 더러움으로 가득한 세계로 본다. 그러므로 현실의 불완전에서 벗어나 이상으로 향하려는 종교 의식인 수행과 노력이 나오는 것이다. 일체행고는 불교 신앙의 출발점으로 불교의 종교성을 나타내는 것이라 할 수 있다.

제4장 3법인(三法印)·4법인(四法印)이란 185

4) 열반적정

현실의 고(苦)를 느낀다는 것은 동시에 괴로움이 없는 이상을 갈구한다는 걸 의미한다. 이것은 불교 최후의 이상으로 열반적정(涅槃寂靜 santaṁ nibbānaṁ, śāntam nirvāṇam)이라 일컫는다.

열반의 정의

열반(涅槃 nirvāṇa, nibbāna)이란 원래 '불어서 끄는 것', 또는 '불어서 꺼져 있는 상태'를 의미한다. 원시경전에는 번뇌의 불을 끄는 것을 열반으로 정의하여 아래와 같이 기록하고 있다.

> 모든 탐욕이 다 멸하고, 화내는 마음이 다 멸하고, 어리석음이 다 멸하면, 이것을 열반이라 칭한다.

다시 말해 고요하고 고요해서 고통 없이 안온한 이상경을 열반적정이라 했다.

팔리 불교에서는 열반을 nir-vana(수풀 없이)라고 표현하며 '번뇌의 정글이 없다'라는 의미로 쓰는데, 앞의 '번뇌를 불어서 끄는 것'과 같은 뜻이다.

열반의 뜻

서양 학자들 역시 열반의 뜻에 대해 오랫동안 논쟁을 벌여 왔다. 열반을 멸이라고도 지칭하는데, 이는 불타의 육체가 사멸한 것을 가리킨다. 불타의 죽음을 입멸이라 하며, 입멸에 대해 쓴 경전이 바로 『열반경』이다. 입멸은 또 열반상, 열반회라고도 하는데, 이는 열반이라는 말이 불타의 죽음을 의미하기 때문이다. 그러나 여기서 멸은 반열반(般涅槃 parinirvāṇa, parinibbāna 圓寂)을 간단히 표현한 것으로 무여열반(無餘涅槃)의 완전열반을 가리킨다.

열반의 종류

부파불교가 되자 열반에 관한 연구가 본격적으로 이루어졌는데, 열반에는 유여열반(有餘涅槃)과 무여열반(無餘涅槃)의 두 종류가 있다고 했다. 유여열반(sopadhiśeṣa-nirvāṇa, saupādisesa-nibbāna 有餘依涅槃)이란 일체의 번뇌를 끊고 생사에서 벗어났지만, 아직 육체에 과거의 업이나 과보의 잔해가 남아 있는 상태이므로 완전한 열반이라고는 할 수 없다.

이에 반하여 무여열반(anupadhiśeṣa-nirvāṇa, anupādisesa-n. 無餘依涅槃)이란 일체의 번뇌가 끊기고, 또한 불타의 육체마저 다 사멸되어 업덩어리가 의지할 곳 없는 완전열반을 가리킨다. 반열반(般涅槃 parinirvāṇa, parinibbāna)은 완전열반이다. 유여·무여의 사상은 자이나교 등 외교도의 영향으로 생긴 것으로, 존재론적 사고에서 파생된 것이므로 본래의 불교에는 없었던 것이다.

대승불교가 되면서 앞의 두 종류의 열반에 자성청정열반(自性淸淨涅槃)과 무주처열반(無住處涅槃)의 둘을 더해서 4종열반(四種涅槃)이 되었다. 자성청정열반이란 마음의 본성으로서의 불성, 또는 제법의 법성(연기의 도리)이 모두 진리가 되므로, 자성청정열반이라 지칭했던 것이다. 무주처열반이란 '큰 지혜이기 때문에 생사에 머물지 않고, 큰 자비심이기 때문에 열반에도 머물지 않는다'라고 규정된 것과 같이 생사에도 열반에도 머무름이 없는 무집착무주착(無執着無住着)의 진실한 열반을 뜻한다. 이는 불타의 열반 상태를 가리킨다.

열반과 같은 말

원시불교에서의 열반도 이렇다는 것은 원시경전에 열반의 동의어로서 무위(無爲)·종극(終極)·무루(無漏)·진제(眞諦)·피안(彼岸)·미묘(微妙)·극난견(極難見)·불로(不老)·견우·불괴(不壞)·무비(無譬)·무희론(無戲論)·적정·감로·극묘(極妙)·안태(安泰)·안온(安穩)·애진(愛盡)·희유(希有)·미증유(未曾有)·무재(無災)·무재법(無災法)·무진해(無瞋害)·이욕(離欲)·청정·해탈·무주(無住)·주〔州, 등명(燈明)〕·피난처(避難處)·구호처(救護處)·귀의처(歸依處)·도피안 등의 다양한 언어가 예시되어 있었다는 점에서 알 수 있다.

말하자면 열반이란 말은 불교 이전부터 존재했던 것이다. 외교도의 말에도 현법열반론이 있고, 자이나교도 열반(nivvāṇa)이란 단어를 사용하며, 바라문교의 대서사시 '마하바라다'에서도 열반이란 표현을 찾을 수 있다. 그러나 그 말의 사용은 불교보다 뒤일지 모른다. 열반처럼 생사윤회를 넘어선 깨침의 경지라는 뜻으로는 바라문교의 불사(不死 amṛta 감로)라는 말이 있고, 불교에서도 불사는 열반과 같은 뜻이라 했다. 인도의 많은 종교나 철학은 인생의 이상으로 생사를 초월한 열반을 말했지만, 열반의 내용이나 상태에 대해서는 제파의 학설이 같지 않다. (열반은 제1장 「업보사상과 원행사상」 참조)

4법인의 끝맺음

전통적인 4법인의 열거는 모두 무상·고·무아·열반 순으로 되어 있다. 이것은 원시경전에서 5온관이나 무아상경(無我相經)이 뜻하는 무상·고·무아를 바르게 관함에 의해 해탈열반이 얻어진다는 것이다.

그러나 필자는 4법인의 논리구조상 연기설이나 4제설과도 관련되므로 무상·무아·고·열반의 순서로 전통설에서 다소 벗어나 열거하였다. 4법인이 연기설 등의 기초이론이 될 뿐만 아니라 밀접한 관련을 가지고 있기 때문이다. 그 관련은 연기설에서 설명하기로 하겠다.

대원사

제 5 장

연기설(緣起說)이란?

1. 연기 총설

1) 연기(緣起)의 뜻

앞장에서 언급한 4법인의 설을 종합한 것이 연기설이라 할 수 있다. 연기(pratītya-samutpāda, paṭiccasamuppāda 因緣)란 문자 그대로 풀어 보면 '인연에 의해서 일어나는 것'이라는 뜻이고, 인연(因緣)이란 인(因)과 연(緣), 곧 결과를 만드는 직접적인 원인과, 그 인(因)으로 말미암아 얻을 간접적인 힘'이란 뜻으로 '도리(원리)'를 일컫는다. 따라서 연기란 '여러 조건에 의해서 현상이 일어나는 원리'라 할 수 있다. 또한 '연기의 도리'란 차연성〔此緣性 ; idappaccayatā 이것에 인연이 되는 것, 상의성(相依性 ; 서로 의지하는 성질〕, 즉 현상의 상호 의존 관계를 가리킨다.

현상은 무상한 것이고 항상 생멸 변화하는 것이지만, 그 변화는 무궤도적인 것이 아니다. 일정한 조건 아래 일정한 법칙이 있는 것이다. 따라서 그 움직임의 법칙을 연기라 한다. 이것은 여래가 세상에 나오든 나오지 않든 그와 관계없이 인연이 되는 성질을 법으로 정한 것이다.

일본에 있어서 연기의 말

일본에서 '연기가 좋다' '연기가 나쁘다' 또는 '연기에 이끌리다' 라고 하는 경우의 연기는 사건이 일어나는 원인·징조·전조 등의 의미로, 불교 본래의 연기의 뜻이 와전된 것이다. 또한 '어떤 절의 연기' '어떤 신사의 연기'식의 표현에 쓰인 연기도 '일어나게 된 이유' '유래' 등의 의미로, 연기 본래의 의미는 아니다.

연기설의 기본
연기설의 기본은 아래의 문구를 통해 잘 알 수 있다.

이것이 있으므로 저것이 있다. 이것이 없으면 저것이 없다. 이것이 생기면 저것이 생긴다. 이것이 멸함으로써 저것도 멸한다.
imasmiṁ sati idaṁ hoti, imass' uppādā idam uppajjati, imasmim asati idaṁ na hoti, imassa nirodhā idaṁ nirujjhati

법안(法眼 ; 깨침의 지혜)의 내용이 되는 아래의 구절 역시 연기의 의미를 설명한 것이다.

일체의 모든 원인(集)이 되는 법은 멸하는 법이니라.
yaṁ kiñci samudaya-dhammaṁ sabbaṁ taṁ nirodha-dhammaṁ

이 구절의 의미는 '조건에 의해서 일어나는 현상인 법은, 그 조건이 없어짐으로써 모든 법도 멸하느니라' 하는 것이다.

연기(緣起)와 법(法)
연기설은 불교의 근본 특징인 법인설로부터 나오는 것이므로 불교의 근본설이라 할 수 있다. 즉 연기와 법은 불법 그대로다. 원시 경전에 실려 있는 '연기를 보는 자는 법을 보고, 법을 보는 자는 연기를 본다'라든가 '연기를 보는 자는 법을 보고, 법을 보는 자는 불을 본다'라고 하는 대목이 그것이다.

2) 불교는 연기를 말하는 것이다

원시불교로부터 대승불교에 이르기까지, 또 인도의 불교로부터 중국이나 한국, 일본 불교에 이르기까지 모든 불교는 연기설을 그 중심 사상으로 하고 있다. 따라서 연기설을 충분히 이해하면 불교 그 자체를 이해하는 것이나 진배없다. 연기설이야말로 불교의 중심 사상이 될 뿐만 아니라, 다른 종교나 철학에서 볼 수 없는 불교의 특징이기도 하다.

연기론(緣起論)·실상론(實相論)은 같은 연기설

100여 년 전만 해도 중국이나 일본에서는, 불교 사상을 연기론과 실상론의 2대 계통으로 되어 있는 걸로 규정하였다. 여기서 연기론은 현상의 시간적 관계를, 실상론은 공간적 관계를 말하는 것이다. 그러나 실제의 연기설은 현상의 시·공간을 넘어선 일체의 관계를, 또한 현상인 시공(時空)의 사실 관계뿐만이 아니고 현상 속의 이론적인 논리 관계도 포함한 것이다. 이런 의미에서 일체의 불교학은 연기설로 압축되는 것이다.

옛날의 연기설은 설일체유부(俱舍宗等)의 업감연기론(業感緣起論), 유가행파(唯識法相宗)의 아뢰야식연기론, 법성종(法性宗, 대승기신론)의 여래장연기론(또는 진여연기론), 화엄종의 법계연기론(重重無盡緣起論), 진언종의 6대연기론 등을 들 수 있고, 실상론은 천태종이나 삼론종의 제법실상론을 들 수 있다. 선종이나 염불종 등도 이 계통에 속한다. 결국 중국이나 일본의 모든 불교 종파는 두 계통으로 볼 수 있다.

그러나 연기론이라고는 하여도 화엄의 무진연기(無盡緣起)나 진언의 6대연기(六大緣起)에서 드러난 것과 같이, 모든 법은 시간적 관계뿐만이 아니고, 공간적 내지 논리적 관계도 말하고 있는 것이다. 또 실상론 안에도 모든 법의 공간·논리적 관계뿐만이 아니고, 모든 법의 실상을 나타낸 10여시의 인(因)·연(緣)·과(果)·보(報) 등의 시간 관계도 들어 있다. 이 점에서 연기론·실상론으로 준별(峻別)하는 것은 불합리한 것으로 모두 연기설에 속한다고 보아야 한다.

3) 연기설의 두 종(일반적 연기와 가치적 연기)

연기설은 이와 같이 우주와 인생의 현상적 움직임을 시간적·공간적·논리적인 관계로 바르게 고찰하는 것이지만, 불교는 철학이나 과학과는 달리 인생 문제를 구체적으로 해결하고자 하는 종교이므로 우주와 인생을 단순히 객관적으로 그 움직임만을 연구하는 학문이 아니다. 고뇌를 해결하기 위해서 필요로 하는 범위 내에서 사회와 인생의 움직임을 연기로 고찰하는 것이다.

이러한 맥락에서 연기는 일반적 연기(外緣起)와 가치적 연기(內緣起)의 두 가지로 구분된다. 불교에서 필요로 하는 것은 가치적 연기이지만, 기초로서 또는 비유적 설명으로서 일반적 연기(연기 일반)를 말하는 경우가 있다. 앞에 연기설의 기본이 되는 것으로 '이것이 있으면 저것이 있다'라는 표현은 일반적 연기를 말한 것이다.

사회·인생의 모든 움직임은 연기의 법칙에 따라서 생멸 변화하고 있는데, 오늘날의 과학이나 정치·경제·종교 등 다양한 학문도 이러한 현상을 모든 방면으로부터 인과 등의 법칙을 가지고 연구하는 것이다. 그러나 불교에서 연기를 말하는 것은 현상 관계를 밝히기 위한 것만이 아니다. 괴로움·즐거움·어리석음·깨침 등 인간의 운명에 관계되는 사회·인생의 종교적·윤리적인 현상의 움직임을 바르게 알기 위하여 연기를 말하는 것이다. 그렇지만 사회·인생의 현상은 시·공간적으로 더없이 복잡한 관계로 얽혀 있는 탓에 쉽게 규명하기 힘들다.

연기 관계의 복잡성

한 사람의 현재는 그 사람이 살아오는 동안 경험한 총화로 이루어져 있다. 누구나 이 세상에 태어나면 다양한 환경 속에서 성장하며, 다양한 교육을 받으며 온갖 사람들과 접촉하기 때문이다. 이러한 모든 경험은 결코 그대로 소멸하는 것이 아니라 어떠한 형태로든 그 사람에게 그대로 보존된다. 시시각각 취한 경험에 따라서 한 개인의 성격이 변화되며 그에 따라 그 사람의 인격이 형성되게 마련이다.

이와 같은 연기 관계는, 개인 또는 주위의 환경 관계에 있어서도 존재한다. 개인은 항상 외계로부터 선악의 영향을 받음과 동시에, 또 그 주위에 대해서도 끊임없이 무엇인가에 영향을 미치고 있다. 학생이라면 친구, 선배, 교사로부터 받는 영향으로 인격이 형성된다. 좋은 친구와 사귀면 바른 길로 들어서고, 나쁜 친구와 사귀면 그릇된 길로 빠지게 마련이다. 가정이나 학교, 사회, 지역 단체나 국가에서도, 우리들은 그 속에 있으며 주위로부터 감화되어 영향을 받음과 동시에 주위의 선과 악에 영향을 미친다. 이와 같이 주위 환경과의 연기 관계로 유기적 연대 관계가 된다. 이는 선·악 등의 윤리적, 인격적 관계 뿐만 아니라 의식주 등의 경제 관계에 대해서도 마찬가지다.

우리들은 기본적인 의식주를 해결하는 데도 세상 사람들의 많은 노고를 빌리지 않으면 안 된다. 빵 한 개, 손수건 한 장이 우리들의 손에 들어오기까지 얼마나 많은 사람들의 손을 거쳐야 하는가. 극언하면 세계의 모든 사람들의 협력이 없으면 우리의 경제 생활은 하루도 지탱할 수 없는 것이다. 불교에 '중생의 은(恩)'이라는 말이 있는데, 이것은 주위와 사회의 덕으로 우리들의 생활이 존속하고 있음을 말하는 것이다.

오늘날 사회 문화는 모두가 과거 인류로부터 물려받아 이어져 왔으며, 오늘날의 사람들에 의해서 발전되며, 또 보도나 교육 기관을 통해서 향수(享受)하는 것이다. 만약 신문·잡지·라디오·텔레비전 등의 보도 기관과 사상을 전달하는 언어나 문자가 없었다면, 오늘날의 문명 생활은 하루도 이어지지 못했을 것이다. 이와 같이 문화재만 보더라도, 우리들은 세계의 모든 문화재가 서로 연관이 있으며, 과거 인류의 전 역사와도 직·간접으로 관계가 있음을 누구나 알고 있다.

이처럼 생각하면 우리의 현 존재는 단순히 우리들의 과거 경험의 총화로만 존재하는 것이 아니고, 주위의 세계와 시·공간과도 밀접한 관련이 있음을 알 수 있다. 달리 표현하면 이렇다. 나의 현재는 나의 과거 없이는 존재하지 않고, 환경과 환경을 구성하고 있는 전체의 테두리 없이도 또한 나는 존재하지 않는다.

따라서 현재의 순간은 주위와 과거 일체가 총합되어 나타난다고 할 수 있다. 때문에 우리들의 현존재는 우리들 자신의 미래를 규정짓는 요인이 되며, 우리들 주위와 역사 형성에 있어서도 중대한 영향력을 가지게 된다. 불교의 일즉일체(一卽一切), 일체즉일(一切卽一)이라는 문구도 이를 가리키는 것이다. 우리 개인은 그대로 일체 세계에 통하고 일체 세계는 또 우리 개인과 연관되어 있다. 결국 우주·인생의 모든 현상은 서로 밀접하게 관련되어 있는데, 이것을 화엄철학에서는 '중중무진(重重無盡)의 연기'라 일컫는 것이다.

일반적 연기와 가치적 연기

연기에는 종교적·윤리적 가치를 포함한 것과, 가치와는 관계없이 일반적인 것이 있다고 앞에서 말했다. 4법인은 양쪽의 연기에 관계하고, 다음에 설하는 12연기나 4제설은 가치적 연기를 말한 것이다. 그래서 가치에는 생사 윤회에 매인 상태의 마이너스적 가치와, 불사 열반의 깨친 상태의 플러스적 가치의 두 가지가 있다. 마이너스적 가치의 연기는 유전연기(流轉緣起)라 하고, 플러스적 가치의 연기는 환멸연기(還滅緣起)라 한다. 이와 같은 연기설을 표시하면 다음과 같다.

연기설(緣起說)의 표

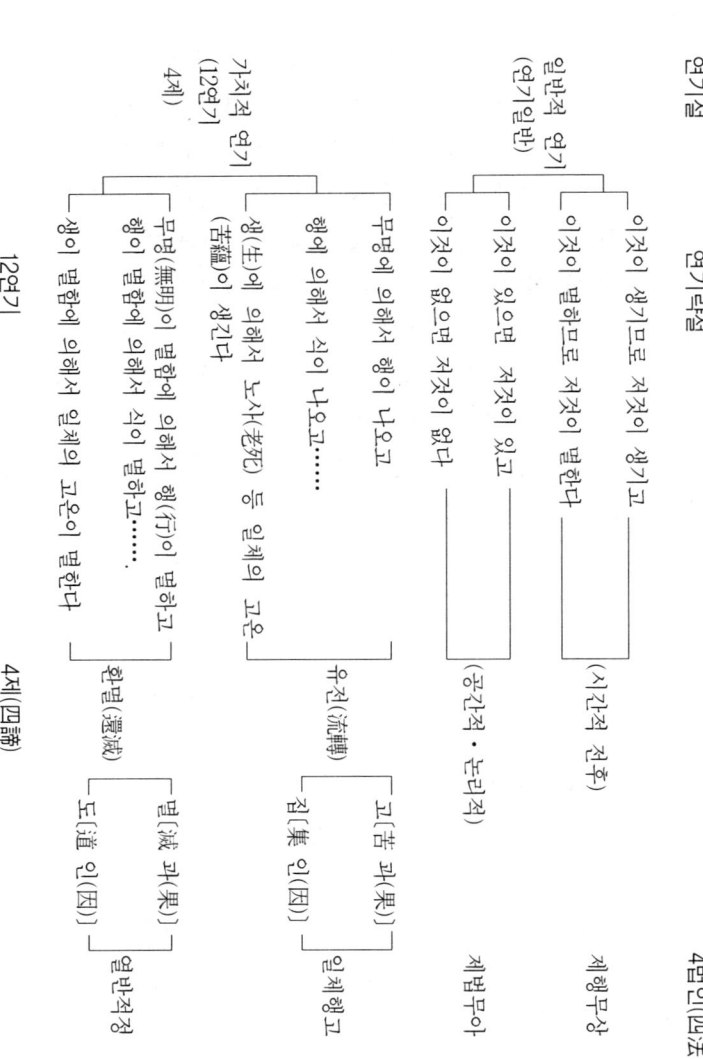

위 표의 4법인을 살펴보면 제행무상은 시간적 전후 관계에 대해서 무상한 것이고, 제법무아는 시간과의 관계도 들어가지만, 무상에 들어가지 않는 공간과의 동시적 관계, 또는 이론적 논리 관계도 더해져 있다. 연기략설을 보면 '이것이 생기므로 저것이 생기고, 이것이 멸하므로 저것이 멸한다'는 식의 시간적 전후 관계를 나타내고, '이것이 있으면 저것이 있고, 이것이 없으면 저것이 없다'는 말은 공간적 또는 이론 관계를 나타낸다고 볼 수 있다.

다음에서 일체행고는 윤회의 상태를 나타내는 것이므로 마이너스적 가치를 나타내고, 열반적정은 깨침의 열반 상태를 나타내므로 플러스적 가치를 나타낸다고 본다. 12연기는 다음에 설명하는 것과 같이 '무명(無明)에 의해서 행(行)이 생기고, 행(行)에 의해서 식(識)이 생기고…… 생(生)에 의해서 노사(老死) 등의 일체의 고온(苦蘊)이 생긴다'라고 하는 미계(迷界)의 유전(流轉)의 연기를 나타내고, 후반의 '무명이 멸하므로 행이 멸하고, 행이 멸하므로 식이 멸하며…… 생이 멸하므로 노사 등 일체의 고온이 멸한다' 하는 말은 깨침의 본질 세계로 되돌아가는 해탈의 연기를 나타내는 것이다. 같은 4제에 있어서도 고·집(苦集)의 2제는 유전의 어리석은 세계의 인과 관계고, 멸·도(滅道)의 2제는 깨친 세계의 환멸(還滅)의 인과 관계이므로, 4제도 유전연기(流轉緣起)와 환멸연기(還滅緣起)를 말하는 것이다. 이와 같이 어리석음과 깨침의 가치적 연기는 4법인에서 일체행고와 열반적정이 관련되고 있음을 알 수 있다.

유식의 3성(三性)과 연기

유가행파의 유식설에는 변계소집성(遍計所執性, 분별성), 의타기성(依他起性, 의타성), 원성실성(圓成實性, 진실성)의 3성(三性)에 대해 설해져 있다. 3성에 관한 여러 설이 있지만 이 3성을 말하게 된 본래의 뜻은 『화엄경』의 '심(心), 불(佛), 중생(衆生), 시삼무차별(是三無差別)'이라는 기록에서 비롯된다. 요컨대 마음[心]은 더러움과 깨끗함의 양자에 의한 의타기성을, 불(佛)은 깨친 세계[悟界]의 플러스 가치를 나타내는 원성실성을, 중생(衆生)은 허덕이는 세계[迷界]의 마이너스 가치를 나타내는 변계소집성에 해당한다고 본다면, 의타기성은 연기일반과, 변계소집성은 유전연기와, 원성실성이란 환멸연기와 관련되어 있음을 알고 있을 것이다.

2. 12연기설

1) 제지(諸支)의 연기설

지(支)란 연기설을 12가지로 나눈 것인데 그 각각을 지(支)라 표현한 것이다.

이는 가치적 연기를 의미하는데 원시경전에는 여러 가지가 있다. 가치적 연기에는 유전(流轉), 환멸(還滅)의 관계가 있는 걸로 규정하는데, 관계 사항에 2지・3지・4지・5지부터 9지・10지・12지 또는 그 이상의 것이 있다. 4제설도 2지씩으로 구성된 유전, 환멸의 연기를 말한다. 4제의 경우와 같이 연기설을 차용하지 않고 연기 관계를 나타내는 경전도 적지 않다.

원시경전에서 연기 관계의 계열은, 크게 구분해 세 가지 유형으로 나뉘어져 있음을 알 수 있다. 제1은 12연기 내지 그를 간략히

한 지수(支數)를 가진 일반 유형이고, 제2는 근·경·식(根境識) 내지 이 세 자를 화합하여 촉(觸)으로부터 수(受)로 연속하는 인식관계의 연기를 말한 유형이며, 제3은 앞의 두 가지 범주에 들어가지 않는 복잡한 연기 계열이다.

연기지(緣起支)에는 앞에서 볼 수 있듯 여러 가지가 있지만, 대표적인 것은 12지로 구성된 12연기가 오늘날에까지 전해 내려오고 있다.

12연기의 경문(經文)

원시경전에 있어서 12연기설의 정형문은 한역이나 팔리문이나 거의 같지만, 팔리문에 의거해서 12연기(十二緣起)를 소개한다면 다음과 같다.

비구들이여, 연기란 무엇인가? 무명(無明)이 연(緣)하므로 행(行)이 있고, 행이 연하므로 식(識)이 있고, 식이 연하므로 명색(名色)이 있고, 명색이 연하므로 6처(六處)가 있고, 6처가 연하므로 촉(觸)이 있고, 촉이 연하므로 수(受)가 있고, 수가 연하므로 애(愛)가 있고, 애가 연하므로 취(取)가 있고, 취가 연하므로 유(有)가 있고, 유가 연하므로 생(生)이 있고, 생이 연하므로 노사(老死), 수비고우뇌(愁悲苦憂惱)가 생긴다. 이와 같이 하여 일체의 고온(苦蘊 ; 괴로운 덩어리)이 일어난다. 비구들이여, 이것을 기(起 ; 일어남)라고 말한다.

그러나 무명(無明)이 멸(滅)하여 남음이 없으면 행(行)이 멸하고, 행이 멸하면 식(識)이 멸하고, 식이 멸하면 명색(名色)이 멸하고……6처(六處)……촉(觸)……수(受)……애(愛)……취(取)……유(有)

가 멸하면 생(生)이 멸하고, 생이 멸하면 노사(老死), 수비고우뇌(愁悲苦憂惱)가 멸한다. 이렇게 해서 일체의 괴로운 덩어리가 멸함이니라.

2) 12지(十二支)의 관계

12지는 서로 어떠한 관계에 놓여 있을까? 물론 여러 가지 설이 있을 수 있다. 원시경전에서는 구체적인 관계를 언급하지 않았지만, 부파불교에 이르러서는 3세에 거듭되는 인과 관계로 표현하게 되었던 것이다. 12지 가운데 최초의 무명과 행 2지(二支)는 과거세의 2인(二因)으로 나타내고, 다음의 식·명색·6처·촉·수의 5지는 현재세의 5과(五果)로 나타내고, 이를 과거와 현재가 합쳐진 하나의 인과로 말한다. 다음의 애·취·유의 3지는 현재세의 3인으로 나타내고, 최후의 생(生), 노사(老死)의 2지는 미래세의 2과로 나타내어 현재와 미래가 합쳐진 하나의 인과설로 설명하는 것이다. 결국 전체적으로는 3세에 걸쳐 거듭되는 인과설이 성립하게 되는데, 이것을 도표로 나타내면 다음과 같다.

제5장 연기설(緣起說)이란 205

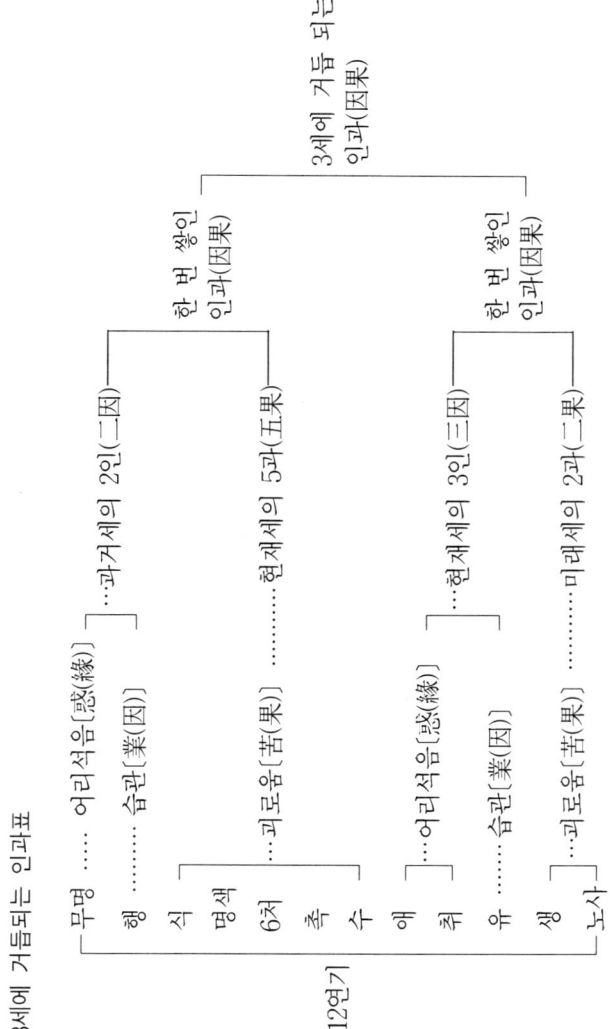

3세에 거듭되는 인과설의 각지(各支) 해석

3세에 거듭되는 인과의 설명은 다음과 같다.

①무명(無明) : 과거에 있어서 무명 등의 번뇌 ②행(行) : 과거에 있어서 선악업 ③식(識) : 어머니 태내에서 최초로 발생한 1찰나의 5온(五蘊) ④명색(名色) : 태내 5위〔五位 : 갈자람(羯刺藍)=제1주, 알부담(頞部曇)=제2주, 폐시(閉尸)=제3주, 건남(健南)=제4주, 발라사카(鉢羅奢佉)=제5주 이후 출산까지〕 가운데 앞의 4위 ⑤6처(六處) : 태내 제5위에 있어서 모태 속에서 눈 등의 제근(諸根)이 완성되는 위 ⑥촉(觸) : 출산 후 단순한 접촉(인식)을 작용해서 일으키는 위 ⑦수(受) : 5~6세부터 13~14세까지의 단순한 괴롭고 즐거움의 감수작용을 일으키는 위 ⑧애(愛) : 재산이나 애욕에 탐착하는 14~15세 이후 ⑨취(取) : 앞의 탐착을 더욱 증장시키는 위 ⑩유(有) : 애욕·취착의 선과 악의 업이 습관화가 되어 미래의 과보를 끌어 일으키는 위 ⑪생(生) : 미래의 과보를 일으키는 위 ⑫노사(老死) : 미래에 다시 생을 받아 일으킨 후에 명색·6처·촉·수를 발생시키는 위라고 한다.

12연기를 3세에 거듭되는 인과로 해석하는 것은, 남방불교에서도 후세의 대승불교와 같은 탓에 이것이 불교 일반의 전통적 통설이 되었던 것이다.

2세에 한 번 쌓인 인과

유가행파의 법상종(護法系統)에서는 2세에 한 번 쌓인 인과로 12연기를 해석했다. 그것은 무명으로부터 유까지의 10지를 현재세로 보고, 생과 노사의 2지를 미래세로 본 것이다.

4종연기

　설일체유부의 통설로는 12연기를 3세에 거듭되는 인과로 보고 있지만, 이 부파에서는 12연기의 존재 방식을 네 종류로 나누어 4종연기에 대해 설했다. ①찰나연기(刹那緣起) ②연박연기(連縛緣起) ③분위연기(分位緣起) ④원속연기(遠續緣起)가 그것이다. 이 가운데 ①찰나연기는 12지가 1찰나에 같이 작용하는 동시적 논리 관계를 나타낸다. ②연박연기는 육체와 정신의 현상으로서 12지가 시시각각으로 변화, 진전하며 나아가는 경우이며 우리가 평소 경험하는 신심의 움직임은 이 연기 관계에 의해서다. ③분위연기는 12지를 과거세·현재세·미래세의 분위(分位)로 구별하는 3세에 거듭되는 인과를 가리킨다. ④원속연기는 12지의 연락(連絡)이

3세 뿐만 아니라 멀리 과거세부터 아득한 미래세에 이르기까지를 포함한 관계를 말하는 것이다.

3시업(三時業)

인과의 연결을 시간적으로 고찰하여 순현법수(順現法受), 순차생수(順次生受), 순후차수(順後次受)의 3시업이 있다고 한 것이다. 이 가운데 순현법수는 앞의 4종연기 중의 제1 찰나와 제2 연박과의 관계를, 순차생수는 제3의 분위연기를, 순후차수는 제4의 원속연기와의 관계를 나타낸 것이다.

근대 학자의 설

근대에 와서 서양과 일본의 학자들은 12지 관계의 방법에 대해 여러 가지 이견을 발표했다. 전통설에 입각한 것과, 동시대(同時代) 인과의 논리 관계가 부처님의 참말이라고 하는 것, 그리고 절충설에 입각한 것 등이 그것이다. 그러나 상대의 지혜, 근기나 이해력에 따라 설법한 부처님은 같은 교리에 대해서도 어느 것은 제1의적으로 깊이 있는 말씀을 하셨는가 하면, 비근한 예나 비유를 이용하여 더없이 통속적으로 말씀한 경우도 있으므로 12연기에 대해서도 한 쪽의 말이 맞다고 단정지을 수 없다. 하지만 3세에 거듭되는 인과에 대한 태생학적 해석을 『아함경』에서는 찾아볼 수 없지만 그 움틈은 엿볼 수 있다. 우리가 오늘날 더욱더 이해하기 쉬운 것은, 앞의 4종연기 가운데 제2의 연속연기다. 『아함경』에도 이러한 입장이 다분히 엿보이는데, 이하 12지의 해석은 이에 기준하겠다.

3) 12지(十二支)의 해석

12지에 대해서는 팔리나 한역 『아함경』의 설명이 새겨 둘 만하다. 다소 다른 점도 있지만 그를 참조로 좀더 적당한 표현을 찾아보기로 하겠다.

① 무명(無明 avidyā, avijjā)

무지로 인하여 4제나 연기의 도리를 알지 못하는 것이다. 불교의 근본 사상으로, 세계관이나 인생관에 통하지 않는 것을 무명이라 한다. 무명과 반대되는 개념은 8정도 가운데 정견(正見)이 해당한다.

② 행(行 saṃskāra, saṅkhāra)

신행(身行)·어행(語行)·의행(意行)의 3행으로 3업과 같다. 결국 무지무명(無知無明)을 연(緣)하는 것으로, 옳지 못한 신·어·의의 3업을 일으켜 행하는 것이다. 이 행은 옳지 못한 행위로 그치지 않고 그 남은 여력은 습관력이 된다. 결국 우리들의 행위경험이란 그 어떠한 것이든 그대로 소멸되지 않고, 반드시 그 힘을 남겨 지능이나 성격 등에 영향을 주기 마련이다.

③ 식(識 vijñāna, viññāṇa)

앞에서 언급한 5온, 18계의 설명에서 보듯 식에는 6식이 있어, 그 '인식 작용' 또는 '인식 주관'을 가리킨다. 여기서 인식 주관은 6식이다. 『아함경』에 실려 있는 '식에 의해서 명색이 있다'는 구절에서의 식은 ㉠입태(入胎)의 식 ㉡재태(在胎)의 식 ㉢출태(出胎) 후의 식의 3종으로 설한 것이다. 이 가운데 ㉠입태의 식(생을 맺는 식)만을 12연기의 식으로 해석하면, 3세에 거듭되는 인과설과 같은 태생학적 견해로 볼 수 있다. 그러나 원시불교에서는 입태·재태·출태 후의 모든 식을 의미한다.

④명색(名色 nāma-rūpa)

식이 연(緣)하는 대상으로서의 6경(색·성·향·미·촉·법)을 가리킨다.『연기경』의 '안에는 식신(識身) 밖에는 명색'이라고 한 것은 이를 가리킨다.

⑤6처(六處 ṣaḍ-āyatana, saḷāyatana 六入, 六入處)

안근(眼根) 내지 의근(意根)의 6근을 가리킨다. 감각이나 지각 능력을 의미한다.

⑥촉(觸 sparśa, phassa)

근(六根)·경(六境)·식(六識)의 셋이 합친 것이다. 셋의 화합이란 근·경·식으로부터 감각이나 지각에 의한 인식 조건이 성립된 것을 의미한다.

⑦수(受 vedanā)

5온 중의 수와 같으며 즐거움과 괴로움 등을 느껴 받아들이는 것으로, 시선으로 생기는 수 또는 생각이 일어나서 생기는 의식의 수 등 6수가 있다. 또 6수는 고·낙·불고불락의 3수가 된다. 이는 인식(觸) 다음에 일어나는 고락 등을 느껴 받는 것으로 같은 물건을 보고도 탐욕자는 즐거움으로 느끼고, 성난 자는 고통으로 느끼는 정도의 차이가 있다. 인식 주관의 식이 백지 상태가 아니고, 과거의 무명이나 행에 따라서 탐욕이나 성냄 등의 성격 등이 숨어 있어 반응하기 때문이다.

⑧애(愛 tṛṣṇā, taṇhā)

갈애라고도 한다. 목마른 자가 물을 구하듯 격심한 욕구를 가리킨다. 색애(色愛) 내지 법애(法愛)의 6애가 있는데, 다시 욕애・유애・무유애(無有愛)의 3애로 나뉜다. 인식에 의해 고락 등을 느끼며 받는 것으로 고수(苦受)에 대해서는 피하려고 하는 강한 욕구가 나오고, 낙수(樂受)에 대해서는 구하려는 열망이 나온다. 이러한 강한 욕구나 열망이 애(愛)다. 결국 고락을 받아들임에 있어서 애증의 생각과 느낌이 나오는 것을 애(愛)로 표현한 것이다.

⑨ 취(取 upādāna)

욕취(欲取)・견취(見取)・계금취(戒禁取)・아어취(我語取)의 4취로 구분할 수 있다. ⑧의 애(愛)가 마음속에서 일어나는 격한 애증의 생각이라고 한다면, 취는 생각 다음에 일어나는 취사의 실제 행동이다. 사람은 사랑하는 것은 탈취하고 미워하는 것은 떨쳐버리려는 것이다. 또는 죽이고 상처 주는 실제 행동을 가리킨다. 결국 몸과 말로 취사 선택하는 행위가 취라 할 수 있다. 살생・투도・사음・망어・악구・양설・기어 등의 몸과 말의 업이 여기에 포함된다.

⑩ 유(有 bhava)

존재를 말한다. 주석에는 욕유(欲有), 색유(色有), 무색유(無色有)의 3유라 했다. 넓은 의미로 유란 현상적 존재를 가리키고, 행이나 유위와 같이 일체의 존재를 의미한다. 12지 전체가 유가 되므로 12유지(十二有支)라고도 한다. 이 의미의 유에는 업유(業有)와 보유(報有) 등이 있다. 업유는 선악업으로서의 존재이고, 보유는 선악업의 보과(報果)로서의 존재이다. 그런데 업유에 신・어・의 3업과 그 잔존 여력이 있다는 것은 앞 행에서 언급한 대로다. 잔존 여력이란 지능・성격 등의 소질을 뜻함도 이미 언급했다.

지금 이 유지는 앞의 취지에 의한 취사 선택의 실제 행위가 그 여력을 남긴 것으로, 과거 행위의 습관력의 축적인 동시에 미래의 행위를 규정짓는 것이다. 유 다음에 생이 오는 것은 그러한 까닭이다.

취(取)와 유(有) 2지(二支)는 앞의 제2지의 행(行)에 해당하고, 애지(愛支)는 제1지의 무명에 해당한다고 할 수 있다. 즉 무명에서 행이 나오고, 행 중에는 실제 행위와 그 여력이 포함되어 있듯이 애(愛)에서 실제 행위로서의 취(取)가, 취에서 그 여력으로서의 유(有)가 생기는 것이다.

⑪생(生 jāti)

유정(有情)에는 어떤 유정(有情)의 부류에 의해서 태어나는 것이 있는가 하면, 일상 생활 속에서 어떠한 경험에 의해서 태어나는 것도 있다. 전자의 경우는 그 유정이 과거의 모든 경험에 남은 여력인 지능·성격·체질 등을 짊어지고 태어나게 된다. 개개인이 제각기 다른 소질을 가지고 태어나는 것도 그 까닭이다. 후자의 경우는 그 사람의 소질(有)을 기초로 해서 새로운 경험이 파생하게 된다. 어떠한 경우든 유라고 하는 소질로부터 새로운 생이 발생하는 것이다.

⑫노사(老死 jarā-maraṇa)

『연기경』에서는 노사 다음에 수(愁 soka)·비(悲 parideva)·고(苦 dukkha)·우(憂 domanassa)·뇌(惱 upāyāsa)를 더한다. 생(生)의 다음에 노사(老死) 등의 고(苦)가 생하므로, 일체의 고뇌가 노사에 의해서 대표되기 때문이다.

결국 무명·행·애·취·유 등 잘못된 한 생각과 행위로 인해서 반드시 받게 되는 고뇌이므로, 3계 윤회의 모든 고뇌는 조건에 의해서 무명이나 갈애 등 행·취·유 등의 업을 원인으로 해서 일어나는 것이라 할 수 있다. 이를 구체적인 열에 의해 설한 것이 12연기를 시초로 한 갖가지의 연기설(緣起說)인 것이다.

4) 12연기설과 4제설

12연기설에서는 아무래도 고뇌가 발생하는 유전연기의 설명에 중점을 둔 탓에 고(苦)를 멸하여 이상에 도달하는 환멸연기는 소극적으로밖에 설할 수 없어 구체적인 설명은 없다. 환멸연기에 관한 구체적인 설명은 오히려 4제설에서 도제로서의 8정도에 따라 상세히 설명되어 있다. 따라서 연기설을 전면적으로 고찰하기 위해서는 12연기 뿐만 아니라, 4제설도 연구하여 실천하지 않으면 안 된다.

후원의 한 구석

제 6 장

4제설(四諦說) 이란?

1. 4제 총설

1) 연기설과 4제설의 설상(說相)

12 연기설은 스스로 자기를 증명하기 위한 법문이며, 부처님이 보리수 밑에서 깨쳐 성도하신 후 선정(禪定)인 사유(思惟)에 들어가서 관찰한 것이라 할 수 있다. 말하자면 불교의 근본 교리를 자기 자신을 위해서 고찰하여 정리한 것을 일컫는 것이다. 이를 사람들의 이해를 돕기 위해 풀어 놓은 것이 4제설이다. 또 12연기설은 다분히 이론적인데 비해 4제설은 이론적이면서도 실천을 중심으로 한 설법이라 할 수 있다. 연기가 자기 자신을 깨침으로 이끄는 법문이라면 4제는 사람들을 교화하기 위한 가르침이라 할 수 있는데 바로 그런 이유에서다.

4제 설법의 경과

부처님께서 성도하신 후 좌선 사유에 들어가 스스로 깨침의 즐거움을 알았으나 연기의 도리가 매우 난해해서 사람들에게 말을 해도 이해하지 못할 것이라 간주하여 설법을 단념했다고 한다. 그 때 범천이 나타나 만약 설법을 하지 않으면 세상은 더욱더 타락하게 되므로, 비록 어렵더라도 개중에는 이해하는 자가 있을지도 모르니까 설법을 해달라는 간절한 청이 있어 불타는 4제설을 고안했던 것으로 전한다. 이는 의사가 환자를 치료하는 방법을 토대로 삼아 적용한 것이라 한다.

부처님께서 성도하신 후 수 주일간 좌선사유에 머물러 있었는데, 어느 정도 법(法)을 이해할 수 있는 존재를 생각해 보고, 다섯 비구가 있는 베나레스 교외의 녹야원(鹿野苑)으로 발길을 옮기셨다. 부처님이 그들에게 최초로 설법하신 것이 초전법륜(初轉法輪)이며, 4제의 가르침인 것이다. 요컨대 4제의 가르침은 부처님의 최초 설법이 되는 것이다.

2) 4제의 경설(經說)

『전법륜경(轉法輪經)』의 다섯 비구에 대해 4제법을 설한 부분은 다음과 같다.

비구들이여, 태어남도 괴로움이며, 늙음과 아픔과 죽음도 괴로움이며, 원수나 미운 사람과 만남〔怨憎會〕도, 사랑하는 사람과 헤어짐〔愛別離〕도, 구하나 얻지 못함〔求不得〕도 괴로움이다. 말하자면 취하고 집착하는 신심 환경〔五取蘊〕이 괴로움인 것이다. 이것이 고에 관한 신성한 진리〔苦聖諦〕이다.

비구들이여, 탐심으로만 가득해서 윤회를 거듭하며 가는 곳마다 기쁨과 즐거움만 찾으려고 열애욕구(갈애)—욕애·유애·무유애—하는 것은, 고의 집(集)이 이루어지는 원인인 신성한 진리(고집성제)이다.

비구들이여, 열애욕구(갈애)를 남김없이 멸하고 떠나서 벗어나 집착 없이 되는 것은 '참으로의 이상적 목적으로' 고의 멸에 관한 신성한 진리(고멸성제)이다.

비구들이여, 정견·정사유·정어·정업·정명·정정진·정념·정정의 8가지 부분에서 이루어지는 신성한 도(8지성도)야말로 '이상을 달성하는 방법으로' 고(苦)의 멸에 이르는 도(道)에 관한 신성한 진리(고멸도성제)인 것이다.

4제의 3전(三轉)

4제의 가르침을 펴신 뒤 부처님은 4제를, 먼저 그것이 틀림없이 진리임을 이론적으로 바르게 알고, 그에 따라 적절한 실천 태도를 취하고, 실천을 참으로 다해 이론과 실천이 일치함을 체득함으로써 처음으로 불타가 되고, 인천(人天)의 대도사가 됨을 자각하게 된다고 말씀하셨다. 이것이 불교의 바른 가르침으로, 첫째 이론을 이해하며, 둘째 이론에 입각하여 바르게 실천하며, 셋째 실천을 완성한 후 이론과 실천이 일체를 이루어 일상 생활도 그와 같이 되었을 적에 이상적 인격자가 되는 것이다.

앞의 3단 전개를 3전이라 일컫는데, 이를 시전(示轉 ; 보임), 권전(勸轉 ; 권함), 증전(證轉 ; 증득)이라고 일컫는 것이다. 이 3전에 대해 아비달마에서는 시전을 도를 보는 위치, 권전을 수도의 위치, 증전을 무학(아라한)의 위치라 일컬었다.

다섯 비구는 4제의 가르침을 들은 후, 그 가르침을 이해하여 청정한 법안(法眼)을 얻었다고 전해진다. 법안을 얻는다는 것은 4제나 연기에 관한 이해를 얻어 불교의 바른 세계관이나 인생관을 확립한 것으로, 이교도의 꼬임에 빠지거나 다른 가르침을 따르지 않는 확실한 신앙 상태를 가리킨다. 이는 성자의 반열에 드는 최하위 단계를 일컫는다.

4제와 연기

4제의 정식 명칭은 4성제(cattāri ariya-saccāni)이며, 고성제(苦聖諦), 고집성제(苦集聖諦), 고멸성제(苦滅聖諦), 고멸도성제(苦滅道聖諦)가 그것이다. 여기서 성(聖 ārya, ariya)이란 범부에 관해 말하는 것으로, 샘이 없는 출세간의 깨침을 말하는데, 이는 생사윤회의 샘이 있는 어리석은 세간의 3계를 넘어선 경지를 가리킨다. 4성제를 간략히 고·집·멸·도의 4제라고도 일컫는데, 이것은 전술한 바와 같이 유전연기(流轉緣起)와 환멸연기(還滅緣起)를 말한 것이다. 고(苦)와 집(集)은 괴로운 생사 유전의 원인이며, 멸(滅)과 도(道)는 유전을 벗어나 괴로움이 없는 안온한 열반과 그에 도달하기 위한 수행법을 말한 것이다. 이것을 간단히 표시하자면 아래와 같다.

4제	고제	자각이 없는 고뇌의 현실세계 …………	果	유전연기
	집제	현실세계의 원인과 이유 ………………	因	
	멸제	자각이 있는 이상세계 …………………	果	환멸연기
	도제	이상세계의 원인과 이유 ………………	因	

4제는 사람들의 고통을 치료하는 원리로 의사가 환자의 병을 치료하는 원리와 같다고 할 수 있다. 인간들의 고뇌는 정신적인

병으로 육체의 병을 대하는 것과 같은 원리의 치료 방법이 필요하다. 이런 의미에 있어서 부처님은 사람들의 모든 고뇌를 치료하는 대단한 의사라 할 수 있다.

3) 4제와 치병원리(治病原理)

고(苦)란 현실의 괴로움으로 육체의 병에 해당한다. 집(集)이란 고의 원인으로 병의 원인에 해당한다. 멸(滅)이란 고가 멸하는 이상의 상태로 병이 쾌차된 건강 상태에 해당한다. 도(道)란 이상에 도달하는 바른 수단과 방법으로 의사가 병인을 치료하기 위해 사용하는 여러 가지 방법에 해당한다. 요컨대 의사가 병을 치료하기 위해서는, 먼저 병자의 병상이 어떠한 원인에 의한 것인가를 진찰하여 정확한 진단을 해야 한다. 그런 다음 진단 결과를 토대로 이들의 조건에 따라 알맞은 방법과 수단을 취한다.

이처럼 정신적 병인 고뇌를 치료하기 위해서도, 먼저 고뇌가 어떠한 성질의 것인가, 어떠한 원인으로 생겨났는가를 바르게 알아야 한다. 다음으로는 고뇌가 없는 이상의 상태와, 그에 도달하기 위해서는 어떻게 해야 하는지를 바르게 알아, 그를 좇아 한단계 한단계 밟아가며 도달해야 하는 것이다. 이 관계를 간단히 표시하자면 아래와 같다.

고(苦)…범부의 현실 상태 ……………… 병상(病狀)
집(集)…현실의 고가 원인 ……………… 병인(病因)
멸(滅)…자각 있는 이상상태 ……………… 건강상태
도(道)…이상의 수단과 방법 ……………… 치병(治病) 건강법

4제와 과학적인 연구법

　4제의 원리는 더할 나위 없이 합리적인 것으로, 치병 원리 뿐만 아니라 오늘날의 과학적인 연구와도 합치된다. 과학적인 연구는, 제1단계로 현상(자연・인문・사회)의 움직임─원인 결과의 관계 등─의 법칙을 발견하는 기초 연구를 일컫는다. 이것은 고(苦)와 집(集)의 사이인 인과법칙을 아는 것과 같은 맥락이다. 제2단계는 앞의 법칙을 운용해서 인류가 필요로 하는 이상의 사물이나 상태를 만들어 내는 응용 연구를 말한다. 이것은 멸(滅)과 도(道) 사이의 인과 관계를 바르게 알아 실천하는 것에 해당한다.

　요컨대 불교의 근본 교리인 4제설은 더할 나위 없이 합리적이어서 미신이나 사됨, 불합리성이나 비윤리적인 요소는 전혀 발견할 수 없다. 뿐만 아니라 다른 종교에서는 찾아볼 수 없는 불교만의 독특한 점을 지니고 있다. 4제의 기초가 되는 연기설 또한 합리적임은 두말할 필요가 없다.

2. 4제 각설

1) 고제(苦諦)

　우리들은 현실을 직시해야만 한다. 이상적인 시각으로 보면 현실은 불완전한 것으로 고뇌로 가득 차 있을 뿐이다. 현실의 일체가 괴로움이라고 표현한 것은 4법인의 일체행고에서 여실히 알 수 있다. 4제설에서는 괴로움을 구체적으로 생로병사의 4고에 원증회(憎會)·애별리(愛別離)·구부득(求不得)·오취온고(五取蘊苦)의 4고를 더해서 8고라고 일컫는다. 요컨대 4고8고가 그것이다. 이들 고에는 고고(苦苦)·괴고(壞苦)·행고(行苦)의 3고도 모두 포함된다.

4고8고

①생고(生苦)

생이란 문자 그대로 태어나는 것을 말하는데, 태어난다는 것은 어머니 태(胎)로부터 출생하는 것이 아니라, 어머니 태(胎)에 들어가 임신되어 생이 형성되는 처음 순간을 가리킨다. 말하자면 윤회에 의해서 생류(生類) 가운데 새롭게 형성되는 생명으로 생고는 행고(行苦)와 같은 의미를 지닌다.

②노고(老苦) ③병고(病苦) ④사고(死苦)

부처님은 출가 전에 성문 밖의 네 문을 나가서 늙은이·병자·죽은 사람 등을 보고 인생의 고를 느꼈는데, 그것이 출가의 동기가 되었다고 전해진다. 노·병·사는 꼭 육체적 고통만을 가리키지는 않는다. 어쩌면 늙고·병들고·죽음을 반연하는 정신적 고뇌가 더 크다고 할 수 있기 때문이다. 뿐만 아니라 노·병·사로 인한 자기 자신이나 생계 불안, 지위·명예·권력 등의 상실을 두려워하는 고뇌가 생기게 마련이다. 통속적으로 종교의 역할이 병이나 가난을 해소시켜 준다고 하는 것은 이와 관련된 게 많다.

⑤원증회고 ⑥애별리고

사랑하는 사람과 생이별, 또는 사별하는 것과, 싫어하거나 미운 사람과 만나고 같이 살아야 하는 것은 참으로 고통스럽다. 더욱이 자기 중심적인 사랑과 미움의 집착은 말할 수 없는 고뇌를 수반한다. 종교에서 싸움을 해소하라고 말하는 것은 바로 이러한 고통을 제거하기 위한 방법의 일환이다.

⑦구부득고

마음먹은 대로 안 됨으로 인해 발생하는 괴로움이다. 모든 고통은 바라는 마음이 채워지지 않으므로 일어나는 것이라고 말할 수 있다. 예컨대 지나치게 자기 중심적인 욕망을 가졌다면, 그것이 충족되지 않을 때 따르는 고뇌 역시 그만큼 큰 것이다.

⑧5취온고

경전에 '5취온(五取蘊)은 고다'라고 설해져서 앞의 7고를 총괄한 것을 말한다. 말하자면 5온(일체법)에 대해 자기 중심적으로만 취하거나 집착하면 모두가 괴로움인 것이다. 5취온고를 구역에서는 5성음고(五盛陰苦)라고도 표현했다. 오늘날 일본에서 이것을 5음성고(五陰盛苦)라 쓰는 경우도 있는데, 이는 틀린 것이므로 5성음고로 표기해야 한다.

2) 집제(集諦)

집(集 samudaya)이란 물체가 모여서 일어나는 원인〔집기(集起)〕으로, 원인이나 이유를 뜻한다. 『사제경』에는 고의 원인과 이유로 '가는 곳마다 쾌락을 좇아 사랑을 갈구한다'라 설해져 있는데, 갈애에는 욕애(欲愛)·유애(有愛)·무유애(無有愛) 이 세 가지가 있다고 기록하고 있다.

3애(三愛)

앞서 살펴보았듯이 4제설에서는 고의 원인으로 갈애에 대해 말하는 반면, 12연기설에서는 윤회를 고의 원인으로 여겨 무명과 갈애 이 둘을 나타내고 있다. 요컨대 무명이 있으므로 번뇌의 근원이 된다고 한 것이다. 4제설에서는 갈애만을 언급하고 있지만, 갈애는 무명에 의해서 일어나는 것이므로, 그것에는 무명도 포함되어 있는 것이다. 더 나아가 갈애는 일체의 번뇌를 대표하기도 한다. 경전의 기록과 같이 갈애를 욕애·유애·무유애의 3애(三愛)로 구별해서 살펴보고자 한다.

① 욕애(欲愛 kāma-taṇhā)
오욕, 즉 감각적 욕구에 대한 갈애를 일컫는다. 현세의 감각적 쾌락을 추구하는 애욕을 일컫는다.

② 유애(有愛 bhava-taṇhā)
유에 대한 갈애를 일컫는다. 유(有)란 존재하는 것으로, 모든 존재를 가리킨다. 죽은 후에 천국이나 극락 등 좋은 곳에 태어났으면 하는 욕구가 유애인 것이다. 이것은 자기 중심적 갈애로 천국 등도 윤회하는 세계에 속하므로 이상으로 할 것은 못 된다.

③ 무유애(無有愛 vibhava-taṇhā)
무유(無有)란 비존재로 곧 허무를 일컫는다. 부처님 당시 인도에는, 어떠한 존재이든 절대적으로 안온한 세계가 주어지지 않으므로 영원히 잠든 것과 같이 편안히 머무는 땅은 없는 허무한 세계이므로 그것을 구하려 애쓰지 말라는 말이 두루 퍼져 있었다. 이는 무유애를 말함인데, 애는 자기 중심을 가리킨다. 요컨대 불교에서는 무아(無我)로써 오늘날의 사회 정화를 위해 실천함을 이상으로 삼을 뿐 허무를 이상으로 삼지는 않는다. 말하자면 무유애는 번뇌하는 갈애에 지나지 않는 것이다.

무유애를 번영욕(繁榮欲)으로 해석하는 사례가 외국에도 있는데, 이는 vibhava를 번영(繁榮)으로 풀이한 것으로 vibhava에는 그러한 의미가 들어 있긴 하지만, 이 경우는 무유(허무)로 보는 게 맞다.

3) 멸제(滅諦)

멸(滅)이란 『사제경』에 나오는 말과 같이 갈애가 모두 소멸된 것을 일컫는다. 갈애는 일체의 번뇌를 대표하므로, 멸(滅)이란 문자 그대로 풀어 보면 일체의 번뇌가 다하여 멸한 상태로 바로 열반을 뜻한다. 법인(法印) 가운데 열반적정(涅槃寂靜)의 인(印)에서 열반이란 '탐욕·진에·우치가 다 멸한 것으로 한다'는 원시경전의 기록에서 볼 수 있듯이 불교의 이상인 열반의 경지가 바로 멸(滅)인 것이다.

4) 도제(道諦)

도를 8지로 하는 이유

도(道)란 이상의 열반에 도달하기 위한 수행 방법이라 할 수 있는데, 이는 8개의 항목으로 이루어져 있는 신성한 도(道)로 8정도라 일컫는다. 멸제에서 갈애를 모두 소멸하는 것이 멸이라 하여 갈애만을 소멸하면 멸에 이르는 것으로 간주하기 쉬운데, 8정도인 여덟 개의 항목으로 나타내고 있다.

어떠한 병의 원인을 치료할 때 마음의 불안이나 괴로움을 없애고 안정을 찾아 주면, 자연히 건강이 회복된다. 하지만 아무리 좋은 약을 쓸지라도 마음의 안정을 이루지 못하면 약 효과가 충분히 발휘되기 힘들어 좀처럼 건강해지기 어렵다.

마음의 병인 고뇌를 치료하는 것도 이와 같다고 할 수 있다. 예컨대 고를 유발시키는 원인이 갈애라 하여도 갈애의 제거만으로는 충분치 않다. 마음과 몸은 유기적인 관계에 놓여 있으므로 몸과 마음을 모두 개선하지 않으면 건전한 상태로서의 열반을 바랄 수 없다. 이것이 8정도의 수행 항목이 요구되는 이유이기도 하다. 8정도를 간단히 설명하여 표시하자면 아래와 같다.

(1) 8정도(八正道)

① 정　견(sammā-diṭṭhi)　　　바른 견해, 신앙
② 정사유(sammā-saṅkappa)　　바른 의지, 결의
③ 정　어(sammā-vācā)　　　바른 언어적 행위
④ 정　업(sammā-kammanta)　　바른 신체적 행위
⑤ 정　명(sammā-ājīva)　　　바른 생활법
⑥ 정정진(sammā-vāyāma)　　바른 노력, 용기
⑦ 정　념(sammā-sati)　　　바른 의식, 주의
⑧ 정　정(sammā-samādhi)　　바른 정신 통일

8정도의 해석

8정도(八正道)란 8지성도(八支聖道)라고도 칭하며, 문자 그대로 풀어 보면 '성인의 여덟 가지 길'이란 뜻이다. 따라서 본래 깨침의

세계에 이르는 수행법을 가리킨다고 할 수 있다. 일상 생활에도 적용하기 위한 것이므로, 성(聖)과 속(俗) 두 관점에서 생각해 보고자 한다.

① 정견(正見)

문자 그대로 풀어 보면 바르게 봄이란 뜻이다. 불교의 바른 세계관과 인생관으로서의 연기나 4제에 관한 바른 지혜인 것이다. 하지만 아직 이 지혜를 확립하지 못한 존재에게는 바른 신앙으로 나타난다. 그리고 일상 생활의 어떤 사업에 비유할 경우 전체적인 계획이나 상황을 바르게 보는 것이 정견에 해당한다.

② 정사유(正思惟)

신어(身語)에 의한 행동을 하기 전에 생각을 바르게 결의하는 것을 가리킨다. 출가자라면 출가인답게 자비와 청정한 마음으로 사유하는 것을 일컫는다. 사회에 있어서도 학생·근로자·사업가 등 모두가 자기의 입장을 항상 바른 뜻을 세워 생각하는 것이 정사유인 것이다.

③ 정어(正語)

정사유 다음에 생기는 바른 언어적 행위를 일컫는다. 망어(妄語)·악구(惡口)·양설(兩舌)·기어(綺語) 등을 삼가고 진실하고 타인을 사랑하며 융화시키는 유익한 말을 하는 것이다.

④ 정업(正業)

정사유 다음에 생기는 바른 신체적 행위를 일컫는다. 살생·투도·사음 등을 버리고, 생명을 애호하는 등의 선행을 하고, 윤리 도덕을 지키는 것이다.

⑤ 정명(正命)

바른 생활을 일컫는다. 이것은 바른 직업에 의한 바른 생활을 하는 것이기도 하지만, 일상 생활을 규칙적으로 하는 것이기도 하다. 말하자면 잠자는 것을 비롯하여 휴식에 이르기까지 규칙적인 생활을 함으로써 건강이 증진될 뿐만 아니라 일의 능률도 오르게 되며, 더 나아가 경제와 가정 생활이 건전하게 이루어진다.

⑥ 정정진(正精進)

용기를 가지고 바르게 노력하는 것을 말한다. 요컨대 정진이란 이상을 향해 노력하는 것이다. 말하자면 이는 종교·윤리·정치·경제·육체 건강상의 모든 면에서 선(善)을 증대시키되, 이에 어긋나는 악을 행함을 줄이도록 노력하는 것을 가리킨다.

⑦ 정념(正念)

바른 의식을 가지고 항상 이상과 목적을 잊어버리지 않음을 일컫는다. 또한 일상 생활에서도 태만하지 않은 행동을 말한다. 사소한 부주의로 인해 엄청난 참사가 발생함은 일반 사회에서도 흔히 목격할 수 있는 일이다. 불교적 정념이란 무상·고·무아 등을 항상 염두에 두어야 한다.

⑧ 정정(正定)

정신 통일을 일컬으며 4선정(四禪定)을 가리킨다. 일반인들은 4선정과 같은 깊은 선정을 얻기 힘들다 하더라도, 일상 생활에서 마음을 깨끗이 하고, 정신을 집중하는 것은 바른 지혜를 얻거나 지혜를 적절하게 활용하기 위해 필요하다. 명경지수(明鏡止水)와 같이 밝은 마음과 무념무상과 같은 마음의 상태는 정정(正定)이 진전된 상태라 할 수 있다.

신륵사의 전탑

(2) 8정도의 여론(餘論)

8정도는 여덟 개의 항목으로 구성되어 있다. 하지만 이것은 하나의 성도를 성취하기 위한 부분부분으로서, 8은 유기적으로 짜여진 것이 하나로 연결되어 있어 별개의 것이 아니다. 단지 설명의 편의상 8개로 나눈 것이다. 다음에 논하는 계·정·혜 3학과 8정도의 관계를 살펴보면 팔리 불교에서는 아래와 같이 설하고 있는 반면 부파불교의 설은 이와는 다르다.

8정도와 3학

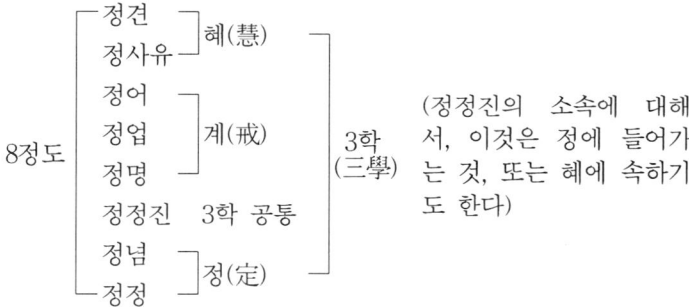

 8정도는 하나의 성도를 이루기 위한 부분으로 함께 존재한다. 8지의 열거 순서는 없는데 다만 그 순서에 따라 생한다고 간주하는 사람도 있는 듯하다. 이는 계·정·혜 3학도 마찬가지인데, 3학의 순서는 먼저 계, 다음이 정, 최후에 혜가 생긴다고 봄이 옳다. 같은 관점에서 8정도의 순서를 살펴보면 혜→계→정의 순서로 되어 있어 계→정→혜의 순서와는 사뭇 다르다. 이유는 8정도 다음에 정지(正智)와 정해탈(正解脫)의 2지를 더해 10무학법(十無學法)이라 칭하며, 최후의 정지와 정해탈을 혜에 포함시키기 때문이다. 10무학법과 3학의 관계를 살펴보면 혜→계→정→혜의 순서가 된다. 초보자에게 최초의 혜는 곧 믿음이 되므로, 전체적으로 볼 때 신(信)→계(戒)→정(定)→혜(慧)로 됨을 알 수 있다.

제 7 장

수도론(修道論)

1. 수도론(修道論) 개설

불교는 '어떻게 하여 있는가' '어떻게 있을 것인가'라는 반야의 공(空)을 강조하는 종교이지만, 최고의 목적은 신앙의 실천과 수도의 면인 '어떻게 있을 것인가'이다. 원시경전에 설해져 있는 많은 부분도 바로 신앙의 실천과 수도에 관한 것이다. 엄격히 말해 신앙의 실천이라는 면도 사람의 성격이나 환경에 따라 다르게 나타난다. 요컨대 개별적인 상황에 맞춘 적절한 가르침이 부처님의 설법인데, 8만 4천 법문이 바로 그것이다.

1) 37보리분법(三十七菩提分法)

수많은 실천과 수도의 가르침이 있긴 하지만 원시경전에 설해져 있는 대표적인 실천론은 부파불교에서 37보리분법으로 정리한 7종류의 수도설을 꼽을 수 있다. 37보리분법을 예전에는 37도품(三十七道品)이라 번역했다.

보리분법(bodhipakkhiya dhamma, bodhipakṣika dharma)이란 문자 그대로 풀어 보면 보리(菩提 ; 깨침)의 받침돌이 되는 수행법을 뜻한다. 7종류는 아래와 같다.

①사념처(思念處 cattāri satipaṭṭhānāni, catvāri smṛtyupasthānāni 四念住)
②4정근(四正勤 cattāri sammappadhānāni, catvāri prahāṇāni 四正斷)
③4신족(四神足 cattāro iddhipādā, catvāra ṛddhipādāḥ, 四如意足)
④5근(五根 pañcindriyāni, pañcendriyāṇi)
⑤5력(五力 pañca balāni)
⑥7각지(七覺支 satta bojjhaṅgā, sapta bodhyaṅgāni 七菩提分)
⑦8정도(八正道 ariya aṭṭhaṅgika magga, āryāṣṭāṅga mārga 聖八支道)

7종 외에 원시경전에는 신·계·문·사·혜(信戒聞捨慧)의 5재(五財)와 여기에 참(慚)과 괴(愧)를 더한 7재(七財) 등이 기록되어 있다. 그 밖에 소욕(少欲)·지족(知足)·원리(遠離)·정진(精進)·정념〔正念(不忘念)〕·정(定)·혜(慧)·불희론(不戱論)의 8대인각(八大人覺)과 8정도에 정지와 정해탈을 더한 10무학법 등의 수도법도 설해져 있다.

7종류의 수도법은 나름대로 독립된 계통으로 어떠한 수도법에 의해서든 이상에 도달할 수 있다고 기록되어 있다. 요컨대 모든 수도법을 계·정·혜 3학으로 정리하여, 전술한 7종 37법도 3학에 흡수시키고 있다. 말하자면 수도론을 합리적이면서 간단하게 분류한 것이 3학인 것이다.

2) 3학(三學)

3학(三學 tisso sikkhā, trīṇi śikṣāṇi)인 계학(戒學 sīla-sikkhā, śīla-śikṣa)과 정학(定學 samādhi-sikkhā, samādhi-śikṣa), 혜학(慧學 paññā-sikkhā, prajñā-śikṣa)을 달리 증상계학(增上戒學)이나, 증상심학(增上心學), 또는 증상혜학(增上慧學)이라고도 일컫는다. 요컨대 3학은 이상을 추구하는 마음의 구조를 3등분한 것으로 의사적(意思的)인 측면을 계, 감정적인 측면을 정, 지식적인 측면을 혜로 구분한 것이다. 그러나 심리학에서도 마음을 지(知), 정(情), 의(意) 셋으로만 구분하지 못하는 것과 같이 계·정·혜도 편의상의 구분일 뿐 셋이 일체가 되었을 때 수도심을 체현하게 되는 것이다.

그것은 하나의 성도를 여덟 부분으로 구분해서 8정도로 나눈 것이지 8정도 각각이 독립된 개체가 아니다. 이들은 상호 유기적으로 일체를 이루고 있는 것과 같다. 8정도 뿐만 아니라, 다른 종류의 수도법도 마찬가지이다.

2. 수도론 각설

1) 37보리분법(三十七菩提分法)

①4념처(四念處)
4념주(四念住)라고도 일컫는다. 8정도의 정념과 같으며, 신(身

kāya), 수(受 vedanā), 심(心 citta), 법(法 dhamma)이 그것이다. 인생이란 무상·고·무아 등임을 항상 잊지 않는 것이다. 말하자면 일체법—육체(身)와 정신(受·心), 마음의 대상(法)—에 관해 무상·고·무아 등의 바른 견해로서 끊임없이 정진해 나아가는 것이다. 4념처를 개별적으로 살펴보자면 다음과 같다. 신(身)은 부정, 수(受)는 괴로움, 심(心)은 무상, 법(法)은 무아(無我)를 잊어버리지 않는 것이며, 전체를 무상·고·무아 등이라는 생각(의식)을 굳건히 하여 머무는 것이다. 이것은 5온관(五蘊觀)과 내용이 같다.

원시경전의 기록에 의하면 4념처를 1승도(一乘道 ekāyana magga)라 일컬어서 '수행의 출발점부터 최고의 깨침에 이르기까지 사념처관의 수행만으로 충분하다'고 했다. 이것은 5온관(五蘊觀)에 의해서 초보 수행으로부터 최고의 깨침까지 얻을 수 있음과 같은 이치이다.

②4정근(四正勤)

8정도의 정정진과 같으며, 4정단(四正斷)·4정승(四正勝)·4의단(四意斷) 등으로도 번역한다. 말하자면 정진 노력을 네 항목으로 나눈 것으로 다음과 같다.

㉠이미 일어난 악을 소멸시키기 위해서 노력〔斷斷〕
㉡아직 일어나지 않은 악을 행하지 않도록 노력〔律儀斷〕
㉢아직 일어나지 않은 선을 일어나도록 노력〔隨護斷〕
㉣이미 일어난 선을 한층 증대하도록 노력〔修斷〕

선(善)과 악(惡)

선(善)이란 이상에 대해 보탬이 되는 것을 말하고, 악(惡)이란 이상에 대해 손해가 되는 것을 일컫는다. 불교식으로 말하자면 성도에 보탬이 되는 게 선이고, 성도에 장애가 되는 게 악인 것이다. 이는 일반 사회에서도 통용되는 진리이다.

불교에서는 4정근을 성실히 행하다 보면 틀림없이 악을 행하지 않고 선으로 향하게 되어, 결국 이상을 향해 좀더 가까이 접근하게 된다고 말한다. 요컨대 악에 대치하기 위한 노력을 정진이라 일컫지 않고 게으름〔懈怠〕이라 칭함에서도 그 사실을 엿볼 수 있다.

③ 4신족(四神足)

4여의족(四如意足)이라고도 일컬으며, 수승한 선정을 닦기 위해 네 방면의 신통을 구족하는 것으로 다음과 같다.

첫째, 욕신족(欲神足)은 수승한 선정 얻기를 바라는 것이다. 둘째, 정진신족(精進神足)은 선정을 얻기 위하여 정진하는 것이다. 셋째, 심신족(心神足)은 선정을 얻기 위한 마음을 굳건히 하는 상태다. 넷째, 사유신족(思惟神足)은 선정을 얻기 위해서 사유, 관찰하는 것이다.

④ 5근(五根)

신・근・염・정・혜(信勤念定慧)의 다섯 수행 항목을 가리킨다. 근(根)이란 능력을 뜻하는데, 이것은 이상으로 향하기 위한 능력을 다섯 항목으로 구별한 것이다. 이 다섯 종류의 덕으로 인해 헤매임의 상태에서 벗어나 깨침의 상태로 나아갈 수가 있는 것이다. 신(信 saddhā, śraddhā)이 맨 처음에 놓인 것은, 불교의 실천

수행이 믿음을 출발점으로 하기 때문이다.

  2종의 5근(五根)

  불교에서 5근(五根)이라 칭할 때는 전술한 5근 외에도 감각능력으로서의 안·이·비·설·신의 5근을 일컬을 때도 있다. 이것을 '안등(眼等)의 5근(五根)'이라고도 표현하는데, 이는 신등(信等)의 5근(五根)과 구별하는 기준이 되기도 한다.

⑤ 5력(五力)

전술한 5근을 능력이라 한다면, 실제로 움직이며 힘을 갖춘 것은 역(力)이라 할 수 있다. 5력의 항목은 5근과 같이 신(信)·근(勤)·염(念)·정(定)·혜(慧) 다섯이나 보다 진전된 수도 입장을 취하고 있다. 믿음만이 아니라 근·염·정·혜에도, 범부의 유루(有漏;샘)부터 성자의 무루(無漏;새지 않음)에 이르기까지 있는데, 그것에도 여러 단계가 있다. 후에 선정(定)과 지혜(慧) 부분에서 좀더 설명하고자 한다.

⑥ 7각지(七覺支)

정신적 대상으로서의 깨달음의 일곱 가지 요소란 뜻으로 7각분(七覺分), 또는 7보리분(七菩提分)이라고도 일컫는데, 다음의 일곱 항목을 가리킨다.

㉠ 염각지(念覺支 sati-sambojjhaṅga 念等覺支)

오래 전의 기억도 잊어버리지 않고 잘 알고 있는 것으로, 곧 주의 깊은 관찰이라는 깨침의 요소

㉡ 택법각지(擇法覺支 dhammavicaya-sambojjhaṅga 擇法等覺支)

현상에 대한 이해로, 곧 정신적 대상(法)의 탐구라는 깨침의 요소

ⓒ정진각지(精進覺支 viriya-s. 精進等覺支)

좋은 현상들을 경험하게 되면서 한층 정진에 진력하게 되는 것으로, 곧 깨침의 요소

ⓔ희각지(喜覺支 pīti-s. 喜等覺支)

정신적 법열을 맛보기도 하는 것으로, 곧 몸과 마음의 긴장의 완화라는 깨침의 요소

ⓜ경안각지(輕安覺支 passaddhi-s. 輕安等覺支, 猗覺支)

마음과 몸은 편안해지고 안정됨

ⓗ정각지(定覺支 samādhi-s. 定等覺支)

몸이 경쾌해져 희열을 맛보며 안정된 마음은 한층 집중을 이루게 되는 것으로, 곧 정신 집중이라는 깨침의 요소

ⓢ사각지(捨覺支 upekkhā-s. 捨等覺支)

생겨났다가 사라지는 현상들에 대해 집착하지 않는 평온이 유지된 마음을 평등하게 관찰하는 것이라는 깨침의 요소

이상의 7각지는 증지(證智)·등각(等覺)·열반으로 안내한다.

각지와 등각지란 '깨달음의 요소'로 깨침에 도달하기 직전의 수행 항목을 가리킨다. 37보리분법의 7종의 수행의 길 가운데 7각지는 한층 높은 차원의 수행법으로 주로 선정과 관련 있다. 원시경전에는 안반념〔安般念 수식관(數息觀) ; 들어오고 나가는 호흡에 마음을 집중하여 정신 통일을 이루게 되는 수행법)〕후에 4념처관을 닦고, 그로부터 7각지의 수행에 들어가 명(明 ; 깨침의 지혜)의 해탈을 얻는 것으로 유명하다.

⑦ 8정도
앞장의 「4제설」에서 설한 것과 같다.

3. 3학(三學)에 대해서

1) 계학(戒學)

(1) 계(戒)의 뜻

계(戒 śīla, sīla)란 마음과 몸을 조절하는 것으로, 말하자면 마음과 몸에 좋은 습관이 붙도록 하는 것이다. 따라서 종교나 도덕이라는 면에서 악을 피하는 것만이 아닌 이상에 반대되는 행위를 하지 않는 것을 말한다. 비(非)를 방비하고 악(惡)을 멎게 하는 것인데, 이것이 계의 본래 의미인 것이다.

계(戒)의 종류

악을 행하지 않는 계를 지악계(止惡戒)라 칭한다. 지악계를 율의(律儀 saṁvara)라고도 일컬으며, 세간적 유루계(有漏戒)와 출세간적인 무루계(無漏戒)로 나뉜다. 유루계에는 욕계의 계로 별해탈율의(別解脫律儀)와 색계의 계로 정려율의(靜慮律儀)가 있다. 출세간의 계로는 무루율의가 있다. 별해탈율의에는 출가계가 있으며, 재가계에는 우바새〔優婆塞(信士)〕·우바이〔優婆夷(信女)〕가 항상 지켜야 하는 5계(五戒)와, 재일(齋日)에 특별히 지켜야 하는 8재계(八齋戒)가 있고, 출가계(出家戒)에는 비구 250계, 비구니 348계,

사미·사미니 10계, 정학녀 6법계가 있다. 이것은 제2장의 「승가」에서 말한 것과 같다. 별해탈율의·정려율의·무루율의 등은, 제3장 「법처(法處)의 내용」의 '무표색'에서 간단히 찾아볼 수 있다. 지악계로서 율의를 표시하자면 다음과 같다.

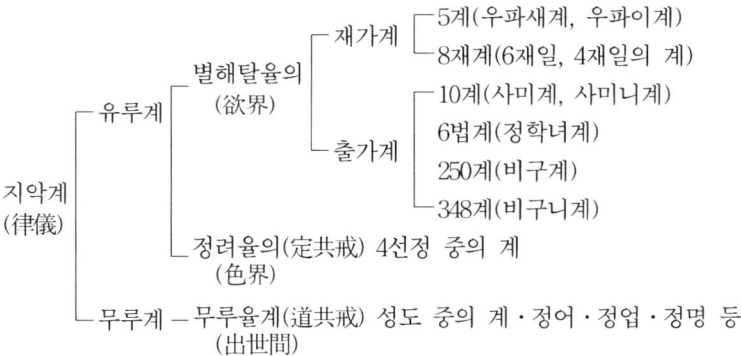

계에는 선행의 의미도 들어 있다. 악을 행하지 않는 계를 지지계(止持戒), 율의계(律儀戒)라 일컫고, 선행의 계를 작지계(作持戒), 작선계(作善戒)라 칭한다. 원시불교나 부파불교의 율장이 지지계(經分別)와 작지계〔건도부(犍度部)〕로 이루어져 있음은 제2장 「법보」의 '율장'에서 설명한 도리와 같다.

계(戒)와 율(律)

중국·한국·일본의 불교에서는 계율이라 일컫는데, 인도의 불교에서는 계율이라는 말을 찾아볼 수가 없다. 계와 율이 같은 개념으로 사용되지 않기 때문이다. 일반 사회의 개념에 비교하자면, 계(戒)는 도덕의 의미에 해당하고, 율(律)은 법률의 의미에 가깝다고 볼 수 있다. 계는 넓은 의미로 정신적·자율적이고, 율은 좁은 의미로 형식적·타율적인 것이다. 그렇긴 하지만 때로는 두 가지를 함께 사용할 때도 있다. 이를 테면 앞의 비구 250계나 비구니 348계는 율의 일부분으로 계라 칭하게 된 것이지만 율보다는 범위가 좁다. 이를 뭉뚱그려 계율이라 부르는 것인데, 중국에서 이 말을 차용하게 된 동기이기도 하다.

(2) 대승계(大乘戒)

이상은 주로 원시불교나 부파불교에서 말하고 있는 계이지만, 대승불교가 열리면서 계는 지악(止惡)·선행(善行)의 자리행(自利行)만이 아니라 이타행(利他行)도 강조하게 되었다. 3취정계(三聚淨戒)에는 섭율의계(攝律儀戒)와 섭선법계(攝善法戒), 섭중생계〔攝衆生戒(饒益有情戒)〕의 세 가지 항목이 있다.

3취정계(三聚淨戒)
①섭율의계(攝律儀戒 saṁvara-śīla 律儀戒)

윤리적으로 남에게 피해를 주는 등의 모든 일을 하지 말 것을 뜻하는 계로, 출가와 재가 7중의 욕계(欲界)의 계(戒)로 별해탈율의(別解脫律儀)를 가리킨다. 그러나 대승의 독자적인 계로는, 10선계(十善戒) 또는 10중금계〔十重禁戒 내지 48경계(四十八輕戒)〕 등 남에게 피해를 주지 않는 것을 가리킨다.

②섭선법계(攝善法戒 kuśaladharma-saṁgrāhaka-śīla)

선을 행하는 계로, 10선계나 10중금계 등의 착한 일을 능동적으로 실천하는 것을 가리킨다.

③섭중생계(攝衆生戒 sattvārthakriyā-śīla 饒益有情戒)
생명을 가진 모든 중생들을 이익되게 하는 계로, 10선계나 10중금계 등에 있어서 자비구제의 이타행(利他行)을 가리킨다.

10선과 3취계

10선(十善)을 대승계로 규정한 것은 『반야경』(소품·대품)에서 시작되어 『화엄경』이 바통을 이어받았다. 『반야경』에서는 계바라밀(戒波羅蜜)을 '보살이 스스로 10선을 행하고, 사람들로부터 10선을 행하도록 한다'라고 기록하고 있다. 『화엄경』에서는 '보살이 계바라밀을 행하는 이구지(離垢地)에 있어서 스스로 10선의 정계(淨戒 ; 깨끗한 계)를 가져서 사람들에게 가지도록 하고, 일체 중생에게 가엾은 생각을 일으켜 마음 깊숙이 자비심이 일어나도록 3종정계(三種淨戒)를 갖추어야 한다'고 기록하고 있다. 이와 같이 초기 대승경전에서는 보살의 계를 10선이라 칭했고, 『반야경』에서는 10선이 악을 행하지 않고 선을 행하는, 말하자면 섭율의와 섭선법으로 일컬었던 것이다. 이에 대해 『화엄경』에서는 10선을, 악을 행하지 않고 선을 행하는 것 외의 이타자비(利他慈悲), 즉 섭중생을 더해서 3종정계로 칭하게 되었던 것이다. 3종정계는 『유가사지론(瑜伽師地論)』 등에서 섭율의계·섭선법계·요익유정계의 3취계라 명명하였다. 따라서 3취계를 유가계(瑜伽戒)라고도 일컫는 것이다. 좀더 구체적으로 살펴보자면 『유가사지론』에서는 섭율의계에 대해 『반야경』이나 『화엄경』과 같이 '10불선(十不善)을 행하지 말라' 하지 않고, 보살이 받는 비구·비구니·정학녀·사미·사미니·우바새·우바이의 7중의 별해탈율의라고 규정했던 것이다. 이것이 『반야경』이나 『화엄경』과 다른 점이다.

10선계(十善戒)

10선은 원시불교에도 설해져 있지만, 이것을 계로 규정한 것은 대승불교 때부터다. 10선업도(十善業道)란 10선의 행위는 좋은 곳에 이르는 길이란 말로 ①불살생 ②불투도 ③불사음(이상 셋은 신업) ④불망어 ⑤불악구 ⑥불양설 ⑦불기어(이상 넷은 어업) ⑧무탐 ⑨무진 ⑩정견(이상 셋은 의업)이 그것이다.

10중금계(十重禁戒)

이것을 파기하면 보살의 10바라이〔十波羅夷(重罪)〕에 해당한다. 이는 48경계(四十八輕戒)와 함께 『범망경』에 기록되어 있으므로 범망계(梵網戒)라고도 일컫는다. 10중금계(十重禁戒)란 ①불살생 ②불투도 ③불탐음(불사음) ④불망어 ⑤불고주(술을 팔거나 사람에게 먹이지 말 것) ⑥불설과(사람의 과실을 말하지 말 것) ⑦불자찬훼타(不自讚毀他 ; 자기는 자랑하고 다른 이를 헐뜯지 말 것) ⑧불간법재(교법이나 재물을 아끼지 말 것) ⑨부진에(不瞋恚) ⑩불방삼보(不謗三寶 ; 불·법·승 3보를 비방하지 말 것)로 내용적으로는 10선계와 거의 같다.

(3) 중국·한국·일본의 대승계

대승계가 강조되기 시작한 것은 중국 불교에서부터다. 중국의 대승계는 3취계를 설하는 유가계와 10중과 48경계를 설하는 『범망경』을 합체 융화한 것으로, 대승계·보살계·금강보계·불성계 등의 용어로 두루 부른다.

중국 불교에서는 4분률(四分律)에 의한 소승계(남산율종의 설)와 대승계가 병용되어 수·당 이후는 한 쪽만을 고집하지 않았다. 일본에도 나라시대에 감진(鑑眞)에 의해 중국식 양자병용의 율종이 전해졌지만, 전교대사(傳敎大師) 최징(最澄)이 예산(叡山)에 있으면서 소승계를 무시한 채 대승계만을 독자적인 계로 설했는데, 이것을 원돈계〔圓頓戒(圓戒)〕라 칭했던 것이다. 일본의 천태종을 비롯하여 그 흐름을 본받은 모든 종파도 이 입장을 취하고 있다.

　이를 테면 도원(道元)의 일본 조동종에서 보살계로서 16조계(十六條戒)를 정했다. 이는 3귀계(三歸戒)·3취정계(三聚淨戒)·10중금계(十重禁戒)를 합한 것이다. 이로부터 3귀의가 계로 정해지게 되었던 것이다. 임제종에서도 이것을 채택하고 있다.

　진언밀교에서는 독자의 삼매야계(三昧耶戒)를 정했지만, 이것은 3종의 보살심을 계로 규정한 것으로, 내용은 10선계 등과 다름이 없다. 그 밖에 일본에는 계를 전혀 설하지 않는 진종(眞宗)도 있는데, 대개 형식적인 계가 자신들에게는 적당지 못하다고 간주함에서 비롯한 것이리라. 주지하다시피 인도나 중국 불교에 비해 일본 불교는 계율을 경시하는 풍조가 있다.

신(信)과 계(戒)

　전술한 바와 같이 일본 불교에서 계를 중요하게 여기지 않는 것은, 그들의 성격 탓으로 간주되지만, 가마꾸라〔鎌倉〕불교에서는 진종과 일연종, 선종마저도 계를 문제시하지 않았음을 알 수 있다. 이는 일본인들이 실제의 계를 무시한 것이 아니라, 믿음이 철저하면 그 속에 자연히 계가 행해지므로, 특별히 계를 문제화할 필요가 없다는 입장이었던 것이다. 따라서 가마꾸라 불교에서는 전수염불(專修念佛)·전창제목(專唱題目)·지관타좌(只管打坐)라 일컫는 염불과 제목, 좌선에 전심하여 순수한 믿음 얻을 것을 권했다.

4불괴정(四不壞淨)과 7불통계게(七佛通誡偈)

계(戒)와 신(信)은 밀접한 관계에 놓여 있다. 예컨대 믿음[信]이 철저하면 계도 자연적으로 이루어진다는 사실이 원시불교에도 기록되어 있다. 이 사실을 뒷받침해 주는 것이 원시경전에 있는 4불괴정의 설과 7불통계게다.

4불괴정[四證淨]이란 불교의 진리를 깨달을 때 네 가지 확실한 정신(淨信)으로 불·법·승 3보와 성계(聖戒)의 진실하고 견고한 믿음(淨信)을 일컫는다. 원시경전에는 '3보에 귀의해서 절대적으로 깨끗한 믿음을 얻는데, 그것은 초보의 깨침으로서 성위를 얻고, 계도 자연스럽게 자기 주체적이 되어 자율적인 성계(聖戒)가 이루어진다'고 기록되어 있다. 또한 '다른 사람으로부터 지시를 받지 않아도 악을 행하지 않고 선을 행하며 계를 잘 지켜서 악을 저지르는 일이 없게 된다'고 기록되어 있다. 이것이 4불괴정으로, 믿음에 계가 구비됨을 나타내는 것이다.

7불통계게(七佛通誡偈)

원시불교 이래 부파불교나 대승불교를 통해서 더욱 유명해진 게의 하나다.

諸惡莫作　衆善奉行　自淨其意　是諸佛教
제악막작　중선봉행　자정기의　시제불교

위 글의 뜻은, 일체의 악을 행하여서는 안 되며, 모든 선을 받들어 봉행하면 자기 마음을 밝혀 그 마음이 깨끗해지나니 이것이 모든 부처님의 가르침인 것이다. 말하자면 자기 스스로 마음을 깨끗이 하는 정신으로, 악을 행하지 않고 선을 행하는 계를 가지는 것이 불교인 것이다. 믿음과 계를 얻는 것이 불교이고, 특히 믿음을 중심으로, 그에 의해서 악을 행하지 않고 선을 행하는 계가 자연히 이루어지는 것이다. 여기서도 믿음과 계가 함께 함을 나타내고 있다. 8정도에 의하면 정견이 믿음이 되고, 그 다음에 나오는 정어·정업·정명이 계가 되는 것이다.

2) 정학(定學)

(1) 정(定)의 뜻과 종류

계로 인해 몸과 마음이 조절된 연후에 마음을 통일하는 정(定)이 생기는 것이다. 정을 얻기 위해서는 몸과 호흡과 마음을 조절해야 한다. 이는 넓은 의미의 계를 나타내는 것이다.

4선정(四禪定)
원시경전의 정(定)은 3학 가운데의 정학(定學)이나 8정도 가운데의 정정(正定)에서 한결같이 4선정(四禪定)에 대해 설하고 있음을 볼 수 있는데, 이는 정의 철저한 기본이 되기 때문이다. 4선정에 대해서는 원시불교 이래, 일종의 정형적 설명이 이루어져 있다. 팔리문의 기록에 의하면 다음과 같다.

초선 : 모든 욕심과 선(善)이 아닌 법(法)에서도 벗어나고 찾〔尋〕거나 알려고 하〔伺〕는 욕망으로부터도 벗어나면 벗어남으로써

생기는 즐거운 초선을 구족하느니라.

　2선 : 찾거나 알려고 하는 욕망이 그치고 마음속이 맑아지면, 정신은 통일되고 찾거나 알려고 하는 욕망이 사라져 정(定)으로부터 일어나는 즐거운 2선을 구족하느니라.

　3선 : 기쁨이 다하여 안온에 머물면, 바른 생각 속에서 희열을 느끼며 많은 성자가 '생각이 안온하고 즐거움에 머문다'고 말하는 3선을 구족하느니라.

　4선 : 즐거움도 괴로움도 다하여 모두 끊어지면, 모든 기쁨과 근심이 소멸함으로써 안온함이 청정한 4선을 구족하느니라.

여러 가지 정(定)

정(定)이란 원래 정신이 고요해져서 통일된 상태를 말하지만, 마음이 고요해지는 방법에는 여러 가지가 있다. 일상 생활 속에서 보통사람의 고요함이란 욕계정(欲界定)이라 칭하여 진정한 정신 통일이라 할 수 없다. 참된 정신 통일은 근본정(根本定)이라 일컬으며, 색계정(色界定)・무색계정(無色界定)에 속한다. 요컨대 4선정은 색계정으로서의 근본정이 되며, 색계정이 한층 고요해지면 무념무상(無念無想)에 가까운 상태가 되는데, 이것을 일러 무색계정이라 칭하는 것이다.

3계출세간(三界出世間)

불교에서는 욕계(kāma-dhātu)・색계(rūpa-dhātu)・무색계(arūp-adhātu)를 3계라 일컫는다. 욕계(欲界)란 감각적 욕구가 왕성한 세계를 말하고, 색계(色界)란 감각적 욕구는 없지만 물질적 욕구가 남아 있는 세계를 지칭하는데, 말하자면 선정(禪定)의 상태인 것이다. 무색계(無色界)란 물질적인 것마저 없는 순수한 정신으로, 곧 마음이 더할 나위 없이 고요한 상태가 무색계정의 세계인 것이다. 3계의 본래 의미는 공간·지역적 세계를 뜻하는 데서 나아가 인간의 마음상태를 나타낸다.

그러나 업보설에 의하면 이렇다. 욕계의 마음이 10불선업(十不善業) 등의 악업을 행하면 그 과보로 인해 내생에는 지옥·아귀·축생 등의 악취〔惡趣(durgati, duggati 惡道)〕의 세계에 태어나고, 지계(持戒)·보시(布施) 등의 선업을 행하면 그 과보로 인해 죽은 후에 천상·인간 등의 선취〔善趣(sugati 善道)〕의 세계에 태어난다고 기록되어 있다. 또 유루(有漏)의 색계정(色界定)을 닦으면 그 과보로 인해 죽은 후에 4선천(四禪天)의 색계천(色界天)에 태어나고, 같은 유루의 무색계정(無色界定)을 닦으면 무색계천(無色界天)에 태어난다고 기록되어 있다.

이와 같이 선악의 업이나 선정의 과보에 따른 공간적 세계가 있다고 믿었다. 3계의 개념도 본래 이 세상에서의 인간의 마음 상태를 나타냈던 것인데, 후대에 전해지면서 선업과 악업에 의한 과보를 얻는 세계로서 공간적 3계의 개념이 등장하게 된 것으로 본다. 따라서 3계란 윤회하며 허덕이는 세계이지만, 번뇌의 미혹을 초월하고 3계의 세간을 넘어서 무루의 출세간에 들어간다고 여겼다. 깨침의 세계로서 출세간도 3계 이외의 공간적 세계가 아니라 마음의 상태를 가리키는 것이다. 말하자면 3계의 세간(loka)이나, 그것을 초월한 출세간(lokottara)이나 모두 지역적인 개념의 세계가 아니라 마음의 상태에 따라서, 예를 들자면 어리석음·깨침·얼뜸·수승함 등에 의해서 구별한 것이다.

10계설(十界說)

중국의 천태교학에서 10계에 대해 언급하고 있다. 10계(十界)란 미계로서 지옥·아귀·축생·수라(아수라)·인간·천상의 6취〔六趣 또는 6도(六道)〕와 깨친 세계로서 성문·연각·보살·불의 4성(四聖)의 합함을 가리키는데, 결국 10계도 인간의 마음 상태를 열 가지 종류로 구분한 것에 불과하다. 말하자면 모든 것은 10계의 형태로 존재하며 사람의 마음 상태를 나타내는데, 이를 10계호구(十界互具)라 일컫는 것이다.

4무색정(四無色定)

어쨌든 색계·무색계란 선정에 있는 마음의 상태를 가리킨다. 색계가 4선(四禪)에서 구분되는 것과 같이 무색계(無色界)도 공무변처(空無邊處)·식무변처(識無邊處)·무소유처(無所有處)·비상비비상처(非想非非想處)의 4단계로 구분하여 마음이 순차적으로 고요하게 승화되어 가는 상태를 나타낸다.

선정(禪定)에 나타난 용어

선정을 나타내는 용어로 다음의 종류가 있다.

samādhi : 정(定), 정의(定意), 삼매(三昧), 삼마지(三摩地), 등지(等持), 정수(正受)

dhyāna, jhāna : 선(禪), 선나(禪那), 정려(靜慮), 사유수(思惟修)

samāpatti : 정(定), 삼마발저(三摩鉢底), 등지(等至)

śamatha, samatha : 지(止), 사마타(奢摩他)

cittaikāgratā, cittekaggatā : 심일경성(心一境性)

yoga : 유가(瑜伽)

samādhi란 전통적으로 수행의 완성을 말하나, 일반적으로 보다 확대된 의미의 정(定)을 가리키며, 유루세간정(有漏世間定)·무루

출세간정(無漏出世間定)·유심정(有心定)·무심정(無心定)·삼계제정(三界諸定)의 모든 것을 포함한다.

dhyāna는 색계와 4선정의 정을 더하되 욕계와 무색계의 정은 더하지 않는다. 요컨대 유루·무루에 한하는 것이다.

samāpatti는 근본정으로서 색계·무색계의 정(定)만을 포함하되 욕계의 정은 포함하지 않는다. 말하자면 유루·무루에 이른다. 4선 4무색정(이것을 8정이라 일컬음)이나, 또는 여기에 멸진정(滅盡定)을 더해서 9차제정(九次第定)이라 할 경우의 정(定)은 모두 samāpatti(等至)가 되는 것이다.

śamatha는 vipaśyanā·vipassanā(觀, 毘鉢舍那) 등과 같은 말이며, 일반적으로 지관(止觀)의 의미로 사용한다. 지(止)는 마음이 고요하게 머문 상태를 가리키며, 무색계정에 많이 포함되어 있다. 관(觀)은 관찰의 지혜를 가리키는데, 욕계나 색계에서 많이 볼 수 있다. 색계와 제4선은 지관균등(止觀均等)이라 일컫는데, 지와 관이 평등하고 적절하게 존재하며, 깨침이나 신통 등의 지혜를 여기서 얻을 수 있으므로 더욱 이상적인 선정이 되는 것이다.

cittaikāgratā는 마음을 한 곳에 모아 집중하는 것으로, 곧 정신통일(concentration)을 의미한다.

yoga는 불교 이전부터 바라문교 등에서 정신 통일을 의미하는 뜻으로 사용했는데, 불교의 선(禪)이나 정(定)도 같은 의미라 할 수 있다. 불교에서는 이 말을 원시불교 시대 이후로 선정의 의미로 사용했으며, 후대의 유가행(瑜伽行)과 유가사(瑜伽師) 등에서도 활발히 사용했다.

이 외의 선정을 의미하는 말로 samāhita(三摩四多, 等引, 입정시킴), samāpanna(三摩半那, 根本定에 들어감), 현법락주〔現法樂住(dṛṣṭa-dharma-sukhavihāra, diṭṭhadhamma-sukhavihāra)〕 등이 있다.

선종(禪宗)의 선(禪)

중국·한국·일본에서의 선종의 선(禪)은 인도의 dhyāna(禪那)와는 다르다. 3학 중의 정학 또는 6바라밀 가운데의 선바라밀만이 아니라, 3학 전체, 또는 6바라밀 전체를 통합한 의미로 통용된다. 요컨대 선이란 오직 마음을 통일하여 고요한 상태가 되는 것만이 아니라, 한 걸음 더 나아가 깨침의 지혜를 얻어야 하는 것이다. 말하자면 선(禪)의 목적이 견성이나 심지(心地)를 밝게 열어야 하는 것과 같이 깨침의 지혜를 얻어야 함을 나타내기 때문이다. 선종에서의 선(禪)이 dhyāna가 아니라 Zen이라는 단어로 서양에 소개된 것도 이와 같은 구별을 나타내기 위해서인 것이다. 선(禪)은 배우는 것이 될 수 없다는 말도 같은 맥락이다.

5종선(五種禪)

당(唐)의 규봉종밀(圭峰宗密)이 『선원제전집도서(禪源諸詮集都序)』에서 외도선(外道禪)·범부선(凡夫禪)·소승선(小乘禪)·대승선(大乘禪)·최상승선〔最上乘禪(如來禪)〕의 5종선에 대해 말하고 있다. 그것은 다음과 같은 이유 때문이다. 선(禪) 가운데 깨침의 지혜가 있고 없음, 또는 깨침의 지혜를 상중하로 구분하는데, 예컨대 여래선(如來禪)·조사선(祖師禪)이라고 말하면 최고로 치는 깨침의 지혜를 얻은 선(禪)을 나타내는 것이다.

(2) 선정(禪定) 수행의 방법

이상에서 살펴본 바와 같이 하나의 언어로 나타낼 때 선·정(禪定)이라 표현하지만, 종류는 다양하다. 선정과 관련된 수도법의 경우, 원시경전을 살펴보더라도 여러 종류의 방법이 제시되어 있는데, 이를 정리한 부파불교에는 한층 더 명료하게 나타나 있다.

40업처(四十業處)

팔리 불교에서는 선정을 닦는 관법(觀法)의 대상을 업처〔業處(kammaṭṭhāna)〕라 일컬었으며, 40종의 업처에 대해 언급하고 있다. 그것은 원시경전의 여러 곳에서 언급된 것으로, 선정자(禪定者)의 성격에 맞추어 정신 통일하는 데 제일 적합한 대상을 선택했다. 또한 선정이 진전됨에 따라 대상이 변화하는 것도 있게 마련이다. 하지만 어느 쪽이든 그것은 업에 따라 4선(四禪)과 4무색정(四無色定) 등을 얻게 된다. 40업처를 표시하자면 다음과 같다.

10변처〔十遍處(十一切入)〕

지·수·화·풍·청·황·적·백·광명·허공을 일컫는다.

10부정상(十不淨想)

팽창(膨脹)·청질(靑瘀)·농난(膿爛)·단괴(斷壞)·식잔(食殘)·산란(散亂)·참작이산(斬斫離散)·혈도(血塗)·충취(蟲臭)·해골(骸骨)을 가리킨다.

10수념(十隨念)

불(佛)·법(法)·승(僧)·계(戒)·사〔捨(施)〕·천(天)·사(死)·신(身)·안반〔安般(出入息)〕·적지(寂止)를 말한다.

4범주〔四梵住(四無量心)〕

자·비·희·사를 칭한다.

4무색(四無色)

공무변처(空無邊處)·식무변처(識無邊處)·무소유처(無所有處)·비상비비상처(非想非非想處)를 이른다.

식염상(食厭想), 계차별(界差別)

업처(業處)와 성격(性格)과의 관계

성격(性格)은 탐행(貪行)·진행(瞋行)·치행(痴行)·심행〔尋行(散亂的)〕·신행(信行)·각행〔覺行(이성적)〕의 6종으로 구분한다.

탐행자(貪行者)……10부정상(十不淨想), 신념(身念)
진행자(瞋行者)……4범주(四梵住), 4색변처〔四色遍處(청·황·적·백)〕
치행자(痴行者), 심행자(尋行者)……안반념〔安般念(數息觀)〕
신행자(信行者)……최초의 6수념〔六隨念(佛·法·僧·戒·施·天)〕
각행자(覺行者)……사념(死念), 적지념(寂止念), 탐염상(貪厭想), 계차별(界差別)
일체성격자(一切性格者)……6변처(六遍處), 4무색(四無色)
업처(業處)와 계지(界地)와의 관계는 생략하기로 한다.

5정심관(五停心觀)과 5문선(五門禪)

일체유부에서는 선정관법(禪定觀法)의 대상을 정리하여 성격에 응해서 수행하는 모든 것을 5정심관 또는 5문관이라고 일컬었다. 5정심관이란 다음과 같다.

①부정관〔不淨觀(十不淨觀)〕……탐행자(貪行者)
②자비관〔慈悲觀(慈悲喜捨)〕……진행자(瞋行者)

③인연관〔因緣觀(12연기관)〕……치행자(痴行者)
④계차별관〔界差別觀(肉體構成四大觀)〕……아견자(我見者)
⑤수식관〔數息觀(出入息觀)〕……산란심자(散亂心者)

5문선은 앞의 제4계차별관 대신에 염불관(念佛觀)을 포함한 것이다. 염불관이란 모든 성격에 맞추어서 마음을 청정히 하는 것이란 뜻이다.

25방편(二十五方便)

천태교학에서는 지관(止觀)에 의한 선정 연습의 예비적 수단으로, 다음의 25방편에 대해 말하고 있다. 25방편이란 구5연〔具五緣(지계청정·의식구족·한거정처·식제연무·근선지식의 5연을 갖춤)〕, 가5욕〔訶五欲(색·성·향·미·촉의 5욕을 강하게 '꾸짖어' 물리침)〕, 기5개〔棄五蓋(선정을 방해하는 탐욕·진에·혼침수면·도회(悼悔)·의의 다섯 개를 버림)〕, 조5사〔調五事(食·睡眠·身·息·心의 5사를 조절함)〕, 행5법〔行五法(선정을 얻게 하는 欲·精進·念·巧慧·一心의 5법을 행함)〕의 5항5종이다.

(3) 선정 수습(禪定修習)의 목적

선정 수행의 목적은 통일된 마음의 맑기가 명경지수와 같이 되어 모든 법의 실상을 바르게 관찰하여 바른 지혜를 얻고, 마음에 집착함이 없이 일체사(一切事)를 판단함에 침속하고 적절하게 행하는 것이다. 결국 정에 의해서 혜를 얻고, 혜를 활용하는 것이다.

팔리 불교에서는 정의 공덕에 대해 다음의 5종을 기록하고 있다.
①현법(現法)에 즐겁게 주함을 얻는다. 이것은 마음과 몸이 즐

겁고 건강에 도움이 된다. 다시 말하자면 선(禪)이 안락의 법문이므로 건강법이 된다고 하는 것이다.

②관(毘鉢舍那)을 얻는다. 이것은 깨침의 지혜(漏盡智)를 얻는 것이다.

③신통을 얻는다. 즉 신변통(신족통)·천이통·타심통·숙명통·천안통(有情死生通)의 5신통을 얻는다.

④승유(勝有 ; 아주 좋은 행복인 색·무색계)에 태어난다. 이것은 외교적(外敎的) 생각이다.

⑤멸진정(滅盡定 nirodha-samāpatti)을 얻는다. 이것은 성자만이 얻는 청정한 무심정으로, 비상비비상처정(非想非非想處定)의 윗단계에 있다.

이 밖에 여러 가지의 공덕이 있지만 생략하기로 한다. 특수한 것으로는 자비관의 공덕이 있다. 이것은 『아함경』에 설해져 있다.

자비관(慈悲觀)의 11공덕

①편안하게 잔다 ②편안하게 깬다 ③악몽을 꾸지 않는다 ④사람들에게 사랑을 받는다 ⑤비인[非人(귀신·축생 등)]에게도 사랑을 받는다 ⑥신들이 보호한다. ⑦불[火]·독(毒)·칼[刀]에도 해를 받지 않는다 ⑧정(定)에 들어가는 게 빠르다 ⑨얼굴색이 밝다 ⑩혼침함이 없이 임종한다. ⑪깨치지 못했다 하더라도 범천계(梵天界)에서 태어난다.

(4) 정(定)으로부터 혜(慧)에 이르는 수도법

정이 혜가 되기 위한 수도법이 『아함경』에 잘 설해져 있는데,

5온관과 4제관이 그것이다. 또한 3삼매〔三三昧(空・無相・無願, 三解脫門이라고도 함)・8해탈〔八解脫(八背捨)〕・8승처〔八勝處(八除入)〕〕 등도 마찬가지다.

3) 혜학(慧學)

(1) 지혜의 단계와 용어

불교의 궁극적 목적은 깨침의 지혜를 얻는 데 있다고 할 수 있다. 3학・10무학법・6바라밀 등을 이야기할 때 지혜가 맨 마지막에 오는 이유도 그 때문이다. 그러나 지혜에는 여러 가지가 있다. 세속적인 욕계유루(欲界有漏)의 혜(慧), 초보 깨침의 지혜, 성문 아라한의 지혜, 벽지불(연각)의 지혜, 보살의 여러 가지 단계의 지혜, 불(佛)의 최고의 지혜 등이 그것이다. 또한 지혜를 의미하는 용어도 아래와 같이 여러 가지가 있다.

 prajñā, paññā 혜(慧), 지혜, 반야, 바야(波若)
 jñāna, ñāṇa 지(智), 지혜, 사야
 vidyā, vijjā 명(明)
 buddhi 각(覺) medha 혜(慧) bhūri 광(廣), 광혜(廣慧)
 darśana, dassana 견(見), 날나사낭(捺喇捨囊)
 dṛṣṭi, diṭṭhi 견(見)
 vipaśyanā, vipassanā 관(觀), 비발사나(毘鉢舍那)
 anupaśyanā, anupassanā 수관(隨觀)
 parijñā, pariññā 변지(遍知)

abhijñā, abhiññā 증지(證智), 신통(神通)
ājñā, aññā 요지(了知), 이지(已知), 아야(阿若)
samprajāna, sampajāna 정지(正知)
mīmāṁsā, vīmaṁsā 관(觀), 관찰(觀察)
parīkṣā, parikkhā 관(觀), 관찰(觀察)
pratyavekṣaṇa, paccavekkhaṇa 관찰(觀察)
dharma-vicaya, dhamma-vicaya 택법(擇法)
pratisaṁvid, paṭisambhidā 무애해(無碍解), 무애변(無碍辯)

그 밖에 지(智)를 비유한 것으로 다음의 것이 지혜의 동의어로 되어 있다.

cakṣu, cakkhu 안(眼)   āloka 광명(光明)

지혜가 구체화된 체험을 다음과 같이 일컫는다.
bodhi 보리(菩提), 각(覺), 도(道)
sambodhi 삼보리(三菩提), 정각, 등각

혜(慧)와 지(智)

이 중에서 가장 일반적으로 사용되는 단어는 prajñā(paññā)와 jñāna(ñāṇa)이다. 두 단어 모두 지혜라 번역할 수 있지만 현장의 신역에서는 prajñā(paññā)를 혜, jñāna(ñāṇa)를 지라 기록하고 있다. 말하자면 3학 가운데의 혜와 6바라밀 중의 반야바라밀은 모두 혜에 해당되는 것이다.

혜(慧 prajñā, paññā)

가장 넓은 의미로 지혜를 뜻한다. 말하자면 아비달마에서는 선

(善)·악(惡)·무기(無記) 등의 모든 지적 작용을 더한 결과 범부가 일으키는 유루의 혜로부터 성자가 일으키는 무루의 혜까지 포함하고 있다. 주지하다시피 반야는 일반적으로 반야의 지혜라 일컬어 최고의 지혜라 간주한다. 하지만 반야만으로는 보통의 혜에 해당하기 때문에 여기에 바라밀(pāramitā)이라고 일컫는, 즉 최고로 치는 완전한 말이 첨가됨으로써 반야바라밀을 '최고의 완전한 지혜'라 이르게 된 것이다.

지(智 jñāna, ñāṇa)

보통 깨침의 지혜에 사용된다. 진지(盡智)·무생지(無生智)·정지(正智)는 모두 아라한의 지혜를 일컬으며, 지바라밀(10바라밀의 다른 이름)은 10지(十地)의 최고 보살의 지혜를 말하며, 4지〔四智(成所作智·妙觀察智·平等性智·大圓鏡智)〕에 법계체성지(法界體性智)를 더한 5지는 모두 보살의 깨친 지혜를 일컫는다. 일체지·도종지(道種智)·일체종지(一切種智) 이 셋도 제각기 2승(성문·연각)의 지혜와 보살의 지혜, 불타만의 지혜로 깨침의 지혜에 속한다.

지가 혜와 같은 뜻으로 사용되면서 유루의 혜도 지라 부를 때가 있다. 이를 테면『구사론』에서는 10지 가운데 세속지만을 유루혜라고 일컬었으며, 그 밖의 법지(法智)·유지(類智)·고지(苦智)·집지(集智)·멸지(滅智)·도지(道智)·타심지(他心智)·진지(盡智)·무생지(無生智)는 모두 무루지라고 지칭하였다. 또 이 10지에 여실지(如實智)를 더한 유식 법상종의 11지(十一智)에서도 여실지는 유루 범부의 높은 지혜로서 무루혜는 아니다. 유루혜로서의 세속지에는 생득혜(生得慧)·문혜(聞慧)·사혜(思慧)·수혜(修慧)의 4혜(四慧)가 있다.

혜(慧)와 같은 말

명(明 vidyā)·각(覺 buddhi)·혜(慧 medhā)·광(廣 bhūri) 등의 단어는 안(眼), 광명(光明)과 함께 지혜와 동의어로 쓰인다. 예컨대 명은 명행족처럼 불타의 지혜를 가리킨다.

견(見 darśana)은 흔히 '지견(智見)', 또는 '지(智)와 견(見)'이라 일컬으며, 흔히 지혜와 병용하여 사용된다. 견(見 dṛṣṭi, diṭṭhi)은 일반적으로 악견(惡見)이나 사견(邪見)처럼 사악한 견해와 사상적으로 사용되는 경우가 많지만, 8정도의 정견처럼 수승한 지혜로도 사용된다.

관(觀 vipaśyanā)이란 지관(止觀)의 관으로 지혜를 의미하고, 수관(隨觀 anupaśyanā)은 4념처관(四念處觀)의 관으로 관찰의 혜를 가리킨다. 변지(遍知 parijñā)란 4제(四諦) 중 고(苦)를 바르게 아는 지혜를 일컫는다. 증지(証智 abhijñā)란 깨친 지혜로 6신통을 의미한다.

요지(了知 ājñā)란 법안(法眼)에 대한 초보적 깨침의 지혜를 말한다. 예컨대 아야교진여(阿若憍陳如)의 아야가 이에 해당한다. 부처님이 성도하신 후 다섯 비구에게 설법을 하셨는데 그 중 교진여가 최초로 지혜를 요지(了知)했으므로, 아야교진여라 일컫는 것이다. 정지(正知 samprajāna)란 정념정지(正念正知)로 바른 의식을 일컫는다.

관(觀 mīmāṃsā)이란 4신족(四神足) 속의 혜로 사용되는 관(觀 parīkṣā)과 관인연품(觀因緣品)을 비롯한 『중론』의 명품에서 지혜 관찰의 의미로 사용하고 있다.

택법(擇法 dharma-vicaya)이란 7각지(七覺支) 속의 택법각지라 일컬으며, 법(法)이 간택분별(簡擇分別)하는 지혜로 쓰이고 있다.

무애해(舞碍解)는 무애지(無碍智), 또는 무애변(無碍辯)이라고도 일컫는다. 말하자면 불타나 보살의 무애자재한 지혜를 가리키는데, 법(法)·의(義)·사〔詞(辭)〕·변〔辯(應辯, 樂說)〕의 4무애해(四無碍解)가 그것이다.

보리(菩提 bodhi 覺, 道)나 삼보리(三菩提 sambodhi 正覺)는 지혜 뿐만 아니라, 계·정·혜 전체가 완성된 깨침의 상태를 가리키는데, 이는 마음과 몸 전체를 말한다. 이런 체험적 지혜를 얻는 것을 촉달(觸達 sparśana, phussana)이라 일컫는다. 깨침이란 몸으로 촉달하여 체득하는 것이기 때문이다.

(2) 지혜의 작용

지혜는 유분별지(有分別智 savikalpa-jñāna)와 무분별지(無分別智 nirvikalpa-jñāna)의 둘로 나눌 수 있다. 유분별지란 지혜가 대상을 의식하며, 대상과 대립하고 있는 경우를 가리킨다. 반면 무분별지란 지혜가 대상을 의식하지 않고 대상과 일체가 되어 있는 경우로 최고로 치는 깨침의 지혜를 가리킨다.

'색즉시공(色卽是空)'이라 관하는 지혜가 그것이다.

불교의 이상은 제4장 「제법무아」의 무아(無我)나 공(空)의 설명에서 이야기한 것과 같다. 먼저 일체법으로 무아(無我)의 성질이나 무자성(無自性)의 도리를 이론적으로 바르게 아는 것이다. 다음은 무아(無我), 무자성(無自性)이 없는 실체를 좇아서, 얻음도 없고 집착함도 없는 태도로부터 무애자재한 활동이 될 수 있도록

하는 것이다. 마음이 무애자재해서 억지로 노력하지 않고도 자연스레 법에 맞음으로써 충만하게 나오는 지혜가 무분별지인 것이다. 이는 최고로 치는 깨친 지혜를 가리키는데, 대지(大智) 또는 반야바라밀이라 부르기도 한다.

그러나 최고의 무분별지를 얻은 불이나 보살은 그것으로 그치지 않는다. 지혜로서 중생 구제의 자비 활동을 펼치는 것이다. 이 때에는 지혜가 중생을 의식하는 유분별지가 된다. 그러나 이 지혜는 최고의 무분별지를 얻은 후에 일어난 것이므로, 이전의 유분별지와는 구별해서 유분별후득지(有分別後得智)라 일컫는다.

6바라밀에 의하면 반야바라밀 이전의 보시·지계·인욕·정진·선정의 5바라밀은 유분별후득지의 작용이 된다. 이를 방편(upāya)이라 일컫는 것이다. 말하자면 6바라밀은 방편과 반야의 둘로 나눌 수 있는데, 방편(方便)은 유분별후득지에 의한 자비 활동이 되고, 반야(般若)는 무분별지에 의한 지혜 활동이 된다. 전자는 하화중생(下化衆生)과 대비되며, 후자는 상구보리(上求菩提)의 대지(大智)라고 말할 수 있다.

이상에서 살펴본 바와 같이 대지(大智)와 대비(大悲)의 지혜 활동을 구비하는 것이 불교의 이상이며 목적인 것이다.

4. 수도계위(修道階位)

1) 수도계위와 성자

부처님은 수도계위에 대해서 거의 언급하지 않으셨다. 그러나 초보의 깨침을 얻은 4쌍8배(四雙八輩)와 같은 성자의 자리로 나아가는 것은 『아함경』에도 잘 나타나 있다. 또 성자의 자리에 있어서 이론형, 신앙형, 선정형의 제각기 다름도 기록하고 있다. 뿐만 아니라 범부로부터 성자로 나아가는 수행 단계에 대해 설한 경전도 있다.

7청정(七淸淨)
『중아함』 9, 「칠차경(七車經)」[『중부』 24, 「전차경(傳車經)」]에서는 수행 계제(階梯)를 다음과 같이 7청정으로 분류하고 있다.
①계청정(戒淸淨 sīla-visuddhi)
②심청정(心淸淨 citta-visuddhi)
③견청정(見淸淨 diṭṭhi-visuddhi)
④도의청정(度疑淸淨 kaṅkhāvitaraṇa-visuddhi)
⑤도비도지견청정(道非道智見淸淨 maggāmagga-ñāṇadassana-visuddhi)
⑥행도지견청정(行道智見淸淨 paṭipadā-ñāṇadassana-visuddhi)
⑦지견청정(智見淸淨 ñāṇadassana-visuddhi)

팔리 불교의 중요한 수도 철학서인 『청정도론(淸淨道論)』(Visuddhi-magga)에서는 7청정에 대해 아주 상세히 기록하고 있다.

17단계

또 『중부』 39 「마읍대경(馬邑大經)」에는 수행의 출발부터 아라한의 깨침에 이르기까지의 도정을 다음의 17단계로 기록하고 있다.

1단계 참괴구족(慚愧具足), 2단계 신행청정(身行淸淨), 3단계 어행청정(語行淸淨), 4단계 의행청정(意行淸淨), 5단계 활명청정(活命淸淨), 6단계 수호근문(守護根門), 7단계 어식지량(於食知量), 8단계 경오정진(警寤精進), 9단계 정념정지구족(正念正知具足), 10단계 독주원리(獨住遠離), 5개사단(五蓋捨斷), 11~14단계 초선 내지 제4선, 15~17단계 숙주수념지(宿住隨念智) 내지 누진지(漏盡智)의 3명지(三明智)

4쌍8배의 성자와 성격형

부파불교가 열리면서 원시경전의 수도론을 정리해서 기록하게 되었는데, 이를 테면 4쌍8배의 성자는 그 속에 논리형·신앙형·선정형 등이 있는데 아래와 같이 표시하고 있다.

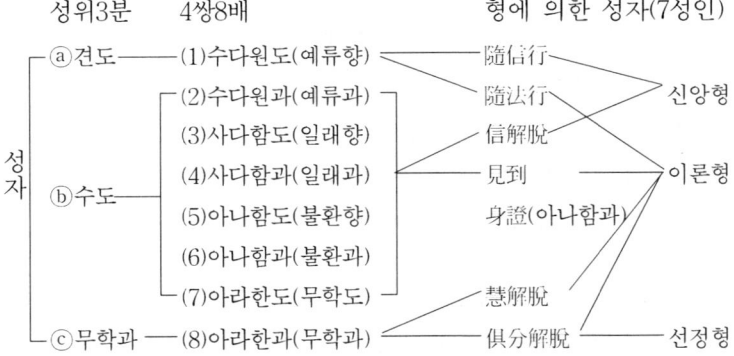

위 도표에 의하면 성자(七賢人) 가운데 신증(身證)은 멸진정을 얻은 아나함으로 구분해탈의 아라한에 가깝다. 혜해탈(慧解脫)이란 관법의 지혜만으로도 일체의 번뇌를 끊은 아라한을 일컫는다. 구분해탈(ubhatobhāga-vimutta)이란 구해탈(俱解脫)이라고 지칭하여 이론과 선정을 함께 갖춘 최고의 이상적 아라한을 일컫는다. 3명6통(三明六通)의 능력을 갖추고 있는 아라한도 이를 가리킨다. 또한 수다원이나 사다함에도 신앙과 이론 이외에 신증(身証)처럼 선정을 득의한 아라한도 있으나 표에는 나타내지 않았다.

2) 설일체유부의 수도계위(修道階位)

설일체유부의 『구사론』에는 다음과 같이 수도계위에 대해 설하고 있다.

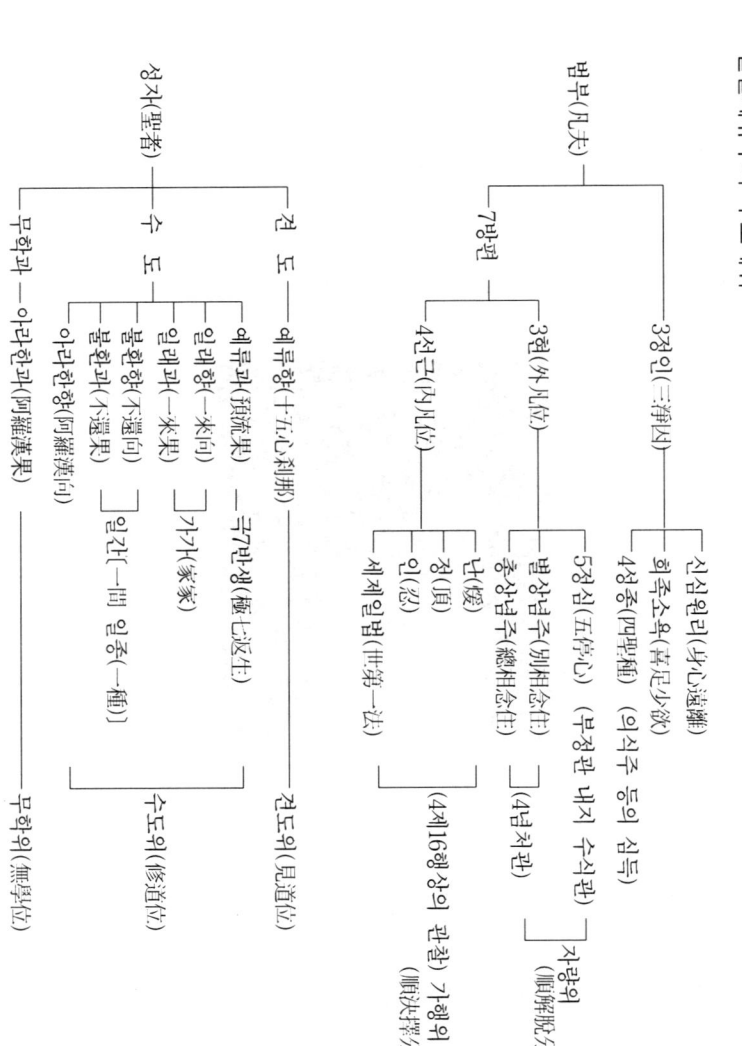

3) 대승보살의 수도

원시불교나 부파불교에서는 수도의 최고 자리를 아라한이라고 일컫지 불타라고는 말하지 않았다. 불타는 특수한 사람으로서 일반인은 불타가 될 수 없는 것으로 보았기 때문이다. 그러나 대승불교가 열리면서 모든 사람은 불성을 갖추고 있으므로, 보리심을 발휘해 수행 정진하면 틀림없이 성불한다고 전해진다.

일성개성(一性皆成)과 5성각별(五性各別)

대승이나 천태교학에서는 일체중생실유불성(一切衆生悉有佛性 ; 일체 중생은 모두 불성을 갖추고 있음)이라 칭하여 한층 일성개성(一性皆成)의 설을 주장하고 있다. 하지만 유식의 법상종에서는 5성각별(五性各別)이라 일컬어 유정에는 본래 5종(五種)의 능력의 차가 있는데 성문종성, 연각종성, 보살종성, 부정종성, 무성종성이 그것이라 했다. 이 가운데 보살종성과 부정종성의 일부만이 성불 가능성이 있고, 성문종성과 연각종성 또는 부정종성의 일부는 각각 성문이나 연각의 깨침밖에는 이를 수 없고, 무성종성은 3승(三乘)의 어느 쪽의 깨침도 이룰 수 없는 범부 근성의 중생이라 기록하고 있다. 일천제(一闡提)는 무성종성의 중생을 가리킨다. 그러나 이 분류는 일정 기간 내의 능력 차를 구별한 것으로 거시적으로 보아서는 일성개성의 설이 된다고 말할 수 있다.

대승불교에서는 모든 보살의 수행계위에 대해 말하고 있지만, 종파에 따라서 계위설을 보는 견해에 차이가 있다. 여기서는 유식의 법상종(法相宗)과 천태교학의 계위설(階位說)을 소개하는 수준으로 그치려 한다.

범어사의 담장과 대나무

내소사 대웅보전의 화사한 꽃살문

제7장 수도론(修道論) 271

유식의 법상종 수행계위
소승의 설일체유부의 수도설과 관련지어 발췌해 본다.

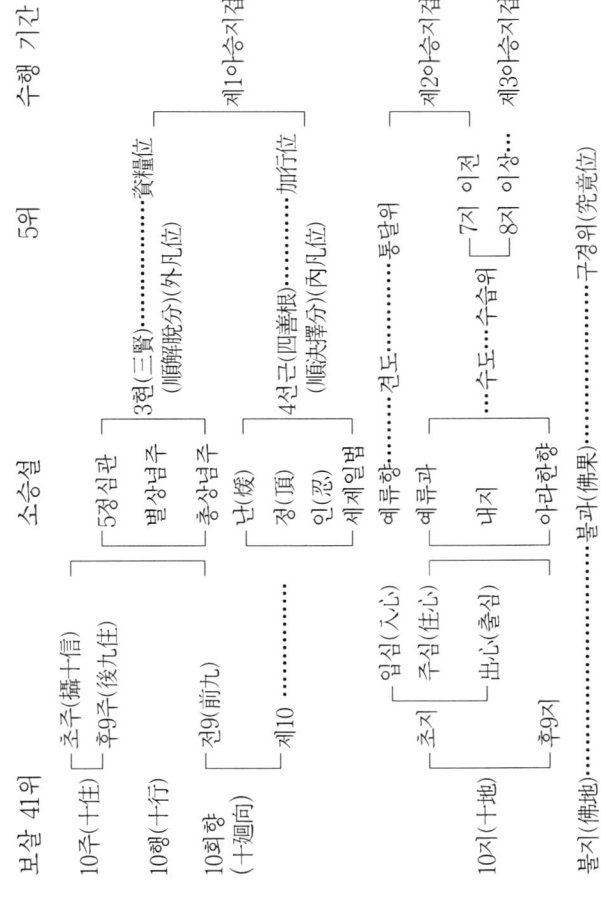

천태교학의 수행계위

보살의 52자리에 대해 설하고 있는데, 그 앞에 5품〔弟子〕위를 설정한 후 이것을 6즉(六卽)으로 구분하고 있다.

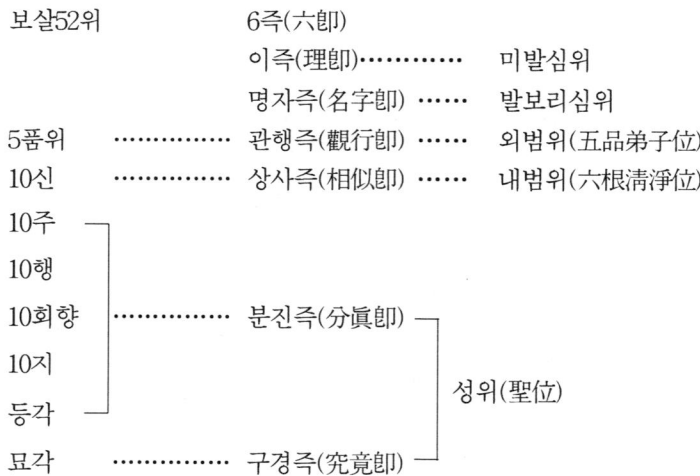

법상학과 천태학의 다른 점은 법상종 등의 대승별교(大乘別敎)에서는 10지(十地)의 초지를 성위의 초보로서 견도위로 규정한 반면 천태와 화엄 등의 대승원교(大乘圓敎)에서는 10주 이상을 성자위로 규정하고, 10신까지를 범부위로, 10신만위(十信滿位)의 상사즉에 와서 견도위에 도달한다고 기록하고 있다. 이런 점에 있어서 대승불교도 별교(別敎)와 원교(圓敎)처럼 깨침의 계위설에 상당한 차이가 있음을 발견할 수 있다.

4) 여러 가지의 10지설(十地說)

전술한 법상종이나 천태종의 계위설에서도 10지(十地)에 대해 설하고 있는데, 보살로서는 불위에 들어가기 직전의 단계가 10지라고 기록하고 있다. 10지설에도 여러 가지가 있는데, 살펴보자면 다음과 같다.

범문대사(梵文大事 Mahāvastu)의 10지
소승부파의 대중부에 속하는 설출세부의 설을 일컫는데 다음과 같다.
① 난등(難登 durārohā)
② 결만(結慢 baddhamānā)
③ 화식(華飾 puṣpamaṇḍitā)
④ 명휘(明輝 rucirā)
⑤ 광심(廣心 cittavistarā)
⑥ 구색(具色 rūpavatī)
⑦ 난승(難勝 durjayā)
⑧ 생연(生緣 janmanideśa)
⑨ 왕자위(王子位 yauvarājya)
⑩ 관정위(灌頂位 abhiṣeka)

대승초기의 10지(十地)→10주(十住)
최초의 대승에서는 4위까지였고, 후대로 내려오면서 10지(10주)로 확대된 것으로 보고 있다.

10지(十地)   4위(四位)
① 초발심(初發心 prathama-cittotpādika 發意)············ 초발의
② 치지(治地 ādikarmika 淨地)
③ 응행(應行 yogācāra 修行, 進學)····················· 구발의
④ 생귀(生貴 janmaja)
⑤ 수성(修成 pūrvayoga-sampanna 方便具足)
⑥ 정심(正心 śuddhādhyāśaya 成就直心)
⑦ 불퇴전(不退轉 avaivartya 阿惟越致)················ 불퇴전
⑧ 동진(童眞 kumārabhūta 童子)
⑨ 법왕자(法王子 yauvarājyatā 王子)
⑩ 관정(灌頂 abhiṣekaprāpta 阿惟顔)················· 일생보처
또는 일생보처(ekajāti-pratibaddha 補處)

3승 10지(三乘十地)

3승과 함께 10지는 『반야경』에도 설해져 있다.

① 건혜지(乾慧地 śuklavipaśyanā-bhūmi 淨觀地) ─┐
② 종성지(種性地 gotra-bh. 性地) ─────────────┘ 범부
③ 팔인지(八人地 aṣṭamaka-bh. 第八地) ············ 예류향 ┐
④ 견지(見地 darśana-bh. 具見地) ·················· 예류과 │
⑤ 박지(薄地 tanu-bh.) ··························· 일래   │ 성문
⑥ 이욕지(離欲地 vītarāga-bh.) ···················· 불환   │
⑦ 이변지(已辯地 kṛtāvī-bh. 已作地) ················ 아라한 ┘
⑧ 벽지불지(辟支佛地 pratyekabuddha-bh. 獨覺地)······ 연각
⑨ 보살지(菩薩地 bodhisattva-bh.) ─┐
⑩ 불지(佛地 buddha-bh.) ──────────┘············· 불보살

화엄 10지(華嚴十地)

화엄 10지는 대승 일반의 10지설로 되어 있다. 10지 앞에 계위로서 10주·10행·10회향이 『화엄경』에 설해져 있다. 10신은 『영락본업경』 등에 기록되어 있다.

① 환희지(歡喜地 pramuditā bhūmi 極喜地)
② 이구지(離垢地 vimalā bh.)
③ 발광지(發光地 prabhākarī bh. 明地)
④ 염혜지(焰慧地 arciṣmatī bh. 焰地)
⑤ 극난승지(極難勝地 sudurjayā bh. 難勝地)
⑥ 현전지(現前地 abhimukhī bh.)
⑦ 원행지(遠行地 dūraṅgamā bh.)
⑧ 부동지(不動地 acalā bh.)
⑨ 선혜지(善慧地 sādhumatī bh. 妙善地)
⑩ 법운지(法雲地 dharmameghā bh.)

5) 초보의 깨침에 대해서

원시불교에서는 초보적 깨침으로 수다원도〔預流向〕를 얻는 방법으로 믿음에 의한 '수신행(隨信行)'과 이론적 이해에 의한 '수법행(隨法行)' 두 종류가 있다고 전술했다. 믿음에 의한 깨침을 4불괴정〔四不壞淨(四證淨)〕이라 일컫는데, 이는 불·법·승 3보의 성계(聖戒)에 대해 확신을 가지고 절대적으로 믿는 신앙심을 가리킨다. 이론적 이해에 의한 깨침은 원진이구(遠塵離垢)의 법안(法眼 dhamma-cakkhu)을 얻는다고 기록하고 있다. 요컨대 4제나 연기의 법에 대한 지혜의 눈을 얻는다는 의미이다. 이것을 달리 성제현관(聖諦現觀 sacca-abhisamaya)이라고도 일컫는다.

　어쨌든 초보의 깨침을 얻는 것은 나쁜 행을 범하는 일이 없기 때문에 악업을 받는 악취에 떨어지는 일이 없다. 따라서 이를 불타법(不墮法 avinipāta-dhamma ; 악취에 떨어지지 않음)이라 규정해서 불퇴전(不退轉) 또는 정성결정(正性決定 sammatta-niyata, samyaktva-niyata)이라고도 일컫는다. 이는 성자위로부터 퇴전하거나 이교도의 신앙을 좇지 않으며, 꼭 위를 향해서 최고의 깨침에 도달하는 게 결정되어 있기 때문이다. 이와 같이 초보의 깨침을 얻은 사람을 정정취(正定聚 samyaktvaniyata-rāśi)라 일컫는 것이다.

제 8 장

번뇌론(煩惱論)

1. 번뇌의 의미, 다른 이름, 종류

1) 번뇌(煩惱)의 뜻

번뇌(煩惱 kleśa, kilesa)란 혹(惑)·진로(塵勞)·염(染) 등으로도 번역하는데 유정의 상태로 마음을 뇌란(腦亂)하며 불교의 이상을 장애하는 것을 뜻한다. 번뇌로 인해 깨침도 얻지 못하고, 불교의 이상적 활동도 방해하는 것이다.

번뇌와 같은 뜻으로 사용되는 단어로는 수면(隨眠 anuśaya, anusaya)이 있다. 번뇌란 주로 표면에 나타나는 데서 나아가 마음 속에 사악한 성격이나 성벽으로 잠재하고 있다가 기회 있을 때마다 표면에 나타나는 탓으로 마음 상태에 따라서 깊숙이 잠자고 있다는 의미에서 수면이라고 일컫는 것이다. 예전에는 사(使)라고 번역했다.

수면(隨眠)과 전(纏)

번뇌란 잠재적인 경우가 많지만, 마음의 표면에 나타나기도 한다. 부파불교에서는 이 점에 착안하여 잠재적인 것을 수면(隨眠)이라 규정한 반면 표면적인 번뇌를 전(纏 paryavasthāna, pariyuṭṭhāna)이라 규정하여 양자를 구별하기도 했다.

번뇌와 업(業)

번뇌에 잠재적인 것과 현재적인 것이 있다면, 나타나는 번뇌(顯在的)와 사악한 의업(意業)과는 어떻게 다른가? 착하지 않은 마음을 모두 번뇌라 일컬으므로, 그것은 사악의 의업처럼 표면으로 나타나는 마음에 속한다고 보면 된다. 이런 점에서 업은 번뇌와 같다고 볼 수도 있는 것이다.

또 업에는 나타나는 표업(表業)과 잠재적인 무표업(無表業)이 있는데, 무표업을 설일체유부에서는 색법(色法;물질)이라 규정하여 마음적인 것도 있다고 기록하고 있다. 예컨대 습관력이 된 사악한 성격이 그것이다. 주지하다시피 사악한 성격은 번뇌일 수밖에 없는데, 이 점에 있어서도 업과 번뇌가 일치하는 부분이 있다.

12연기의 12지를 혹(惑)·업(業)·고(苦) 세 부분으로 구분하지만, 혹을 번뇌라 일컫고 12지 가운데 무명, 애, 취를 번뇌라 칭하는 것이다. 결국 이것이 번뇌의 기본이 되어 행이나 유의 업을 생성하고, 그 과보로 식·명색·6처·촉·수와 생·노사의 고통이 따른다는 게 12연기의 근본 뜻이다.

앞은 특히 12연기의 「3세에 거듭되는 인과표」를 참조하라. 이 가운데 취는 번뇌라고 규정하기 보다는 유와 함께 업이라고 규정하는 게 더 적절하다. 취와 유를 합한 것이 행이 되고, 행의 표면 작용은 취로 그 잠재력이 유인 것이다.

불선(不善)과 유부무기(有覆無記)

마음속에 있는 아집을 중심으로 일어나는 잘못된 생각이나 사악한 성격을 모두 번뇌라 일컫는다. 번뇌에는 불선(惡)과 유부무기의 양자가 합쳐졌다고 보는 것이 설일체유부와 유가행파의 설이다. 요컨대 불선에는 욕계만이 존재하고, 색계·무색계에는 유부무기의 번뇌만이 존재한다.

남방불교(팔리 불교)에서는 번뇌를 모두 불선이라고 규정하여 무기(無記)의 번뇌에 대해서는 언급하지 않았다. 어쨌든 번뇌에 관한 고찰은 설일체유부 등의 북방불교 쪽에서 활발하게 논한 반면, 남방불교의 팔리 불교에서는 깊이 논하지 않았다.

무기(無記)에 대하여

설일체유부에서는 선도 악도 아닌 무기(無記)에는 유부무기(有覆無記 nivṛta-avyākṛta)와 무부무기(無覆無記 anivṛta-avyākṛta)의 두 종류가 있다고 기록하고 있다. 유부무기란 불선은 아니지만 성지(聖智)를 차단해 깨끗한 마음을 은폐하는 번뇌를 가리킨다. 따라서 불선(akuśala)은 유부무기처럼 성도[聖道 ; 성지(聖智)와 정심(淨心)]를 방해하는 것만이 아니라, 복 없는 과(내세에 불행한 과보)를 받는 것으로 기록하고 있다. 불선(不善)이 모든 번뇌의 바탕이 됨은 말할 필요도 없으리라.

무부무기(無覆無記)란 번뇌 장애에 관계없이 순수한 무기를 일컫는다. 이를 이숙(異熟 ; 선악업의 과보), 위의(威儀 ; 행·주·좌·와의 4위의), 공교(工巧 ; 예술·기능 등), 통과(通過 ; 변화라고도 하며, 신통 변화하는 과) 넷으로 나누기도 한다.

따라서 팔리 불교에서는 유부무기에 대해서는 언급하지 않으며, 이숙(異熟 vipāka)과 유작(唯作 kiriyā) 두 종만을 내세우고 있다. 이숙이란 선악업의 과보를 일컫고, 유작이란 작용뿐으로 선도 악도 아니고 과보를 받는 것도 아닌 것을 말한다. 이 가운데에는 아라한의 자비 활동으로 3계를 유유히 교화하는 무아무소득(無我無所得)의 작용도 들어 있다.

2) 번뇌(煩惱)의 다른 이름

번뇌의 다른 이름으로 수면(隨眠)이나 전(纏)에 대해서는 전술한 바와 같지만 그 밖에도 여러 가지가 있다.

결(結 saṁyojana)
3결(三結)·5상분결(五上分結)·5하분결(五下分結)·7결(七結)·9결(九結)·10결(十結)을 일컫는다.

3결(三結)
신견(身見)·의(疑)·계금취(戒禁取)로 초보의 깨침에서 끊음을 일컫는다.

5상분결(五上分結)
색탐(色貪)·무색탐(無色貪)·도거(掉擧)·만(慢)·무명(無明)으로 아라한과에서 끊음을 말한다.

5하분결(五下分結)
욕탐(欲貪)·진에(瞋恚)·신견(身見)·의(疑)·계금취(戒禁取)로 아나함과에서의 사단(捨斷)을 일컫는다.

7결(七結)
욕탐·진에·견·의·만·유탐·무명

9결(九結)
애·진에·만·무명·견·취=계금취, 의, 질, 간

10결(十結)
9결 가운데 애를 욕탐·유탐의 둘로 나눈 것을 가리킨다.

개(蓋 nīvaraṇa)와 5개(五蓋, 欲貪・瞋恚・惛眠＝惛沈睡眠・棹悔＝棹拳惡作・疑)

초선에 들어갈 때의 진복(鎭伏)을 일컫는다.

액(軛 yoga)과 4액(四軛 욕・유・견・무명)

누(漏 āsrava, āsava), 3루(三漏 욕・유・무명), 4루(四漏 욕・유・견・무명)

폭류(暴流 ogha 流), 4폭류(四暴流 욕・유・견・무명)

계(繫 grantha, gantha 繫縛, 縛, 結縛)와 4계(四繫 욕・유・견・무명)

3화(三火), 3구(三垢), 3독(三毒 ; 탐욕・진에・우치), 전(箭), 조림(稠 vana, vanatha), 결박(結縛 jaṭā), 증성(增盛 utsada, ussada)

이상의 말도 번뇌의 다른 이름들이다.

3) 번뇌(煩惱)의 종류

『아함경』에도 앞에서 이야기한 것처럼 번뇌의 다른 이름들이 기록되어 있을 뿐만 아니라 번뇌에 대한 여러 가지 것들도 설해져 있다. 이것을 정리하여 분류한 것을 부파불교의 아비달마의 시작으로 보는 것이다. 특히 설일체유부에는 번뇌론이 상세히 기록되어 있으므로 이에 대해 살펴보고자 한다.

원래 번뇌란 성도를 장애하는 것이므로, 성도 수행의 길에서 한발 한발 끊어 나가면 성도의 단계에 맞추어 번뇌도 소멸하게 되어 있다. 초보 단계의 깨침인 수다원도(修陀洹道 ; 예류향)는 신견〔身見(有身見)〕・의(疑)・계금취 3결이 끊어지며, 욕계의 일체

번뇌를 끊는 데 도달한 아나함(不還)의 깨침에 이르면 5하분결이 다 끊어지며, 위2계〔색계·무색계〕의 모든 번뇌를 끊는 데 도달한 아라한의 깨침에 이르면 5상분결이 다 끊어지는 것이 그것이다.

 4쌍8배의 성자는 견도위(見道位)·수도위·구경위(아라한과) 셋으로 구분하며 앞에서 말한 도리와 같다. 견도위는 견혹〔見惑 ; 견소단(見所斷)의 번뇌〕이 끊어지며, 수도위는 수혹〔修惑 ; 수소단(修所斷)의 번뇌〕이 끊어지며, 견수(見修)의 일체 번뇌가 끊어지면 구경위(究竟位)에 도달하게 되는 것이다.

견혹(見惑)과 수혹(修惑)

 번뇌는 견혹과 수혹 둘로 나눌 수 있다. 견혹은 지식으로 인한 괴로움으로 주로 후천적인 것이다. 이는 바른 이론을 토대로 이해하면 바로 제거할 수 있는 것이다. 따라서 이것을 이사〔利使 ; 서리(犀利)한 번뇌〕라고도 일컫는다. 수혹(修惑)을 사혹(思惑)이라고도 말하는데, 이는 습관적·정의적인 고통으로 선천적인 것으로 본 것이다. 요컨대 잘못된 것을 이론을 토대로 아무리 이해하려고 해도 잘 고쳐지지 않는 습벽·성벽으로 완고(頑固)한 고통을 지칭한다. 다시 말하면 오랜 기간 수행한 노력에 의해서 조금씩 끊어지는데, 이것을 둔사(鈍使 ; 지둔한 번뇌)라고 일컫는 것이다.

 신견(身見)·변견(邊見)·사견(邪見)·견취(見取)·계금취(戒禁取) 5견을 5리사(五利使)라 일컫고, 탐욕·진에·무명(우치)·만·의 다섯을 5둔사(五鈍使)라 칭한다.

근본번뇌의 6종과 10종

견혹과 수혹의 중심을 근본번뇌(根本煩惱)라 말하는데, 이것을 6종 또는 10종으로 나눌 수 있다. 그 중에서도 탐욕, 진에, 우치 셋이 가장 기본이 되며, 우치, 곧 무명은 한층 근본이 된다. 12연기 중에서 무명이 맨 처음에 있는 것도 그 때문이다. 근본번뇌를 표시하면 다음과 같다.

이 10종(6종)을 모두 견혹이라고 일컫는다. 달리 88사(八十八使)의 견혹(見惑)이라고도 칭하는데, 이는 10종 가운데 3계의 4제에 대한 어리석은 모양을 가리키는 것이다. 10종 중에 수혹이 되는 것은 탐·진·치·만 넷뿐이며, 의(疑)와 5견의 여섯은 견혹을 중심으로 분류한 것이다. 수혹을 10종이라고도 말하지만, 그것은 욕계에 넷, 상2계(上二界 ; 색계·무색계)는 진을 제외한 각각의 셋으로 이루어져 있다. 또 수혹을 81품(八十一品)으로 헤아리는 경우도 있다. 일체의 번뇌를 98사(九十八使)라 일컫기도 하지만, 그것은 88사의 견혹과 10종의 수혹을 합한 것에 불과하다.

 88사의 견혹(見惑)이란 3계(三界) 속에서 4제에 허덕이는 견혹의 총계를 일컫는데, 이것은 매우 형식적인 아비달마적 분류로 실제로는 그렇게 필요한 것이 아니다.
 81품의 수혹(修惑)도 같은 형식으로 볼 때 3계를 욕계, 4색계(四禪), 4무색계의 9지(九地)로 구분하고, 각지를 상상품(上上品) 또는 하하품(下下品)의 9품으로 구분하면 9지가 9품이 되므로 81품이 되는 것이다.
 어쨌든 견혹이란 3계에서 4제지〔고법지·고류지·집법지·집류지·멸법지·멸류지·도법지·도류지의 8지 또는 이 8지 앞에 있는 고법지인·고류지인 등의 8인〕에 의해서 16심(十六心) 찰나에 88사를 끊는 것으로, 수혹이란 최후의 아라한향에서 무색계의 최상인 비상비비상처의 9품, 무간도(無間道)와 해탈도(解脫道)에 의해서 수혹이 끊어지는 것으로 전해진다. 이와 같은 형식론의 성립을 위해서 88사의 견혹과 81품의 수혹이 만들어졌던 것이다.

2. 번뇌의 각론

유가행파의 번뇌 분류
 번뇌의 분류법을 볼 때 심소법(心所法)은 설일체유부의 설과 다른데, 이를 개선한 것이 유가행파로 더할 나위 없이 합리적이다. 번뇌를 근본번뇌(根本煩惱)와 수번뇌(隨煩惱)로 구분한 후 다시 수번뇌를 소수번뇌(小隨煩惱), 중수번뇌(中隨煩惱), 대수번뇌(大隨煩惱)로 좀더 세분화했다. 이것을 표시하면 다음과 같다.

　　근본번뇌(6)
　　　　①탐 ②진 ③만 ④무명 ⑤견 ⑥의
　　수번뇌(隨煩惱)(20)
　　　㉠소수번뇌(10)
　　　　①분(忿) ②한(恨) ③복(覆) ④뇌(惱) ⑤질(嫉) ⑥간(慳)
　　　　⑦광(誑) ⑧첨(諂) ⑨교(憍) ⑩해(害)
　　　㉡중수번뇌(2)
　　　　⑪무참(無慚) ⑫무괴(無愧)
　　　㉢대수번뇌(8)
　　　　⑬혼침(惛沈) ⑭도거(掉擧) ⑮불신(不信) ⑯해태(懈怠) ⑰
　　　　방일(放逸) ⑱실념(失念) ⑲산란(散亂) ⑳부정지(不正知)

이 가운데 근본번뇌 6종 속의 견이 5견으로 나뉘어서 10종으로 되어 있다. 모든 번뇌의 각각에 대해 알아보면 아래와 같다.

　　근본번뇌(根本煩惱)
　①탐(貪 lobha ; rāga ; abhidhyā, abhijjhā 탐욕) 또는 애(愛 tṛṣṇā, taṇhā)도 같은 말이다. 욕계의 탐욕을 욕탐(慾貪) 또는 욕애(慾愛)라 일컫고, 색계의 탐욕을 색탐(色貪), 무색계의 탐욕을 무색탐(無色貪)이라 칭하며, 이 둘을 유애(有愛)라고도 부른다. 탐욕이란 좋아하는 대상에 대한 애착을 말한다.

당간지주

②진(瞋 dveṣa, dosa ; pratigha, paṭigha ; vyāpāda 瞋恚, 恚, 怒) 좋아하지 않는 대상에 대한 반발로 배척하며 꺼리는 것을 일컫는다. 수번뇌에서 말하는 분(忿)·한(恨)·해(害) 등이 이 부류에 속한다. 분(忿 krodha, kodha)이란 과격한 분노로 인한 신경질을 일컫고, 한(恨 upanāha)이란 진에가 마음에 엉켜서 영원히 계속되는 '원한'을 가리킨다. 해(害 vihiṁsā)란 진이 행동으로 나타나 다른 이를 해코지하려는 마음으로, 잔인한 행동이 이에 가깝다.

③만(慢 māna)이란 자신만이 우월하다고 뽐내는 자기 중심적인 생각으로, 이것을 3만(三慢)·7만(七慢)·9만(九慢) 등으로 말한다. 3만(三慢)이란 아승만(我勝慢 atimāna 過慢)·아등만(我等慢 māna)·아열만(我劣慢 avamāna 卑慢, 卑下慢)을 말하고, 7만(七慢)이란 만·과만·만과만(慢過慢 mānātimāna)·비만(卑慢)·증상만(增上慢 adhimāna)·아만(asmimāna)·사만(邪慢 mithyāmāna, micchāmāna)을 칭하고, 9만(九慢)이란 3만과 유승아만·유등아만·유열아만·무승아만·무등아만·무열아만을 일컫는다.

또한 만에 가까운 단어로 수번뇌 속의 교(憍 mada)가 있다. 이는 가정·재산·지위·권세·성장·건강·지식·미모·능력 등에 대한 사치스러움으로, 보통 교만이라 표현한다. 그러나 근본번뇌에서의 만과 수번뇌에서의 교는 구별이 있다. 만은 다른 것과 비교해서 사치스러움이고, 교는 비교함이 없이 오직 교만스러움 자체를 말한다.

④무명(無明 avidyā, avijjā)이란 우치(愚癡 moha 痴)를 말한다. 12연기의 무명과 같아서 4제나 연기의 도리를 알지 못할 뿐만 아니라, 자기 중심적이라 정확한 지견이 없는 것을 일컫는다. 간사한 아집에 의해서 분별하는 성품이 곧 무명인 것이다. 요컨대 간사한 마음이 곧 무명의 체(體)가 되는 것이다. 주지하다시피 일체의 사

악한 번뇌의 근원이 무명인 것이다.

　⑤견(見 dṛṣṭi, diṭṭhi)이란 일체의 사악한 견해로 불교적이 아닌 잘못된 생각을 가리킨다. 62견이라고 일컫는 것이 그것으로, 설일체유부 등에서는 이것을 5견으로 기록하고 있다. 5견을 간단히 살펴보면 아래와 같다.

　　5견(五見)
　㉠신견(身見 satkāya-dṛṣṭi, sakkāya-diṭṭhi 有身見, 薩迦耶見)이란 5취온에 대한 것으로, 이것은 아(自我 ; 나), 아소(我所 ; 나의 소유)라고 잘못 생각하는 견해이다.
　㉡변견(邊見 antagrāha-dṛṣṭi, antaggāha-diṭṭhi 邊執見)이란 세간이 항상한다[常見], 끊인다[斷見], 끝이 있다[有邊見], 끝이 없다[無邊見], 육체와 영혼은 동일하다[同見], 별개인 탓으로 다르다[異見], 여래는 사후에도 존재한다[有見], 존재하지 않는다[無見] 등의 양극단적인 생각으로 괴로움・즐거움 등의 극과 극으로만 보는 것이 그것이다.
　㉢사견(邪見 mithyā-dṛṣṭi, micchā-diṭṭhi)이란 넓은 뜻으로는 인과의 도리를 무시하는 옳지 못한 견해를 일컫는다. 여기서 10사(十事)의 사견(邪見)은 보시도, 헌공도, 제사도 필요 없으며, 선악업의 과보도 받지 않으며, 현세도, 내세도, 어머니도, 아버지도, 화생유정(化生有情)도 없고, 수행증과를 얻는 종교도 없다고 하는 것이 그것이다. 요컨대 사견이란 선악의 업보나 3세인과도 인정하지 않는 잘못된 견해인 것이다. 주지하다시피 그것은 인과나 연기를 말하는 불의 교법도, 수행에 의해서 깨침을 여는 불타나 승보도 인정하지 않는 생각인 것이다. 인과를 부정하기 때문에 불교의 가르침에는 결코 포함될 수 없다고 주장하므로, 이러한 사견이 한층

해악을 끼치게 되는 것이다.

　ⓔ견취(見取 dṛṣṭi-parāmarśa, diṭṭhi-parāmāsa 見取見)란 자기 중심적인 옳지 못한 견해를 절대 진리라 믿으며, 다른 사람의 주장은 잘못된 것이라고 매도하는 행위를 일컫는다. 오늘날 배타적인 사상이나 종교가 이에 해당한다고 볼 수 있다.

　ⓜ계금취(戒禁取 śīlavrata-parāmarśa, sīlabbata-parāmāsa 戒取, 戒禁取見)란 외교들이 해탈이나 하늘에서 태어나기를 바라며 맹세하고 지키는 구계(狗戒)·상계(象戒)·고행 등인데, 그로 인해서는 결코 해탈이나 하늘에 태어날 수 없는 잘못된 견해를 말한다. 설일체유부에서는 비도계도(非道計道 ; 도가 아닌 것을 도로 간주함)의 계금취와, 비인계인(非因計因 ; 인이 아닌 것을 원인으로 간주함)의 계금취 둘로 나눈다.

　⑥의(疑 vicikitsā, vicikicchā)란 3보와, 선과 악의 업보와, 3계인과와, 4제 또는 연기를 의심하는 것을 일컫는다.

수번뇌(隨煩惱)
중요한 것만 설명하면 아래와 같다.

간(慳)이란 물건을 아끼는 것인데, 주처간·가간·이양간·칭찬간·법간의 5간(五慳)이 있다.

　⑪무참(無慚 ; 마음속에 부끄러움이 없는 것)
　⑫무괴(無愧 ; 사회에 부끄러움이 없는 것)
　⑬혼침(惛沈 ; 마음이 우울해지는 것)
　⑭도거(掉擧 ; 마음이 둥둥 떠서 차분하지 못한 것)
　⑯해태(懈怠 ; 정진의 반대로 이상을 향해서 노력하지 않는 것, 또는 이상에 반대되는 것에 노력하는 것)

⑰방일(放逸 ; 자기 멋대로 규칙을 무시하는 생각이나 행동)

3. 번뇌와 지혜·해탈·보리·열반의 관계

번뇌란 성도를 방해하므로 바른 지혜를 막지만 지혜로 번뇌를 끊게 되면 그것을 해탈이라 일컫는 것이다. 마음이 번뇌로부터 해방되면 법(法)에 맞는 이상적인 움직임이 자유롭게 나타나게 된다. 주지하다시피 모든 번뇌의 불덩이를 불어 끈 상태가 열반인 탓에 이상적인 지혜의 움직임이 잠재적으로나 또는 표면적으로 나타나는 것이 바로 보리(깨침)인 것이다.

찾아보기

10결(十結) 282
10계(十界) 121, 243, 251
10계설(十界說) 251
10대번뇌 285
10력(十力) 79, 82
10무학법(十無學法) 231, 236
10바라밀(dasa-pāramī) 26, 27
10변처(十遍處) 255
10부정상(十不淨想) 255
10사(十事)의 사견(邪見) 290
10선(十善) 245
10선계(十善戒) 246
10선과 3취계 245
10수념(十隨念) 255
10여시(十如是) 172
10중금계(十重禁戒) 246
10지(十地) 261, 273
10지설(十地說) 273
10지수행 27
11공덕 258
12대원 77
12분교(12부경) 89, 90
12연기 201, 203
12연기설 202, 213, 217
12연기의 경문(經文) 203
12인연 32
12지(十二支)의 관계 204
12처 148
140불공불법(百四十不共佛法) 82
14불 69

16나한 85
17단계 266
18계(十八界) 159
18불공불법(十八不共佛法) 19, 79, 81
1승도(一乘道) 238

250계 242
25방편(二十五方便) 257
28불 66
2공(二空) 19, 182
2무아(二無我) 19
2세에 한 번 쌓인 인과 206
2승(二乘) 16
2신설(二身說) 73
2종의 5근(五根) 240
2종의 무아(無我)와 공(空) 182

32대인상(三十二大人相) 82
32상 80종호 20, 79
33신 78
33천(도솔천) 71
348계 242
37도품(三十七道品) 235
37보리분법(三十七菩提分法) 235, 237
3겁 69
3결(三結) 282
3계6도(三界六道) 78
3계출세간(三界出世間) 250
3과(三科) 135
3구(三垢) 283

3독(三毒) 283
3루(三漏) 283
3륜공적(三輪空寂) 30
3만(三慢) 289
3밀(三密) 46
3법인 169
3보(三寶) 59
3보리(三菩提) 263
3불호(三不護) 82
3삼매(三三昧) 259
3세시방의 제불 70
3세에 거듭되는 인과표 205
3수(三受) 139
3승 10지(三乘十地) 274
3승(三乘) 31
3시업(三時業) 208
3신설(三身說) 73, 74
3애(三愛) 224, 225
3염주(三念住) 79, 80, 82
3장(三藏) 29, 34, 99
3종색(三種色) 151
3천불 69
3취정계(三聚淨戒) 244
3학(三學) 231, 237
3해탈문(三解脫門) 259
3화(三火) 283

40업처(四十業處) 255
48경계(四十八輕戒) 246
4고8고 223
4념주(四念住) 237
4념처(四念處) 237
4대(四大) 153
4대성지 60
4대소조색(四大所造色) 153
4루(四漏) 283
4무색(四無色) 256
4무색정(四無色定) 252
4무소외(四無所畏) 80, 82
4무애해(四無碍解) 263
4무외(四無畏) 79, 80
4범주〔四梵住(四無量心)〕 255
4법인 169
4불괴정〔四不壞淨(四證淨)〕 248, 275
4선정(四禪定) 229, 249
4섭법〔4섭사(四攝事)〕 28
4성제 220
4신설(四身說) 73
4신족(四神足) 236, 239
4쌍8배 124
4아함 103
4여의족(四如意足) 239
4의단(四意斷) 238
4일체종청정(四一切種淸淨) 82
4정근(四正勤) 236, 238
4정단(四正斷) 238
4정승(四正勝) 238
4제 32, 220
4제 설법의 경과 217
4제설 213, 217
4제의 3전(三轉) 219
4종(四種)의 사문(沙門) 129
4종연기 207
4종열반(四種涅槃) 187
4중(四衆)과 7중(七衆) 120
4지(四智) 261
4폭류(四暴流) 283
4향4과(四向四果)의 여덟 단계 21

4혜(四慧) 262

500나한 85
500인결집 100
5간(五慳) 291
5견(五見) 290
5계(五戒) 242
5근(五根) 236, 239, 240
5둔사(五鈍使) 284
5력(五力) 236, 240
5문선(五門禪) 256
5부파 39
5분법신(五分法身) 74
5사망언(五事妄言) 35
5상분결(五上分結) 282
5성각별(五性各別) 269
5성음고(五盛陰苦) 224
5수(五受) 139
5온(五陰) 135, 137
5온관(五蘊觀) 147, 238
5온의 무아상(無我相) 147
5위100법 163
5위75법 163
5재(五財) 236
5정심관(五停心觀) 256
5종선(五種禪) 254
5취(五趣) 78
5취온고 224

64전겁(六十四轉劫) 72
6경(六境) 159
6계 164
6근(六根) 159
6내처(六內處)와 6외처(六外處) 148

6대번뇌 285
6대연기론 196
6도(六道) 23
6바라밀 26, 32
6법계 243
6식(六識) 143, 159
6식(六識)의 표면심(表面心) 19
6식계(六識界) 161
6처(六處) 206, 210
6파철학 43

7각분(七覺分) 240
7각지(七覺支) 236, 240
7결(七結) 282
7만(七慢) 289
7보리분(七菩提分) 240
7불통계게(七佛通誡偈) 248
7재(七財) 236
7중 120
7청정(七淸淨) 265

80수호(八十隨好) 82
81품(八十一品) 286
81품의 수혹(修惑) 286
88사(八十八使)의 견혹(見惑) 285, 286
8대인각(八大人覺) 236
8만 4천 법문 235
8승처(八勝處) 259
8식 143
8식설(八識說) 146
8재계(八齋戒) 120
8정도(八正道) 32, 227, 231, 236
8정도와 6바라밀의 공통점과 차이점 26
8지성도(八支聖道) 227

8해탈(八解脫) 259

98사(九十八使) 286
9개소 49
9결(九結) 282
9만(九慢) 289
9분교 89
9식 143

dhyāna 253

jñāna(ñāṇa) 260

prajñā(paññā) 260

samādhi 252
samāpatti 253
śamatha 253

yoga 253

Zen 254

가루라신 78
가법(假法) 159
가섭 69
가섭불(迦葉佛) 65, 68, 69
가5욕(訶五欲) 257
가치적 연기(內緣起) 196, 199
가타(伽陀) 92
각(覺) 262
각유정(覺有情) 22
각자 64

각지 241
각행(覺行) 256
간(慳) 291
감흥어 93
개(蓋)와 5개(五蓋) 283
개도의(開導依) 162
거북의 털 159
거사부녀신 78
거사신 78
건달바신 78
건도부(犍度部) 106
게(偈) 92, 98
견(見) 262, 290
견도(見道) 21
견일체리(見一切利) 69
견취(見取) 291
견취견(見取見) 291
견혜(堅慧) 44
견혹(見惑) 284
결(結) 282
결박(結縛) 283
결의(決意) 27
결집(saṅgīti) 100
경(수트라) 91
경부파(經部派) 45
경분별(經分別) 106
『경서』 91
경안각지(輕安覺支) 241
경장(經藏 Sūtra-piṭaka) 29, 35
경전 29
경전의 서사필록(書寫筆錄) 100
계(界) 135, 159
계(戒) 231, 242, 243
계(繫)와 4계(四繫) 283

계(戒)와 율(律) 243
계(戒)의 종류 242
계경(契經) 91, 98
계금취(戒禁取) 291
계금취견(戒禁取見) 291
계본(戒本) 92
계조(戒條)도 분류 107
계조집(戒條集) 92
계차별(界差別) 256
계취(戒取) 291
계학(戒學) 81, 237, 242
고(苦) 183, 184, 221
고고(苦苦) 183
고남(高楠) 52
고다마(瞿曇) 13
고다마불 13
고멸도성제(苦滅道聖諦) 220
고멸성제(苦滅聖諦) 220
고성제(苦聖諦) 220
고제(苦諦) 222
고집성제(苦集聖諦) 220
공(空) 28, 118, 178, 180
공·무(空無) 178
공교(工巧) 281
공성(空性) 118, 119, 178
공해(空海 ; 홍법대사) 14
과거 제불 65
과거25불 66
과거7불 65
과거지견무착무애(過去知見無着無碍) 82
관(觀) 262
관세음(觀自在)보살 78
광(廣) 262
광명(光明) 262

괴고(壞苦) 183
교법(敎法 pariyatti) 115
교법(聖) 117
교진여(憍陳如) 66
교진여불 68
구5연(具五緣) 257
구나함모니(拘那含牟尼) 69
구로주 71
구루손불(拘留孫佛) 65
구류손(拘留孫) 69
구부득고 224
『구사론』 45, 156
『구사론』의 6가지 심소(心所) 156
구야함모니불(拘耶含牟尼佛) 65
구주어(甌州語) 54
권전(勸轉) 219
극락세계 72
극미(極微) 139
근(勤) 239
근본번뇌(根本煩惱) 285, 287
근본번뇌의 6종과 10종 285
근본불교 33
『근본설일체유부비나야약사』 69
근본정(根本定) 250
『금강반야경』 55, 119
『금강정경』 46
『금광명경(金光明經)』 44
기5개(棄五蓋) 257
기르깃트(카슈밀 북부) 107
기별(記莂, 記說) 92
기어(綺語) 211, 228
긴나라신 78
길상(吉祥) 66

나계불 68
나라다(那羅陀) 66
나한 84
남방불교와 북방불교 27, 47
남산도선(南山道宣) 107
『남전대장경』 51, 52
남전불교 48
남해(南海)의 불교 55
네팔 불교 54
노고(老苦) 223
노사(老死) 206, 212
노사나불 72
녹야원 60
논리 28
논의 98
논장(論藏) 29, 34, 35, 110
논장의 성립 109
누(漏) 283
누진자(漏盡者) 85
『능가경(楞伽經)』 44
능도피안불(能度彼岸佛) 68
능작광명불(能作光明佛 ; 연등불) 68
능전(能詮)의 언교(言敎) 88
능조(能造)의 촉(觸) 153
니가야(尼柯耶) 104
니다나(尼陀那) 94

다니엘 라이트(Daniel Wright) 54
다지니천(茶枳尼天) 78
단단(斷斷) 238
단타 109
달마 88
담마(曇摩) 88
당체 82

『대당서역기』 39
『대무량수경』 55
『대반열반경(大般涅槃經)』 170
『대방광불화엄경』 97
대법(對法) 28, 110
『대본경(大本經)』 94
대불 72
대비(大悲) 79, 81, 82
『대비경』 69
『대비파사론』 69
『대사(大事)』 69
대수번뇌(大隨煩惱) 287
대승(大乘) 16, 17, 24
대승계(大乘戒) 112, 244
대승과 소승의 다른 점 18
『대승기신론(大乘起信論)』 45
대승별교(大乘別敎) 272
대승보살의 수도 269
대승불교 17, 32, 40
대승불교의 3기 43
대승불교의 3장 112
대승선(大乘禪) 254
『대승아비달마경(大乘阿毘達磨經)』 44
『대승열반경(大乘涅槃經)』 44
대승원교(大乘圓敎) 272
『대승장엄경론(大乘莊嚴經論)』 45
대승초기의 10지(十地) 273
대율(對律) 110
대일(大日)여래 62, 75
『대일경』 46
대자재천신 78
대중부(大衆部, 說出世部) 34, 39
『대지도론』 43
『대집경(大集經)』 44

덕(德) 115
덕(善) 117
덕상명칭(德上名稱) 69
데루게판(版) 53
도(道) 221, 226
도(度) 26
도거(悼擧) 291
도무극(度無極) 26
도심(道心) 22
도원선사(道元禪師) 62
도제(道諦) 226
도피안 26
독 묻은 화살 176
독각(獨覺 연각) 31, 32
동남신 78
동녀신 78
동체3보(同體三寶) 61
등각지 241
등류신(等流身) 75
등명불(燈明佛) 68
등무간연(等無間緣) 162

라오스 47
룸비니 60
리바다(離婆多) 66

마갈타어 48
마갈타국 100
마두관음 78
마라당불(摩羅幢佛) 68
마룬구야붓다(蔓童子) 177
마왕 78
마음〔心〕 202
마하가섭(Mahākassapa) 100, 101, 102

마하연(摩訶衍) 17
마후라가신 78
마힌다(Mahinda) 49
막스 뮬러(MaxMuller) 55
만(慢) 289
말나(末那) 146
말나식(末那識, 제7식) 19, 143, 162
망어(妄語) 211, 228
멸(滅) 221, 226
멸쟁 109
멸제(滅諦) 226
명(名) 146
명(明) 241, 262
명색(名色) 146, 206
명왕부 78
명행족 83, 85
『묘법연화경』 90, 98
『묘법연화경』의 9분교(九部法) 90
묘희(妙喜)세계 72
무가애(無罣碍) 180
무견무대색(無見無對色) 152
무견유대색(無見有對色) 151
무괴(無愧) 291
무교색(無敎色) 155
무기(無記) 158, 176, 281
무량광(無量光) 76
무량수(無量壽) 76
『무량수경』 43, 98
무루계(無漏戒) 242
무루율의 242
무망실법(無忘失法) 82
무명(無明) 206, 209, 289
무문자설(無問自說) 93
무부무기(無覆無記) 281

무분별지(無分別智) 263
무불정심(無不定心) 81
무불지사심(無不知捨心) 81
무상게(無常偈) 170
무상관(無常觀) 174
무상사 83, 86
무상에 관한 대목 174
무색계(無色界) 252
무색계정(無色界定) 250
무색계천(無色界天) 251
무색탐(無色貪) 287
무성종성(無性種性) 269
무소득(無所得) 180
무아(無我) 118, 176, 178, 180
무아상(無我相) 147
무아성(無我性) 115, 117, 118
무애(無碍) 181
무애변(無碍辯) 263
무애지(無碍智) 263
무애해(舞碍解) 263
무여열반(無餘涅槃) 24, 187
무여의열반(無餘依涅槃) 187
무위법(無爲法) 156
무위법의 종류 157
무유애(無有愛) 225
무이상(無異想) 81
무자성(無自性) 180
무주열반 82
무주처열반(無住處涅槃) 24, 187
무착(無着) 44
무참(無慚) 291
무패당불(無敗幢佛) 68
무표색(無表色) 139, 153, 155
무표업(無表業) 155, 280

무학(無學) 21, 85
미경(味境) 153
미래지견무착무애(未來知見無着無碍) 82
미륵(彌勒) 44
미륵불(Maitreya) 65
미증유법(未曾有法) 97, 99
밀교 14

바가바(婆伽婆) 87
바가범(婆伽梵) 87
바라문부녀신 78
바라문신 78
바라밀(pāramitā) 26
바라밀다 26
바라왕불(婆羅王佛) 68
바라이 108
바렌바〔삼불서(三佛逝)〕 55
바루대〔佛鉢〕 60
반야(般若) 264
『반야경』 274
『반야심경광략이종』 55
『반야제경』 43
반열반(般涅槃) 24, 187
발보리심 19
밧다가마니(Vaṭṭagāmaṇi) 100
방광(方廣) 96, 98
『방광대장엄경』 69
방일(放逸) 292
방편(方便) 264
백대겁 69
『백론』 43
백유경 95
백의관음 78
버마 47, 48, 51

번뇌(煩惱) 279
번뇌(煩惱)의 다른 이름 282
번뇌(煩惱)의 종류 283
번뇌무진 서원단(煩惱無盡誓願斷) 22
번뇌와 업(業) 280
번영욕(繁榮欲) 226
『범망경(梵網經)』 72, 75, 112
범망계(梵網戒) 246
범문(梵文) 불전의 사본 54
범문대사(梵文大事)의 과거불 68
범문대사(梵文大事, Mahāvastu)의 10지 273
범부선(凡夫禪) 254
범어(梵語) 49
범어계불교(梵語系佛敎) 52
범천 31, 78
법(法) 62, 88, 99, 194, 238
법(法)과 율(律) 90, 99
법(法)의 네 가지 특질 115
법(法)의 정의 114
법견(法見) 66
법경(法境) 154
법계(法界) 164
법계연기론(重重無盡緣起論) 196
법공(法空) 182
『법구경』 92, 93, 179
법륜 60
법무아(法無我) 182
법무아(法空) 19
법문무량 서원학(法門無量誓願學) 22
법보 60, 62
법상종『유식론』의 6가지 심소(心所) 156
법신(法身) 62, 72, 73, 74, 75
법안(法眼) 219, 275
법인(法印) 169

법장(法藏)보살 76
법장부 39
법처(法處) 154, 155
법체(법경)의 내용 155
『법화경』 43, 54, 62, 75, 98, 112
『베단타경』 91
벽지보리 85
벽지불 31, 68
벽지불승 31
벽지불신 78
변견(邊見) 290
변계소집성(遍計所執性) 201
변괴(變壞) 137
변집견(邊執見) 290
변화신 73
별교(別敎) 272
별상3보(別相三寶) 59
별체3보(別體三寶) 59
별해탈율의(別解脫律儀) 155, 242
병고(病苦) 223
보르네오 47
보리(菩提) 263, 292
보리분법 235
보리살타 22
보리수 31, 60
보리심 19, 22
보살 22, 27, 73
보살론 19
보살비유 94
보살사상 73
보살승(菩薩乘) 16, 17, 19
보살종성(菩薩種性) 269
『보성론(寶性論)』 45
보수파. 35

보신(報身) 72, 73, 75
『보요경』 69
『보적경(寶積經)』 44
『보현관경』 75
보호불(普護佛) 68
본사 95
본사경 95
본생 94, 96, 99
『본생경』 96
『본지수적설(本地垂迹說)』 78
부도(浮圖) 64
부도(浮屠) 64
부도가(浮屠家) 64
부동(不動)명왕 78
부정 108
부정종성(不定種性) 269
부진근(扶塵根) 150
부처님 13
부파 시대 34
부파불교 18, 32, 34
부파불교의 성전 34
부행독각(部行獨覺) 32
북경판 53
북방불교 47, 52
북전불교(北傳佛敎) 47, 52
분(忿) 289
분별성 201
분위연기(分位緣起) 207
불(佛 buddha) 13, 62, 64, 83, 87, 202
불(佛)의 10력 79
불공견삭관음 78
불과(佛果) 76
불교 13
불교의 분류 14

불교의 세계설 70
불교의 전문가 126
불도무상 서원성(佛道無上誓願成) 22
불본행집경(佛本行集經)의 과거불 68
『불본행집경』 68
불사(不死) 188
불사(弗沙) 66, 69
불사불 68
불선(不善) 280
불성(佛性) 19, 22, 40
『불성론(佛性論)』 45
불승(佛乘) 17, 31
불신(佛身) 73, 78
불신론 19
『불유교경』 74
불율의(不律儀) 155
『불장경』 69
불족적(佛足跡) 60
불치(佛齒) 60
불타(佛陀 Buddha) 13, 20, 64, 65, 71, 73
불타가 갖추고 있는 덕 79
불타법(不墮法) 276
불타의 유신(遺身) 60
불탑 60
불토론 19
불퇴전(不退轉) 276
불환과(不還果) 21
불환향(不還向) 21
붓다가야 60
뷔르누프 54
비구 48, 121
비구니 121
비구니신 78
비구신 78

비근(鼻根) 150
비다라 96, 98
비도계도(非道計道) 291
비바시(毘婆尸) 66, 69
비바시불(毘婆尸佛) 65, 69
비법〔十事非法〕 35
비불략(毘佛略) 96
비불설 40
비사문신 78
비사부(毘舍浮) 69
비사부불(毘舍浮佛) 65
비식계(鼻識界) 161
비아(非我) 178
비유 94, 99
비인계인(非因計因) 291
비처(鼻處) 150
비파사(毘婆沙) 98
『비파사론』 45
비파사파(毘婆沙派) 45

사각지(捨覺支) 241
사견(邪見) 262, 290
사고(死苦) 223
사념처(思念處) 236
사다가 96
사다함과(斯陀含果) 21
사다함향(斯陀含向) 21
사라쌍수 100
사리(舍利) 60
사리불아비담론(舍利弗阿毘曇論) 111
사리탑 60
사미 121
사미니 122
사바 70

사바세계 72
『사백론』 43
사유신족(思惟神足) 239
사음 211
『사제경』 224, 226
사천왕 71
사타 109
사혹(思惑) 284
사홍서원 22
살가야견(薩迦耶見) 290
살생 211
살적(殺賊) 85
삼귀의 글 63
삼매야계(三昧耶戒) 247
삼막삼불타 85
삼아승지백대겁(三阿僧祇百大劫) 20, 72
삼장교(三藏敎) 17, 112
삼장법사 112
삼지백겁(三祇百劫) 27
삼천대천세계 71
『삼천불명경』 69
상(想) 140
상대선〔相對善(有漏善)〕 117
상응부 104
상의성(相依性) 193
상좌부(上座部) 34, 39, 50
상좌부불교 47, 48
새건타(塞建陀) 137
색(色) 137, 146
색경(色境) 151
색계 250
색계정(色界定) 250
색계천(色界天) 251
색법(色法) 138

색처(色處) 151
색탐(色貪) 287
생(生) 206, 212
『생경(生經)』 96
생고(生苦) 223
생신(生身) 73
서덕(瑞德) 87
서북인도지방 39
석가모니 69
석가모니 세존 13
석가모니불(釋迦牟尼佛) 13, 62, 65, 75
석가보살 73
석가불 68, 73
석론(釋論) 98
석존 13
선(善)과 악(惡) 239
선계(善戒) 155
선계경(善戒經) 112
선도(善道) 251
선묘(善妙)의 경지 86
선사불(善思佛) 68
선생(善生) 66
선서 83, 86
선의(善意) 66
선정(禪定)에 나타난 용어 252
선정사유(禪定思惟) 31
선조불(善照佛) 68
선종(禪宗)의 선(禪) 254
선종의 3신설(三身說) 75
선취〔善趣 ; 선도(善道)〕 23, 251
선혜(善慧) 66
설근(舌根) 150
설도사문(說道沙門) 129
설법집 29

설산동자 170
설식계(舌識界) 161
설일체유부 7론 111
설일체유부(說一切有部) 36, 39, 50
설일체유부의 과거불 69
설처(舌處) 150
섬부주〔염부제(閻浮提)〕 71
섭대승론(攝大乘論)』 45
섭선법계(攝善法戒) 244
섭율의계(攝律儀戒) 244
섭중생계(攝衆生戒) 245
성(聖) 220
성격(性格) 256
성관음 78
성도(成道) 31
성문보리 85
성문승(聲聞乘) 16, 19, 31
성문신 78
성문종성(聲聞種性) 269
성불(成佛) 13
성숙겁(星宿劫) 69
『성실론』 45
『성유식론(成唯識論)』 45
성전어(聖典語) 48
성처(聲處) 152
성천(聖天) 78
세간(世間) 86, 251
세간해 83, 86
세계설 71
세무비(世無比) 69
세존(bhagavat) 83, 87
세친〔世親, 천친(天親)〕 44
『소부』 66
『소부경』 93, 98, 104

소비다(蘇毘多) 66
소수번뇌(小隨煩惱) 287
소승(小乘)과 대승(大乘) 16, 24
소승교 112
소승불교 16
소승선(小乘禪) 254
『소실지경』 46
소왕신 78
소전(所詮)의 교리 88, 113
소조(所造)의 촉(觸) 153
소천세계 71
수(受) 139, 206, 210, 238
수가타(修伽陀) 86
수관(隨觀) 262
수기(受記) 92
수다원과(須陀洹果) 21
수다원향[須陀洹向 ; 예류향(預流向)] 21
수단(修斷) 238
수도(修道) 21
수도계위(修道階位) 265
수도론(修道論) 235
수도법 236
수라 71
수마트라 47
수면(隨眠)과 전(纏) 279, 282
수미산 71
수번뇌(隨煩惱) 287, 291
수법행(隨法行) 275
수식관(數息觀) 241
수신행(隨信行) 275
수용신(受用身) 73, 75
수타니파타 98
수호단(隨護斷) 238
수혹(修惑) 284

『순정이론』 45
순차생수(順次生受) 208
순현법수(順現法受) 208
순후차수(順後次受) 208
스리랑카 47, 48
스리랑카 불교 50
습관적 번뇌〔사혹(思惑) 또는 수혹(修惑)〕 21
승(僧 saṅgha) 62, 119
승〔乘 yāna〕 16
승가(僧伽) 119, 125
승가(僧伽)의 기원 119
승가의 정의 124
승도사문(勝道沙門) 129
『승만경(勝鬘經)』 44
승보 60
승신주〔불바제(弗婆提)〕 71
승응신(勝應身) 77
승잔 108
시(施) 27
시기(尸棄) 69
시기불(尸棄佛) 65
시방세계 72
시설(施設) 159
시전(示轉) 219
시회당불(示悔幢佛) 68
식(識) 143, 206, 209
식염상(食厭想) 256
식차마나(式叉摩那) 122
신(身) 237
신(信)과 계(戒) 231, 239, 247
신견(身見) 290
신근(身根) 150
신남(信男) 120
신녀(信女) 120

신등(信等)의 5근(五根) 240
신무감(信無減) 81
신무실(身無失) 81
신밀 46
신사(信士) 120
신식계(身識界) 161
신앙의 지도자 126
신업수지혜행(身業隨智慧行) 82
신증(身證) 267
신처(身處) 150
신행(信行) 256
실법(實法) 159
실상론(實相論) 195, 196
심・의・식(心意識) 143, 238
심불상응행(心不相應行) 142, 156
심상응행(心相應行) 142
심소법(心所法) 156
심소법설(心所法說) 145
심식작용(心識作用) 19
심신족(心神足) 239
심심소(心心所)의 상응(相應) 144
심왕(心王)과 심소(心所) 144
심행(尋行) 256
『십이문론』 43
『십주비파사론』 43

아(我) 176, 178
아공(我空) 19, 182
아귀 71
아나함과(阿那含果) 21
아나함향(阿那含向) 21
아난(Ānanda) 101
아뇩다라샴막삼보리 85
아뇩보리 85

아라한 84
아라한과(阿羅漢果) 21
아라한향(阿羅漢向) 21
아뢰야(阿賴耶) 146
아뢰야식(阿賴耶識, 제8식) 19, 143
아뢰야식연기론 195
아마라식(阿摩羅識, 제9식) 143
『아미타경』 55
아미타불 62, 72, 76
아부타달마(阿浮陀達磨) 97
아비달마 피다카 29
아비달마(阿毘達磨) 28, 34, 98, 110
아비담(阿毘曇) 28
아비비나야(阿毘毘奈耶) 110
아쇼카왕 36
아쇼카왕 비유 95
아수라신 78
『아시아연구』 54
아야교진여(阿若憍陳如) 262
아촉불(阿閦佛) 72
아파타나(阿婆陀那) 94
아함(āgama) 104
『아함경』 83, 93, 94, 103, 283
악(惡) 239
악견(惡見) 262
악계(惡戒) 155
악구(惡口) 211, 228
악도(惡道) 251
악취〔惡趣 ; 악도(惡道)〕 23, 251
안(眼) 262
안근(眼根) 149
안등(眼等)의 5근(五根) 240
안반념(安般念) 241
안세고 지루가참(安世高支婁迦讖) 53

안식계(眼識界) 160
안은불 69
안처(眼處) 149
안혜(安慧) 44
애(愛) 203, 204, 206, 210, 287
애별리고 223
액(軛)과 4액(四軛) 283
야차신 78
약사여래 76
약사유리광여래 76
양설(兩舌) 211, 228
어무실(語無失) 81
어밀 46
어업수지혜행(語業隨智慧行) 82
언교(言敎)로서의 경전 88
업감연기론(業感緣起論) 195
업보사상 22
업보설(業報說) 146
여래(tathāgata) 83
여래10호(如來十號) 79, 82
여래장 사상 19
『여래장경(如來藏經)』 44
여래장연기론 196
여러 가지 정(定) 250
여시어(如是語) 95, 98
여시어경 95
여의륜관음 78
연각 31
연각[독각(獨覺)]사상 31, 32
연각승(pratyekabuddha-yāna) 31
연각종성(緣覺種性) 269
연기(緣起) 193, 194, 220
『연기경』 212
연기략설 201

연기론과 실상론 195
연기설 195
연기설의 기본 194
연기설의 두 종 196
연기의 도리 31
연기지(緣起支) 203
연등(燃燈) 66, 69
연등불 68, 69
연박연기(連縛緣起) 207
연화(蓮華) 66
연화상(蓮華上) 66, 69
연화상불 68
연화태장세계 72
열반(涅槃) 23, 186, 292
『열반경』 186
열반과 같은 말 188
열반론 19
열반상 186
열반의 뜻 186
열반적정(涅槃寂靜) 186, 201
열반회 186
열승(劣乘) 16
열응신(劣應身) 77
염(念) 239
염각지(念覺支) 240
염열불(炎熱佛) 68
엽의관음 78
『영락본업경』 275
영취산 62, 75
영해습기(永害習氣) 82
영혼 179
예류과(預流果) 21
예류향(預流向) 21
옛날 이야기 94

오도사문(汚道沙門)　129
온(蘊)　135, 137
완전열반　24
왕사성결집　100
외교설　148
외도선(外道禪)　254
『요가경』　91
요지(了知)　262
욕계　250
욕계정(欲界定)　250
욕무감(欲無減)　81
욕신족(欲神足)　239
욕애(欲愛)　225
욕애(慾愛)　287
욕탐(慾貪)　287
용불(龍佛)　68
용수　43
용신　78
우바새　120
우바새신　78
우바이　120
우바이신　78
우치(愚癡)　289
우타나(優陀那)　93
우파리(優波離)　102
우파제사　98
우파제사(優波提舍)　98
우화주〔구야니(俱耶尼)〕　71
원교(圓敎)　272
원돈계(圓頓戒)　247
원만보신 노사(자)나불　72, 75
원성실성(圓成實性)　201
원속연기(遠續緣起)　207
원시불교　32, 33

원시불교의 자료　33
원적(圓寂)　24
원증회고　223
원행(願行)사상　22
위의(威儀)　281
유(有)　28, 157, 206, 211, 225
유가계(瑜伽戒)　245
유가사지론(瑜伽師地論)　44
유가행파　45
유가행파의 번뇌 분류　286
유견유대색(有見有對色)　151
유루계(有漏戒)　242
유명(有明)　96
유발(遺髮)　60
유부무기(有覆無記)　280, 281
유분별지(有分別智)　263
유분별후득지(有分別後得智)　264
『유식삼십송(唯識三十頌)』　45
유식의 3성(三性)과 연기　201
유식의 법상종 수행계위　270
『유식이십론(唯識二十論)』　45
유신견(有身見)　290
유애(有愛)　225, 287
유여열반(有餘涅槃)　24, 187
유위(有爲)와 행(行)　136
유작(唯作)　281
유전연기(流轉緣起)　199, 201, 220
유학(有學)　21
『육도집경(六度集經)』　96
윤회(saṁsāra)　23
율(律)　99, 243
율의(律儀)　155, 242
율의단(律儀斷)　238
율장(律藏 Vinaya-piṭaka)　29, 35, 103

율장의 성립　105
음(陰)　137
음광부　39
응공(arhan)　83, 84
응송(應頌)　92, 98
응신과 화신　73, 77
응화신(應化身)　72, 77
의(意)　143, 162
의(疑)　291
의견(義見)　66
의궤(儀軌)　46
의근(意根)　150
의무실(意無失)　81
의밀　46
의석(義釋)　98
의설(義說)　98
의성(義成)　66
의식계(意識界)　161
의업수지혜행(意業隨智慧行)　82
의정　39
의정 삼장　112
의처(意處)　150
의타기성(依他起性)　201
의타성　201
이근(耳根)　150
이론과 실천　29
이론적 번뇌[견혹(見惑)]　21
이부종륜론(異部宗輪論)　38
이사(利使)　284
이숙(異熟)　281
이식계(耳識界)　161
이제목다가(伊帝目多伽)　95
이처(耳處)　150
인(hetu)　116

인(因)　115
인(眞)　117
인각유독각　32
인계　46
인과설의 각지(各支) 해석　206
인무아(人無我)　19, 182
인사주(人四州)　71
인연(因緣)　94, 99, 193
인전(引轉)　162
일래과(一來果)　21
일래향(一來向)　21
일반적 연기(外緣起)　196, 199
일불(日佛)　68
일불세계(一佛世界)　70
일성개성(一性皆成)　269
일소세계(一小世界)　70
일즉일체(一卽一切)　199
일체3보(一體三寶)　59, 61
일체경(一切經)　53
일체종묘지(一體種妙智)　82
일체즉일(一切卽一)　199
일체행　141
일체행고(一切行苦)　182, 201
입(入)　148
입처(入處)　148
입태(入胎)의 식　209

자당불(紫幢佛)　68
자력교　14
자바　47
자비관(慈悲觀)의 11공덕　258
자설　93, 98
『자설경』　93
자성신　73

자성청정열반(自性淸淨涅槃) 24, 187
자수용신(自受用身) 74, 76
자아(自我) 178
자재천신 78
작애(作愛) 66
작의(作依) 66
작지계(作持戒) 105, 106, 243
작혜(作慧) 66
잡비유경 95
『잡아비담심론』 45
『잡장(雜藏)』 93
장교(藏敎) 17
『장로게(長老偈)』 93
『장로니게(長老尼偈)』 93
장부 104
『장수왕본기경(長壽王本起經)』 94
『장아함』 65
『장아함대본경(長阿含大本經)』 65
장엄겁(莊嚴劫) 69
장자부녀신 78
장자신 78
재가 불교 30
재가계 242
재가성자 125
재관부녀신 78
재관신 78
재태(在胎)의 식 209
저사(低沙) 66
적[寂] 23
전(纏) 279
전(箭) 283
전도사 49
전륜성왕 20, 71
『전법륜경(轉法輪經)』 218

『전법륜경』 98
전전불(展轉佛) 68
전통설 36
절대선〔絶對善(無漏善)〕 117
정(定) 231, 239, 250
정(定)의 뜻과 종류 249
정각 31
정각지(定覺支) 241
정견(正見) 228
정공계(定共戒) 155
정념(正念) 229
정등각자(正等覺者) 32, 85
정려율의(靜慮律儀) 155, 242
정명(正命) 229
정법의 계승자 127
정변지 83, 85
정사불(正思佛) 68
정사유(正思惟) 228
정성결정(正性決定) 276
정어(正語) 228
정업(正業) 228
정유리(淨瑠璃)세계 77
정정(正定) 229
정정진(正精進) 229
정정취(正定聚) 276
정지(正智) 231
정지(正知) 262
정진각지(精進覺支) 241
정진무감(精進無減) 81
정진신족(精進神足) 239
정토교 62
정학(定學) 237, 249
정학녀 122
정해탈(正解脫) 231

정행불(正行佛) 68
제1결집 100, 101
제2아승지겁 69
제3아승지겁 69
제계10리(制戒十利) 128
제당불(帝幢佛) 68
제법무아(諸法無我) 175, 176, 201
제법실상인 172
제사(帝沙) 69
제석 78
제석당불 69
제석신 78
제지(諸支)의 연기설 202
제파(迦那提婆) 43
제행(諸行) 173
제행무상 141, 173, 201
조림(稠林) 283
조사선(祖師禪) 254
조어장부 83, 87
조5사(調五事) 257
존재 157
종량부 39
종자(bīja) 146
주지3보(住持三寶) 59, 60
준제관음 78
중(衆) 123, 137
중관학파 45
중국 불교 52
중국·한국·일본의 대승계 246
중기 대승불교 43
중기 대승의 경론 44
중기 시대의 불교 제파 45
『중론(中論)』 43, 45
『중부(中部)』 97, 104

중생(衆生) 202
중생무변 서원도(衆生無邊誓願度) 22
중송(重頌) 92
중수번뇌(中隨煩惱) 287
중중무진(重重無盡)의 연기 199
중천세계 71
중학 109
증상계학(增上戒學) 237
증상심학(增上心學) 237
증상혜학(增上慧學) 237
증성(增盛) 283
증전(證轉) 219
증지부 104
지(支) 202
지(智) 261
지관균등(止觀均等) 253
지악계(止惡戒) 242
지야(응송) 92
지율(持律)제일 102
지장보살 78
지지계(止持戒) 105, 243
지혜 292
지혜를 의미하는 용어 259
진(瞋) 289
진나(陳那) 44
진리불(眞理佛) 74
진실성 201
진언다라니 46
진언밀교 14, 46
진언종 75
진에(瞋恚) 289
진여연기론 196
진행(瞋行) 256
질애(質碍) 137

집(集)   221, 224
집금강신   78
집제(集諦)   224

차연성(此緣性)   193
찰나연기(刹那緣起)   207
처(處)   135, 148
처중무표(處中無表)   155
천(天)비유   95
천대장군신   78
천백억화신 석가모니불   72, 75
천부   78
천수관음   78
천신   78
천인사   83, 87
천태교학의 수행계위   272
천태종   75
철위산   71
청정법신 비로사나불   72, 75
초기 대승불교   43
초기 대승의 경론(經論)   43
초기불교   33
초보의 깨침   275
초선천(初禪天)   71
초전법륜(初轉法輪)   218
촉(觸)   206, 210
촉경(觸境)   153
촉달(觸達)   263
촉처(觸處)   153
총설   98
최상견(最上見)   66
최상승선〔最上乘禪(如來禪)〕   254
최상행(最上行)   69
축생   71, 78

춘다   129
출가 불교   30
출가계(出家戒)   242
출세간   251
출태(出胎) 후의 식   209
취(取)   206, 211
치행(痴行)   256
친근공양   69
친란(親鸞)   14

카필라성   73
캄보디아   47
쿠시나가라   60, 100

타력교   14
타미르인   50
타수용신(他受用身)   74, 76
타이   47, 48
탄트라 문학   46
탐(貪)   287
탐행(貪行)   256
태장세계(胎藏世界)   72
택법(擇法)   263
택법각지(擇法覺支)   240
토기의 뿔   159
토속어   49
통과(通過)   281
투도   211
특수 불보   60
티벳 대장경   53
티벳 불교   53

파고다   60
팔리 5부   104

팔리 7론　111
팔리 삼귀의 글　63
팔리불교(Pāli Buddhism)　48
팔리어　48
패엽(貝葉)　39, 55
평등성지(平等性智)　162
폭류(暴流)　283
표면심(表面心)과 잠재심(潛在心)　145
표업(表業)　280
푸라쿠리트(prākrit 속어)　48
풍송　92
피사차어(paiśācī 魔鬼語)　48

한(恨)　289
한역 4아함　104
한역 불전(漢譯佛典)　53
합송(合誦)　100
해(害)　289
『해심밀경(解深密經)』　44
해탈　241, 292
해탈무감(解脫無減)　81
해탈지견무감(解脫智見無減)　82
해태(懈怠)　239, 291
행(行)　136, 140, 206, 209
행(行)의 제개념　141
행고(行苦)　183
행5법(行五法)　257
행온　141
향경(香境)　152
향처(香處)　152
혁신파　34
현겁(賢劫)　69

현교·밀교의 분류　14
현기(縣記)　92
현상계　136
현장　39
현장 삼장　112
현재지견무착무애(現在知見無着無碍)　82
현전3보(現前三寶)　59
현존하는 제부파의 논장　111
혜(慧)와 같은 말　262
혜(慧)와 지(智)　231, 239, 260, 262
혜무감(慧無減)　81
혜학(慧學)　237, 259
혜해탈(慧解脫)　267
호법(護法)　44
호세불　69
혼침(惛沈)　291
화가라나(和伽羅那)　92
『화살 비유경』　177
화신(化身)　77, 78
화엄 10지(華嚴十地)　275
『화엄경』　27, 43, 97, 202
화지부　39
화합중(和合衆)　119
환멸연기(還滅緣起)　199, 201, 220
활도사문(活道沙門)　129
회과　109
『회쟁론』　43
후기 대승불교　45
후기 대승불교의 문헌　46
후한시대　53
희각지(喜覺支)　241
희견(喜見)　66

역자후기

『불교용어 기초지식』을 발간하게 된 것은 원전 『佛敎要語の基礎知識』을 좀더 쉽게 접근하여 이해할 수 있게 하기 위함이다.

저자 미즈노 고겐(水野弘元) 선생은 생존해 계시며 100세가 넘으신 분으로, 흔히 살아 있는 팔만대장경이라 일컬을 정도로 널리 알려진 불교계의 석학이시다. 그분이 쓰신 책자가 한국에도 소개는 되었지만 널리 알려져 있지 않기에 안타까운 마음으로 번역을 시작하였는데 도서출판 들꽃누리의 정성으로 마침내 한 권의 책으로 세상에 나왔다.

불교 경전이 대체로 한자 문화권에 속해 있기 때문에, 그것을 어떻게 우리말로 매끄럽게 옮기느냐 하는 점에서 심혈을 기울여 불교용어에 쉽게 접하도록 시도했다. 의욕이나 애정은 넘치나 부족한 점이 많아 만족할 만한 선에는 이르지 못한 것 같다. 앞으로 이 분야에 뜻 있는 분들이 이루어야 할 과제로 미루어 둘까 싶다. 이 책이 나오기까지 힘써 주신 여러분들께 진심으로 감사드린다.

불기 2546년 5월
석원연 합장

불교용어 기초지식

초판 1쇄 : 2002년 7월 20일
초판 3쇄 : 2008년 9월 30일

지은이 · 미즈노 고겐〔水野弘元〕
옮긴이 · 석원연 스님
펴낸이 · 김영식

펴낸곳 · 도서출판 들꽃누리
서울시 광진구 자양2동 643-33 1층
전화 (02)455-6365 · 팩스 (02)455-6366

등록 · 제1-2508호
ⓒ 들꽃누리, 2002

E-mail : draba21@dreamwiz.com
ISBN 89-90286-15-8 값 12,000원

이 책의 한국어판 저작권은 저작권자와의 독점 계약에 따라 들꽃누리에 있습니다.
이 책은 저작권법에 따라 한국 내에서 보호받는 저작물이므로 들꽃누리의 동의 없이는
이 책 내용의 무단 전재와 무단 복제를 금합니다.